Helmut Schneider (Hrsg.)

Jahrbuch für Hegelforschung

Wissenschaftlicher Beirat

Pavo Barišić (Zagreb)
Martin Bondeli (Bern)
Marina Bykova (Raleigh, N.C. – Moskau)
Paul Cobben (Tilburg)
Ella Csikós (Budapest)
Gentscho Dontschev (Sofia)
Cinzia Ferrini (Triest)
Birden Güngören Bulgan (Istanbul)
Stephen Houlgate (Warwick)
Jørgen Huggler (Kopenhagen)
Tengiz Iremadze (Tbilisi)
Fernando Huesca (Puebla – Mexico)
Douglas Moggach (Ottawa)
Ernst-Otto Onnasch (Utrecht)
Gonzalo Portales (Valdivia)
Giacomo Rinaldi (Urbino)
José Maria Ripalda (Madrid)
Wolfdietrich Schmied-Kowarzik (Wien)
Jon Stewart (Bratislava)
Mohamed Turki (Tunis)
Lu de Vos (Leuven)
Norbert Waszek (Paris)
Kenneth R. Westphal (Canterbury)
Hua Xue (Beijing)
Seiichi Yamaguchi (Tokyo)
Julio de Zan (Santa Fe)

Jahrbuch für Hegelforschung

Herausgegeben von Helmut Schneider

Band 22

ACADEMIA

© Titelbild: MarusyaChaia – stock.adobe.com

Dieser Band ist peer-reviewed.
Redaktion: Holger Glinka

Die Deutsche Nationalbibliothek verzeichnet diese Publikation in der Deutschen Nationalbibliografie; detaillierte bibliografische Daten sind im Internet über http://dnb.d-nb.de abrufbar.

ISBN 978-3-98572-077-4 (Print)
ISBN 978-3-98572-078-1 (ePDF)

ISSN 0946-9559

Onlineversion
Nomos eLibrary

1. Auflage 2023
© Academia – ein Verlag in der Nomos Verlagsgesellschaft mbH & Co. KG, Baden-Baden 2023. Gesamtverantwortung für Druck und Herstellung bei der Nomos Verlagsgesellschaft mbH & Co. KG. Alle Rechte, auch die des Nachdrucks von Auszügen, der fotomechanischen Wiedergabe und der Übersetzung, vorbehalten. Gedruckt auf alterungsbeständigem Papier.

Besuchen Sie uns im Internet
academia-verlag.de

Inhalt

Edition

Briefe von Heinrich Gustav Hotho. Seine Korrespondenz
mit Karl August Varnhagen von Ense und Johannes
Schulze im redaktionellen Umfeld der „Jahrbücher für
wissenschaftliche Kritik".
Herausgegeben von Helmut Schneider und Wilfried
Korngiebel   9

Die Zusammenarbeit von Hotho und Varnhagen im
Rahmen der „Jahrbücher für wissenschaftliche Kritik"   13
Helmut Schneider

Briefe von Heinrich Gustav Hotho   29
Helmut Schneider / Wilfried Korngiebel

Abhandlungen

Zur Leiblichkeit des Zeichens: Jacques Derrida in Hegels
Pyramide   101
Claus-Artur Scheier

Die zweifache Stoßrichtung der Hegelschen Metakritik
in der „Phänomenologie des Geistes"   135
Kenneth R. Westphal

Spekulatives Denken zweiter Ordnung. Die
Gegenläufigkeit spekulativen und konstruktiven
Denkens bei Hegel und Spencer-Brown   169
Walter Tydecks

Zum Verbleib einiger Bücher aus Hegels Bibliothek im
Nachlass Michelets 207
Martin Walter

Tagungsbericht

International Meeting. "The Presence of Hegel in
Contemporary Thinkers". Messina University, 1 to 5
February, 2021 213
Giacomo Rinaldi

Rezension

Giacomo Rinaldi: *The Philosophy of Art*, Vol. 1, The
Pertinent Press, Oxford 2021, pp. x–551. 229
Giorgi Kapanadze

Nachrufe

Nachruf auf Prof. Dr. Christoph Jamme (Lüneburg) 241
Helmut Schneider

Nachruf auf Prof. Dr. Karol Bal (Wrocław) 243
Wolfdietrich Schmied-Kowarzik

Aus der japanischen Hegelforschung

Seiichi Yamaguchi (Hrsg.): Hegels Heidelberger
„Enzyklopädie" (1817). Erstmalige japanischsprachige
Übersetzung. Verlag Chisen Shokan: Tokyo 2019, 669 p. 247

Yoshihiro Niji: Georg Wilhelm Friedrich Hegel:
Philosophie der Geschichte. Band 1: Faksimile, 548 S.
Band 2: Transkription, 361 S. Westdeutscher Verlag:
Bochum 2021 249

Inhalt

Eingesandte Bücher

Ludwig Dornes: Substantielle Sittlichkeit. Historische
Veranschaulichungen und Erörterungen zu einem
Begriff aus Hegels politischer Philosophie. Academia:
Baden-Baden 2022   251

Johannes Heinrichs: Dialektik jenseits von Hegel und
Corona. Integrale Strukturlogik als Hegels Auftrag für
eine Philosophie der Zukunft. Academia: Baden-Baden
2020, 227 S.   253

Tengiz Iremadze, Udo Reinhold Jeck, Helmut Schneider
(Eds.): Hegel's Philosophy of Religion. Perspectives
– Contexts – Intercultural References. Europäischer
Universitätsverlag GmbH: Bochum 2022, 240 p.   255

Giacomo Rinaldi / Giacomo Cerretani (Eds.): Etica,
Politica, Storia universale. (= Bibliotheca philosophica.
6) Aracne: Canterano (RM), 2020, 396 p.   257

Verzeichnis der Autoren   261

Edition

Briefe von Heinrich Gustav Hotho. Seine Korrespondenz mit Karl August Varnhagen von Ense und Johannes Schulze im redaktionellen Umfeld der „Jahrbücher für wissenschaftliche Kritik".
Herausgegeben von Helmut Schneider und Wilfried Korngiebel

Einleitung

Die Handschriften des Briefwechsels zwischen Heinrich Gustav Hotho, Karl August Varnhagen von Ense und Johannes Schulze wurden 1990 von Helmut Schneider in der Biblioteka Jagiellońska in Krakau aufgefunden. Ein Großteil der 26 Briefe dreht sich um redaktionelle Aufgaben und Verantwortlichkeiten im Umfeld der Hegelschen *Jahrbücher für wissenschaftliche Kritik.*

Im folgenden Jahr wurden diese Briefe im Hegel-Archiv an der Ruhr-Universität Bochum durch Wilfried Korngiebel, unter beratender Mitwirkung einiger Kollegen, transkribiert sowie mit vorläufigen Anmerkungen versehen. Wegen anderweitiger Verpflichtungen, Projekte und Veröffentlichungen der Herausgeber wurde die Publikation dieser Briefe immer wieder vertagt.

Allerdings erschien bereits 1994 der voluminöse, vielfältige Untersuchungsperspektiven präsentierende Tagungsband *Die „Jahrbücher für wissenschaftliche Kritik". Hegels Berliner Gegenakademie,* herausgegeben von Christoph Jamme. Dieser Band enthielt u. a. den Aufsatz von Helmut Schneider über die Zusammenarbeit zwischen Hotho und Varnhagen, den wir nachfolgend erneut abdrucken. Außerdem fand sich in diesem Tagungsband auch ein Aufsatz von Cyrus Hamlin, der sich sehr eingehend mit Hothos Rezension von Goethes „Wilhelm Meisters Wanderjahre" aus den *Jahrbüchern* beschäftigte.

Es darf in diesem Zusammenhang nicht versäumt werden, auf die ebenfalls 1994 erschienene, äußerst verdienstvolle Werkbiographie von Elisabeth Ziemer hinzuweisen, die gleichfalls viele neue Erkenntnisse zum Hegelkreis sowie manches Detailwissen zu philosophischen und gesellschaftlichen Zusammenhängen jener Zeit lieferte: *Heinrich Gustav Hotho. 1802–1873. Ein Berliner Kunsthistoriker, Kunstkritiker und Philosoph*.

Wir stellen unserer Briefedition den o.g. Aufsatz von Helmut Schneider voran. Anmerkungen und Erläuterungen zu den einzelnen Briefen finden sich jeweils in den Fußnoten, die von Wilfried Korngiebel verfasst wurden.

Wir schulden der Biblioteka Jagiellońska in Krakau großen Dank für die Überlassung fotomechanischer Kopien der Handschriften und für die Druckerlaubnis.

Unserem Kollegen Dr. phil. Holger Glinka (Bochum) danken wir für die technische Vorbereitung der Briefedition für den Druck.

Helmut Schneider
Wilfried Korngiebel

Ergänzende bibliographische Hinweise

Die Varnhagen von Ensesche Sammlung in der Königlichen Bibliothek zu Berlin, geordnet und verzeichnet von Ludwig Stern. Berlin: Verlag von Behrend & Co., 1911.

Konrad Feilchenfeld: Karl August Varnhagen von Ense und Hegel. In: Die „Jahrbücher für wissenschaftliche Kritik". Hegels Berliner Gegenakademie. Herausgegeben von Christoph Jamme. Stuttgart: Frommann-Holzboog, 1994, S. 147–176.

Cyrus Hamlin: Goethe und die Schule Hegels. H. G. Hothos Rezension von „Wilhelm Meisters Wanderjahre" in den „Jahrbüchern für wissenschaftliche Kritik". In: Die „Jahrbücher für wissenschaftliche Kritik". Hegels Berliner Gegenakademie. Herausgegeben von Christoph Jamme. Stuttgart: Frommann-Holzboog, 1994, S. 396–434.

Dietmar Pravida: Die Sammlung Varnhagen in der Biblioteka Jagiellońska, Krakow. Zur Situation ihrer Erschließung und Erforschung, aus Anlass zweier Publikationen. In: Heine-Jahrbuch 2019. Stuttgart: J. B. Metzler, 2019, S. 121–139.

Helmut Schneider: Die Zusammenarbeit von Hotho und Varnhagen im Rahmen der „Jahrbücher für wissenschaftliche Kritik". Hothos Rezension der „Wanderjahre". In: Die „Jahrbücher für wissenschaftliche Kritik". Hegels Berliner Gegenakademie. Herausgegeben von Christoph Jamme. Stuttgart: Frommann-Holzboog, 1994, S. 377–395.

Helmut Schneider: Über Hotho. In: Helmut Schneider: Geist und Geschichte. Studien zur Philosophie Hegels. Frankfurt a. M. – Berlin – Bern – New York – Paris – Wien: Peter Lang, 1998, S. 355–386.

Peter Sprengel: Karl August Varnhagen und Charlotte Williams Wynn. Eine deutsch-englische Briefliebe um 1850. Göttingen: Wallstein, 2022.

Elisabeth Ziemer: Heinrich Gustav Hotho. 1802–1873. Ein Berliner Kunsthistoriker, Kunstkritiker und Philosoph. Berlin: Dietrich Reimer, 1994.

Die Zusammenarbeit von Hotho und Varnhagen im Rahmen der „Jahrbücher für wissenschaftliche Kritik"[*]

Helmut Schneider

Hothos Rezension der „Wanderjahre"

I. Hotho und Varnhagen als Redakteure

In der Sammlung Varnhagen der ehemaligen Preußischen Staatsbibliothek Berlin, die jetzt in der Biblioteka Jagiellońska[1] in Krakow liegt, befinden sich zusammengefasst in einem Konvolut 23 Briefe Heinrich Gustav Hothos (1802–1873) an Karl August Varnhagen von Ense (1795–1858) aus den Jahren 1830–1850, ein Brief Varnhagens an Hotho vom 31. Oktober 1829 in Abschrift[2] sowie zwei Briefe Hothos an Johannes Schulze[3] aus den Jahren 1836 und 1846. Der Brief

---

[*] Wir danken dem fromman-holzboog Verlag für die freundliche Genehmigung zum Wiederabdruck.

[1] Wir danken der Biblioteka Jagiellońska für die freundliche Erlaubnis zur Auswertung und Edition der Briefe.

[2] Die Abschrift stammt höchstwahrscheinlich von Varnhagen selbst, obwohl leichte Zweifel an der Identität der Schrift bestehen. Da der Brief Varnhagens über die üblichen Mitteilungen hinausgeht und ausführliche Reflexionen über Goethes *Wanderjahre* enthält, ist es verständlich, dass Varnhagen seinen Brief an Hotho abschrieb.

[3] Die beiden Briefe Hothos an J. Schulze haben mit der Redaktionstätigkeit Hothos nichts zu tun. Entweder hat sie Schulze bereits bei Lebzeiten Varnhagens diesem übergeben oder, was wahrscheinlicher ist, sie wurden nach dem Tod Schulzes aus dessen Nachlass in die Sammlung Varnhagen als Autographen eingegliedert und alphabetisch eingeordnet, so dass sie zu den anderen Briefen Hothos kamen. Der Katalog der Sammlung Varnhagen erwähnt ausdrücklich, dass Briefe aus dem Besitz J. Schulzes der Sammlung Varnhagen eingegliedert wurden. (*L. Stern: Die Varnhagen von Ensesche Sammlung in der Königlichen Bibliothek zu Berlin.* Berlin 1911. V.). Die hier vorgenommene chronologische Ordnung und Zählung der 26 Briefe stammt von mir.

Varnhagens an Hotho sowie ein Teil der Briefe Hothos an Varnhagen bezieht sich auf redaktionelle Angelegenheiten, die Hotho und Varnhagen als Redakteure der *Jahrbücher* hier in Zusammenarbeit besprechen. Die Redakteursbriefe reichen von 1829–1837 mit dem Schwerpunkt bis 1833. Die Gegenbriefe Varnhagens, die es vielleicht nur teilweise gegeben hat, fehlen mit Ausnahme des einen in Abschrift vorliegenden Briefes von Varnhagen. Man gewinnt hier an einem konkreten Beispiel einen Einblick in die Arbeit von zwei Redakteuren der *Jahrbücher* und dadurch eine Veranschaulichung des Redaktionsvorgangs. Vor einer näheren Betrachtung der Briefe soll daher als Hintergrund der Ablauf des Redaktionsvorgangs und die Stellung der Redakteure nachgezeichnet werden, wie sie sich aus den spärlichen Quellen erheben lassen.

Der Ablauf des Redaktionsvorgangs war wie der gesamte Rezensionsvorgang in den Statuten der „Societät"[4] nur unvollständig geregelt, so dass man ihn rekonstruieren muss. Der erste Schritt, die Auswahl der zu rezensierenden Bücher und der für diese Bücher vorgesehenen Rezensenten, erfolgte in den Sitzungen der „Societät" gemeinsam. Die Liste der geplanten Rezensionen mit den Namen der vorgesehenen Rezensenten erschien dann in den *Jahrbüchern* (die Namen der Rezensenten erst seit November 1828). Unklar ist, ob die gesamte „Societät" auch die Redakteure bestimmte, die die weitere Betreuung der Rezension übernehmen sollten. Wahrscheinlich erfolgte die Bestimmung der Redakteure durch den Generalsekretär, der zugleich Generalredakteur war, oder durch die Klassensekretäre. Jedenfalls geht aus einem der Briefe Hothos hervor, dass er eine von ihm verfasste Rezension an den Generalredakteur v. Henning zur Weiterleitung an den

---

4 Statuten einer Societät für wissenschaftliche Kritik in Berlin. (GStA Merseburg, Ministerium der Geistlichen-, Unterrichts- und Medicinal-Angelegenheiten. Geistliche und Unterrichts-Abteilung. Acta betreffend die Zeitschrift Berliner Jahrbücher für wissenschaftliche Kritik, Rep 76 Vc Sekt 2 Tit XXIII, Lit A Nr. 12, 3–5).

Die Zusammenarbeit von Hotho und Varnhagen

zweiten Referenten (Brief 10) sandte, nachdem Varnhagen bereits als erster Referent die Rezension geprüft und beurteilt hatte. Ebenso belegt Brief 2, dass v. Henning beteiligt war, indem er Varnhagen als zweiten Referenten benannte.

Für das Zustandekommen der geplanten Rezensionen waren noch weitere Arbeitsgänge nötig. Es gab noch keine kostenlosen Rezensionsexemplare der Verlage für die Rezensenten, sondern das Buch musste für die Rezensenten beschafft werden. „Wegen der Schwierigkeiten, die in der Entfernung liegen, werden die Bücher nur auf besonderes Verlangen des Recensenten, demselben überschickt werden." (Einladungsschreiben der „Societät" …)[5] Unklar ist auch, wer den Rezensenten dann anschrieb, ob der Generalredakteur oder der Klassenredakteur oder einer der beiden Redakteure. Hotho erwähnt in den Briefen jedoch meist, dass er die eingesandten Rezensionen direkt vom Rezensenten bekam. Sie wurden nach dem anfänglichen Verfahren dann in der Sitzung der „Societät" vorgelesen, begutachtet und entweder zur Änderung zurückgegeben oder angenommen. Während die ursprüngliche Regelung alle Abläufe, ausdrücklich zum Schutz der Rezensenten vor der Willkür eines einzelnen Redakteurs, zentral in die Sitzungen der „Societät" verlagerte, musste dieses Verfahren bald geändert werden. Man beauftragte zwei Redakteure als Referenten mit der Begutachtung der Rezensionen, von denen dann einer vor der „Societät" über die Rezension berichtete. Der erste Referent reichte die Rezension mit seinen Ausstellungen und Kürzungen an einen zweiten Referenten weiter. Änderungen und Kürzungen wurden jedoch mit den Rezensenten abgesprochen, wenn diese nicht vorher schon ihr Einverständnis zur redaktionellen Bearbeitung gegeben hatten. Gans berichtet über den schnellen Wandel der Redaktionsgepflogenheiten: „[…] die Vorbeurtheilung

---

5 Einladungsschreiben der ‚Societät' für wissenschaftliche Kritik in Berlin. In: Hegel-Nachlass, Kapsel 3, Blatt 18 (Staatsbibliothek Preußischer Kulturbesitz, Berlin).

der Bücher ging mehr in eine bloße Nennung und in ein Anerbieten von Seiten der Recensenten über; das Vorlesen der Kritiken verschwand nach einem Jahre ganz, namentlich wegen der vielen Zeit, die darauf verwendet werden musste, und weil es bequemer schien, dem Urtheile zweier Referenten Glauben zu schenken [...]."[6]

Das Titelblatt sowohl der Bände als auch der Monatshefte der *Jahrbücher* nennt seit 1829 als verantwortlichen Redakteur den „General-Secretair der Societät", Professor v. Henning. Unbekannt ist, ob und wieweit der Generalsekretär die Klassensekretäre in den Redaktionsvorgang einschaltete. Nach § 10 der Statuten, der bestimmt, dass der Generalsekretär die äußeren Geschäfte der „Societät" an die Klassensekretäre weiterverteilt, wäre das sicher möglich gewesen und ist zu vermuten. Die Klassensekretäre wären dann auch Klassenredakteure gewesen. Der Generalsekretär und die Redakteure wurden von der „Societät" gewählt.[7] Auf der Rückseite des Titelblattes des ersten Jahresbandes von 1827 sind durch ein Sternchen vor den Namen der Mitglieder 19 Redakteure ausgewiesen, darunter auch Hegel. Es ist nicht bekannt, welche Rezensionen Hegel als Redakteur betreut hat. Die Redakteure waren alle in Berlin ansässig, was ja notwendig war, um die Redaktionssitzungen besuchen zu können. Umgekehrt gehörten jedoch keineswegs alle Berliner Mitglieder der „Societät" der Redaktion an. Die Sozietät wurde auf den Sitzungen allerdings immer mehr durch die redigierenden Mitglieder repräsentiert.[8]

---

6 *E. Gans: Rückblicke auf Personen und Zustände.* Berlin 1836. 237.
7 Statuten, § 11: Wahl des Generalsecretairs; *E. Gans: Jahresbericht für 1828*, abgestattet am 4. Januar 1829 von Dr. Eduard Gans. In: JwK, Jg. 1829, 1. Bd., 319. „Die Herren Waagen und Streckfuß sind aus der Redaction geschieden, dagegen die Herren Bartels, Zumpt und Dieffenbach in dieselbe gewählt worden." Die Klassenredakteure wurden nach den Statuten turnusmäßig eingesetzt.
8 *E. Gans*, a.a.O., 235.

Die Zusammenarbeit von Hotho und Varnhagen

Die Briefe Hothos an Varnhagen belegen eine langjährige enge und zur festen Institution gewordene Zusammenarbeit zweier Redakteure. Dabei muss offen bleiben, ob Hotho oder Varnhagen nicht noch weitere Rezensionen zusammen mit anderen Redakteuren betreut haben. Zu unterscheiden ist beim redaktionellen Verfahren zwischen den von anderen Rezensenten stammenden und Hothos eigenen Rezensionen. Hotho hatte die von anderen Rezensenten an ihn gesandten Rezensionen als erster Referent zu prüfen und zu beurteilen. Er sandte die eingereichten Manuskripte mit seiner Beurteilung im Begleitschreiben weiter an Varnhagen als zweiten Referenten. Gelegentlich kamen die an Hotho gesandten Manuskripte von Rezensionen nicht direkt vom Rezensenten, sondern vom Generalredakteur v. Henning (z.B. Brief 2).

Die Zusammenarbeit von Hotho und Varnhagen erstreckte sich auch auf die eigenen Rezensionen Hothos, die er an Varnhagen als ersten Referenten zur Begutachtung schickte. Der zweite Referent ist in diesem Fall unbekannt. In Brief 10 antwortet Hotho auf Korrekturen, die ihm Varnhagen vorgeschlagen hatte und teilt mit, dass er die im Sinne Varnhagens verbesserte Rezension mit Varnhagens Stellungnahme an v. Henning schicken werde, der sie einem zweiten Referenten zuleiten soll. In diesem Fall und genauso bei der Rezension über das Buch von Wendt (Brief 5) fehlt der Brief Hothos an Varnhagen, mit dem er ihm die Rezension erstmals zusandte. Vielleicht hat Hotho sie ihm auch persönlich übergeben. Da von Hothos eigenen Rezensionen hier nur drei an Varnhagen als Referenten gesandt wurden, kann man vermuten, daß Hothos andere Rezensionen ein anderer Redakteur betreut hat.

Die Thematik sowohl der von Hotho redigierten als auch der von ihm selbst verfassten Rezensionen bewegt sich überwiegend im Bereich der schönen Literatur. Hotho war als Professor für Literaturgeschichte an der Königlichen Kriegsschule dafür besonders ausgewiesen, Varnhagen durch seine eigene

Tätigkeit als Literaturkritiker.[9] Immerhin gibt es unter den Rezensionen aber auch zwei Reisewerke, zwei Werke über Philosophie und eines über Kunstgeschichte. Hothos Briefe an Varnhagen lassen in Ton und Ausdrucksweise die Verehrung des jungen Mannes (1829 war er 27 Jahre alt) für den berühmten Schriftsteller erkennen.

II. Die von Hotho und/oder Varnhagen redigierten Rezensionen

a) Hothos eigene Rezensionen

1. *Wilhelm Meisters Wanderjahre oder die Entsagenden.* Zweyte Ausgabe. Goethe's Werke; Vollständige Ausgabe letzter Hand. Bd. 21–23. Stuttgart und Tübingen, in der J. G. Cotta'schen Buchhandlung 1829. — Erster Artikel. In: JwK, Jg. 1829, Dezember 1829, Nr. 108, Sp. 863–864, Nr. 109, Sp. 865–872, Nr. 110, Sp. 873–876, Nr. 111, Sp. 881–888, Nr. 112, 889–891.
Rezension von Hotho an Varnhagen gesandt vor dem 31. Oktober 1829, an dem Varnhagen bereits Hotho antwortet (Brief 1).
Zweiter Artikel. In: JwK, Jg. 1830, 1. Bd., März 1830, Nr. 41, Sp. 321–328, Nr. 42, Sp. 329–333, Nr. 43, Sp. 337–344, Nr. 44, 345–352, Nr. 45, Sp. 353–356, Nr. 46, Sp. 361–368, Nr. 47, Sp. 369–376, Nr. 48, Sp. 377–382.
Rezension von Hotho an Varnhagen gesandt vor dem 15. Januar 1830, an dem Hotho Varnhagen fragt, ob er von der Rezension über die „Wanderjahre" noch den zweiten Teil zur Hand habe (Brief 2).

---

9 *Karl August Varnhagen von Ense: Literaturkritiken.* Hrsg. v. Klaus F. Gille. Mit einem Anhang: Aufsätze zum Saint-Simonismus. Tübingen 1977.

Die Zusammenarbeit von Hotho und Varnhagen

2. *Heinrich Stieglitz: Bilder des Orients.* 1. Bd. Arabien. Leipzig 1831. In: JwK. Jg. 1830, 2. Bd., Oktober 1830, Nr. 74, Sp. 588–592, Nr. 80, Sp. 593–599.
   Rezension von Hotho an Varnhagen gesandt vor dem 1. Oktober 1830 (Brief 5).

3. *Amadeus Wendt: Ueber die Hauptperioden der schönen Kunst, oder die Kunst im Laufe der Weltgeschichte.* Leipzig 1831. Erster Artikel. In: JwK, Jg. 1832, 2. Bd., Dezember 1832, Nr. 113, Sp. 902–904, Nr. 114, Sp. 905–912, Nr. 115, Sp. 913–916.
   Zweiter Artikel. In: JwK, Jg. 1833, 1. Bd., Januar 1833, Nr. 5, Sp. 33–40, Nr. 6, Sp. 41–48.
   Rezension von Hotho an Varnhagen gesandt oder übergeben vor dem 3. Dezember 1832, an dem Hotho die bereits verbesserte Fassung schickt (Brief 10).

b) Hotho als Redakteur fremder Rezensionen

1. *Jean Paul: Sämmtliche Werke.* Hrsg. v. Richard Otto Spazier und Ernst Förster. 60 Bände. Berlin 1826–28.
   Rezensent: Leopold Schefer. Nicht in den *Jahrbüchern* erschienen. Rezension von Hotho an Varnhagen gesandt am 15. Januar 1830 (Brief 2).

2. *Leopold Schefer: Kleine lyrische Werke.* 2. Ausgabe. Frankfurt/M. 1828.
   Leopold Schefer: Novellen. 1–5. Bd. Leipzig 1825–1829.
   Rezensent: Amadeus Wendt
   In: JwK, Jg. 1830, 2. Bd., Nr. 65, Sp. 513–520, Nr. 66, Sp. 521–524.
   Rezension von Hotho an Varnhagen gesandt am 9. Juni 1830 (Brief 3).

3. *Heinrich Hoffmann (Hrsg.): Fundgruben für Geschichte deutscher Sprache und Literatur.* 1. Teil. Breslau 1830.

Rezensent: Wilhelm Wackernagel. Nicht in den *Jahrbüchern* erschienen.

Rezension von Hotho an Varnhagen gesandt am 11. August 1830 (Brief 4).

4. *Ludwig Ettmüller (Hrsg.): Der Sängerkrieg auf Wartburg.* Gedicht aus dem XIII. Jahrhundert. Zum ersten Mal genau nach der Jenaer Urkunde nebst den Abweichungen der Manesse und des Lohengrins herausgegeben und mit den alten zu Jena aufbewahrten Sangweisen, wie mit einer Einleitung, Übersetzung, sprachlichen und geschichtlichen Erläuterungen begleitet von Ludwig Ettmüller. Beigegeben ist Rotes Gedicht über den Wartburgskrieg. Ilmenau 1830. Rezensent: Wilhelm Wackernagel

In: JwK, Jg. 1830, 2. Bd., September 1830, Nr. 43, Sp. 341–344.

Rezension von Hotho an Varnhagen gesandt am 11. August 1830 (Brief 4).

5. *John Crawfurd: Journal of an Embassy from the Governor-General of India to the Court of Ava in the Year 1827.* With an appendix, containing a description of fossil remains, by Prof. Buckland and Mr. Clift. London 1829.
Rezensent: Walter

In: JwK, Jg. 1830, 2. Bd., Oktober 1830, Nr. 79, 625–632, Nr. 80, 633–639.

Rezension von Hotho an Varnhagen gesandt am 1. Oktober 1830 (Brief 5).

6. *Elogio storico di Gio.* Santi pittore e poeta, padre del gran Raffaello di Urbino. Urbino 1822.
Elogio storico di Raffaello Santi di Urbino. Urbino 1829.
Rezensent: Karl Friedrich Ludwig Felix v. Rumohr

In: JwK, Jg. 1832, 1. Bd., April 1832, Nr. 70, Sp. 555–560.

Rezension von Hotho an Varnhagen gesandt am 27. März 1832 (Brief 7).

7. *Immanuel Hermann Fichte: Über Gegensatz, Wendepunkt und Ziel heutiger Philosophie.* Erster kritischer Theil. Heidelberg 1832.
Rezensent: Hermann Friedrich Wilhelm Hinrichs.
In: JwK, Jg. 1832, 2. Bd., November 1832, Nr. 96, Sp. 767–768, Nr. 97, Sp. 769–776, Nr. 98, Sp. 777–784, Nr. 99, Sp. 785–792.
Rezension von Hotho an Varnhagen gesandt am 2. Oktober 1832 (Brief 8).

8. *Wýbor z básnielwí ceského* (Auswahl aus der Böhmischen Dichtkunst).
Cheskian Anthology: Being a History of the Poetical Literature of Bohemia, with translated Specimens by John Bowring. London 1832.
Rezensent: Johannes Purkinje
In: JwK, Jg. 1832, 2. Bd., November 1832, Nr. 95, Sp. 753–760, Nr. 96, Sp. 761–767.
Rezension von Hotho an Varnhagen geschickt am 12. November 1832 (Brief 9).

9. *Goethe's Werke. Vollständige Ausgabe letzter Hand.* 24.–26. Bd. Stuttgart und Tübingen 1832/33.
Rezensent: Christian Hermann Weiße
In: JwK, Jg. 1833, 2. Bd., November 1833, Nr. 86, Sp. 684–687, Nr. 87, Sp. 689–695.
Rezension von Hotho an Varnhagen gesandt am 15. Juli 1833 (Brief 11).

10. *Des Aischylos Werke.* Uebersetzt von Joh. Gust. Droysen. 2 Theile. Berlin 1832.
Rezensent: A. Heydemann
In: JwK, Jg. 1833, 2. Bd., Dezember 1833, Nr. 104, Sp. 825–830, Nr. 105, Sp. 833–840.
Rezension von Hotho an Varnhagen gesandt am 12. September 1833 (Brief 14).

11. *Ch.[ristian] H.[ermann] Weiße: Kritik und Erläuterung des Goethe'schen Faust*. Nebst einem Anhange zur sittlichen Beurtheilung Goethe's. Leipzig 1837.
Rezensent: Karl Rosenkranz
In: JwK, Jg. 1837, 2. Bd., Oktober 1837, Nr. 75, Sp. 599–600, Nr. 76, Sp. 601–608, Nr. 77, 609–616, Nr. 78, 617–619.
Rezension von Hotho an Varnhagen gesandt am 9. September 1837 (Brief 18).

III. *Varnhagen über Hothos Rezension von Goethes „Wanderjahren"*

Varnhagen sandte das Manuskript der Rezension Hothos (1. Teil) von Goethes *Wanderjahren* mit einem Begleitschreiben von drei Seiten an Hotho zurück. Varnhagen war für diese Rezension der erste Referent. Hotho sollte das Manuskript offensichtlich an v. Henning senden, damit dieser es einem zweiten Referenten zuleite. Varnhagen unterscheidet in seinem Begleitschreiben zwischen der Frage, ob die Rezension zum Druck geeignet sei, die er als Referent der „Societät" zu beantworten hat, und einer darüber hinausgehenden Beurteilung, die sich auf die Sache, den Roman Goethes, und dessen Behandlung durch Hotho noch weiter vom eigenen Standpunkt Varnhagens aus einlässt. Die Eignung der Rezension für den Druck in den *Jahrbüchern* ist für Varnhagen klar und unabhängig vom Eingehen Hothos auf die vorgebrachten Einwände. „Der Gesichtspunkt darin ist frei, die Übersicht klar und tief, die Linien kräftig durchgezogen, welche das äußerlich Getrennte nach innerer Zusammengehörigkeit vereinigen, dem Ganzen sind die feinsten Wahrnehmungen eingeflochten." In der Tat ging Hotho auf die Kritik Varnhagens nicht ein und arbeitete die Rezension nicht um.

Die Zusammenarbeit von Hotho und Varnhagen

Varnhagen stellt bei Anerkennung mancher Aussagen und Urteile Hothos dennoch diesem seine eigene Beurteilung und von ihm bevorzugte Behandlungsweise kritisch vor Augen. Als Hauptunterschied zur Auffassung Hothos macht Varnhagen die verschiedene Weise des Herangehens an das Verhältnis von Form und Inhalt in Goethes Roman geltend. Varnhagen wäre im Gegensatz zu Hotho von formalen Aspekten wie „Art und Weise des Gestalteten, sein inneres Triebwerk und daraus hervorgegangenes Kunstgebild" ausgegangen und von da aus zu Inhalt und Gehalt übergegangen. Trotzdem will sich Varnhagen auf diese Auffassungsweise einlassen und noch weitere kritische Bemerkungen machen, die auch unabhängig von diesem zuerst genannten Unterschied der Auffassung gelten. Der von Varnhagen anerkannte Gedanke Hothos, alle Romane Goethes als Gesamtheit zu betrachten, führt von der Form, in der die Einheit nicht liegen kann, sehr schnell zum Gehalt, auf den sich Hothos Kritik richtet. Varnhagen bemängelt jedoch die Art und Weise, wie Hotho diesen Schritt vollzieht. Er empfindet Hothos Vorgehen als schroff und ohne Übergang, das der Schönheit der Form nicht gerecht wird. Es wäre ein langsameres und behutsameres Vorgehen nötig beim Übergang von der Form zum Inhalt. „Vielleicht wäre dieser Eindruck durch ein paar Einschaltungen zu mildern, die das Verfahren ankündigten, und uns im voraus verständigten, wie hier nichts verletzt, im Gegentheil die Schönheit der Erscheinung anerkannt, und nur sorgsam bei Seite gelegt wurde, um sie später um so genußreicher zu betrachten."

Ein weiterer Punkt in Varnhagens kritischen Bemerkungen betrifft die Werke Goethes, die Hotho in seine Auseinandersetzung mit Goethes Roman sonst noch einbezog, also die konkrete Durchführung des Ausgriffes auf Goethes Gesamtschaffen. Varnhagen billigt zwar die Einbeziehung der dramatischen Werke Goethes, vermisst jedoch die Einbeziehung der *Unterhaltungen deutscher Ausgewanderter* und die Frage nach dem Verhältnis der romanhaften Elemente in Goethes autobiographischen Schriften zu den eigentlichen Romanen. Auch der von Hotho betonte Einschnitt in Goethes dichterischer Produktion mit dessen *Italienischer Reise* überzeugt Varnhagen nicht. Ferner findet Hothos höhere Bewertung der *Lehrjahre* gegenüber den *Wahlverwandtschaften* in Hinsicht auf die schöne Form Varnhagens Widerspruch. Auch wenn die *Wahlverwandtschaften* nicht den warmen, heiteren Stil der *Lehrjahre* haben und viel kälter sind, hält sie Varnhagen dennoch in Anlage, Einrichtung, Zusammenhang und Ausführung für vollendet und weit über den *Lehrjahren*.

Varnhagen holt hierauf nochmals weiter aus in der Frage der schwierig zu fassenden Form der *Wanderjahre* und ihrem Verhältnis zum Inhalt. Die nicht schmeichelnde und unterhaltende Darstellung in den *Wanderjahren* unterscheidet sich von der hinreißenden Darstellung in den *Lehrjahren*. Die *Wanderjahre* sind nach Form und Inhalt ungewöhnlich und einmalig. „Einen Roman, wie die Wanderjahre, hat es noch nicht gegeben, und es möchte unthunlich gewesen sein, diesen in der Form auftreten zu lassen, die für andere, ihm so unähnliche, die passende war." Die anstößige Form ist jedoch gerade geeignet für diesen Inhalt, der Schroffes, Hartes, Unausgeführtes, Summarisches, Lückenhaftes und Zwangvolles enthält, wenn auch nichts Unreifes, Nachlässiges, Schwaches. Das Abgebrochene, Schroffe, die Zwischenreden und Einflechtungen gehören zum Wesen dieses Werks, das man nicht mit anderen Werken zum Zweck einer literarischen Bewertung vergleichen soll. Goethe hat dem Buch bei der Umarbeitung zwar mehr Harmonie gegeben, aber zugleich auch die Zerrissenheit bewahrt.

Varnhagen verdeutlicht und legitimiert seine Bejahung dessen, was zunächst und gewöhnlich in Form und Inhalt der *Wanderjahre* als störend empfunden wird, am Beispiel der kleinen körperlichen Gestalt Napoleons. Die Forderungen, Werturteile und Vorstellungen sind zu korrigieren, so dass man auf den bewertenden Vergleich verzichten muss. „Hat Napoleon

Die Zusammenarbeit von Hotho und Varnhagen

und das Heldenthum unrecht, wenn seine Gestalt unserer angewöhnten Vorstellung von riesenhaften Heldenkörpern nicht entspricht, oder haben wir nicht vielmehr unsere unzulängliche Vorstellung zu berichtigen? Für mich ist grade die kleine, energische Figur Napoleons ein verstärkendes Motiv seines Heldeneindrucks. Ebenso geht es mir mit den Wanderjahren [...]."

Varnhagen sieht ferner stilistische Mängel in Hothos Rezension vor allem in den Partien, die die Werke Goethes darstellen, in denen Hotho gewöhnliche und konventionelle Ausdrücke verwendet, die „gleichsam das Fremde, Andersgebildete, schon Bestehende", d.h. die Sprache Goethes, zu entstellen drohten. Ein Gespräch von einer Viertelstunde würde hier Abhilfe schaffen können. Vermutlich hat Hotho diese Mängel beseitigt. Die anderen Anregungen Varnhagens hat Hotho jedoch nicht aufgegriffen. Hotho erbat trotzdem in Brief 2 vom 15. Januar 1830 auch für den zweiten Artikel seiner Rezension der *Wanderjahre* ähnliche Bemerkungen wie für den ersten Artikel. Ein entsprechender Brief Varnhagens an Hotho liegt jedoch hier nicht vor.

Hotho als Hegelianer konnte sich in seiner Rezension nicht auf Aussagen Hegels stützen. Seltsamerweise hat sich Hegel nie über die *Wanderjahre* geäußert, obwohl er zahlreiche andere Werke Goethes bald zustimmend und lobend, bald kritisch und ablehnend in den *Vorlesungen über Ästhetik* erwähnte.[10] Die Nichterwähnung der *Wanderjahre* dürfte jedoch kaum auf Ablehnung zurückzuführen sein – er hätte den Roman ja wie andere Werke Goethes auch kritisch beurteilen können –, sondern eher auf Unsicherheit und theoretische Probleme mit der Einordnung der Romanform. Auch die anderen großen Romane Goethes, den *Werther* und die *Wahlverwandtschaften*,

---

10 *D. W. Jöns: Dichtungen Goethes im Urteil von Hegels „Ästhetik".* In: *Studien zur Goethezeit.* Erich Trunz zum 75. Geburtstag. Hrsg. v. H.-J. Mähl und E. Mannack. Heidelberg 1981. 121–152.

würdigt Hegel nur gelegentlich als Exempel unter speziellen Gesichtspunkten. Hothos Rezension führte also die Auseinandersetzung Hegels mit Goethe fort und schloss eine Lücke, die Hegel gelassen hatte. Man kann sich nur schwer vorstellen, dass bei dem engen Kontakt Hothos mit Hegel in Berlin Hegel nicht schon vor dem Druck von Hotho über den Inhalt der Rezension informiert worden wäre, ja Hotho die Rezension vielleicht sogar mit Hegel besprochen hat. Vielleicht gab Hegel Hotho die Anregung zur Rezension. Jedenfalls hätte Hotho damals unter den Augen Hegels sicher nichts geschrieben, was nicht dessen Billigung gefunden hätte. Allerdings müsste man prüfen, welche Aussagen und Urteile in Hothos Rezension typisch und spezifisch hegelianisch sind.

Varnhagen stellt in seiner Kritik an Hothos Rezension das Verhältnis von Form und Inhalt sowie die Vollendung der „schönen Form" in den Mittelpunkt. Letztlich empfindet Varnhagen die Rezension Hothos als zu wenig emphatisch und diesem einmaligen Kunstwerk letztlich nicht angemessen. Varnhagen macht eine wesentlich höhere Wertschätzung, ja die geradezu unvergleichliche Stellung der *Wanderjahre* geltend. Das geht bei ihm so weit, dass er nicht nur eine objektive Unvergleichbarkeit der *Wanderjahre* mit anderen Werken behauptet, sondern auch eine subjektive Korrektur der Werturteile fordert, die sich dem Objekt so unterwirft wie die Verehrung Napoleons trotz dessen kleiner Gestalt. Während Hotho bei aller Wertschätzung Goethes noch relativ nüchtern bleibt, gerät die Goetheverehrung Varnhagens fast zum Goethekult und zur Idolatrie. Mandelkow bezeichnete die enthusiastische Goetheverehrung von Rahel und Karl August Varnhagen als „liberalen Goethekult".[11] 1832 rezensierte Varnhagen die *Wanderjahre* selbst in Goethes Zeitschrift *Kunst und*

---

11 *K. R. Mandelkow: Goethe in Deutschland.* Rezeptionsgeschichte eines Klassikers. Bd. I. 1773–1918. München 1980. 71.

Alterthum.[12] Die Gesichtspunkte und Urteile in seinem Brief an Hotho fanden jedoch in Varnhagens eigener Rezension nicht den geringsten Niederschlag. Vielmehr geht Varnhagen hier von einem geschichtsphilosophischen Ansatz aus. Er stellt den Roman in die Zerrissenheit der Zeit, den Widerstreit von Vergangenheit und Gegenwart sowie die Ausrichtung auf die Zukunft. Varnhagen verzichtete auf eine neue Analyse der *Wanderjahre,* indem er lobend auf die Rezension Hothos hinwies.[13]

---

12 *K. A. Varnhagen von Ense: „Im Sinne der Wanderer."* In: *Ueber Kunst und Alterthum.* Von Goethe. Aus seinem Nachlaß herausgegeben durch die Weimarischen Kunstfreunde. Bd. 6. Heft 3. Stuttgart 1832. 533–551.
13 Ebd. 548: „Die eindringliche und erläuternde Uebersicht welche Hotho in den Berliner Jahrbüchern für wissenschaftliche Kritik (Jahrgang 1829. Nr. 108–112) von dem Inhalt und der Gestalt dieses Werkes so glücklich gegeben hat, überhebt uns des Versuchs einer neuen Analyse, da wir auf jene als auf eine durchaus gelungene und genügende zurückweisen können."

Briefe von Heinrich Gustav Hotho

Helmut Schneider / Wilfried Korngiebel

Brief 1
Varnhagen an Hotho

Berlin, den 31. Oktober 1829.

Ew. Wohlgeboren
sende ich den mir güthigst mitgetheilten Aufsatz über die Wanderjahre[1] in der Anlage mit meinem verbindlichsten Danke zurück. Ich habe ihn mit höchstem Interesse gelesen, welches vom Anfang bis zum Ende sich gleich geblieben. Der Gesichtspunkt darin ist frei, die Übersicht klar und tief, die Linien kräftig durchgezogen, welche das äußerlich Getrennte nach innerer Zusammengehörigkeit vereinigen, dem Ganzen sind die feinsten Wahrnehmungen eingeflochten. Hätte ich nun bloß dem von Seiten der Societät[2] empfangenen Auftrage zu genügen, so wäre mit einigen Worten der unbedenklichsten Empfehlung alles sogleich abgethan, was mir in dieser Beziehung obliegt. Da Sie jedoch die Güte haben, den Aufsatz

---

1 H. G. Hothos Besprechung erschien im Dezember 1829 unter dem Titel *Wilhelm Meisters Wanderjahre oder die Entsagenden. Zweite Ausgabe. Goethe's Werke; vollständige Ausgabe letzter Hand. Stuttgart und Tübingen, in der J. G. Cotta'schen Buchhandlung 1829. 21. Bd. 228 S. 22. Bd. 262 S. 23. Bd. 286 S.* in den *Jahrbüchern für wissenschaftliche Kritik*, Nr. 108, Sp. 863–864; Nr. 109, Sp. 865–872; Nr. 110, Sp. 873–876; Nr. 111, Sp. 881–888; Nr. 112, Sp. 889–891. [Erster Artikel] – Die von Hotho besprochene Ausgabe ist identisch mit dem Erstdruck der zweiten Fassung des Romans. Die Bände 21 bis 23 reihen sich ein in die 40 Bände umfassende Ausgabe letzter Hand, die von 1827 bis 1830 ediert wurde. – Die erste Fassung erschien unter dem Titel: *J. W. v. Goethe, Wilhelm Meisters Wanderjahre oder die Entsagenden. Teil 1. Stuttgart und Tübingen, Cotta, 1821.*
2 Die Societät für wissenschaftliche Kritik zu Berlin, der Herausgeberkreis der „Jahrbücher".

mir noch in andrer, als dieser auferlegten Hinsicht, nahe zu stellen, und gleichsam meine persönlichen freiwilligen Bemerkungen darüber einfordern, so nehme ich mir zu diesen allerdings noch einigen Raum.

Ich fühle, daß ich die Aufgabe, den neuen Goethischen Roman zu betrachten, nicht grade vorzugsweise von dieser Seite, welche Sie gewählt, würde gefaßt haben, mir würde die Art und Weise des Gestalteten, sein inneres Triebwerk und daraus hervorgegangenes Kunstgebild der nächste Gegenstand der Untersuchung geworden sein, welche von da aus auf den Inhalt und Gehalt übergegangen wäre. Dieß macht mich indeß in Betreff Ihrer Behandlung keineswegs irr, wie ich hoffe, daß auch dies mein Bekenntniß Sie nicht über meine folgenden Äußerungen irre machen wird, die keineswegs auf diesen Unterschied unserer Auffassungsweise gegründet sein sollen, sondern auch noch gelten möchten, nachdem ich mich auf Ihren Standpunkt versetzt, und diesen völlig anerkannt habe.

Sehr glücklich und fruchtbar ist Ihr Gedanke, die sämmtlichen Goethischen Romane als eine gleichartige Gesammtheit[3] zu nehmen, da die Einheit hier nicht in der Form liegen kann, so führt Sie dies nothwendig sogleich auf den Gehalt, den gebildeten Stoff, und an diesen wendet sich Ihre Kritik ohne

---

3 An dieser Briefstelle und in den folgenden Passagen wird eine Einheit des Werks, sogar eine Einheit von Leben und Werk unterstellt. Die „Werk"-Kategorie ist ebenso wie die des „Autors" (bzw. auch äquivalente Begriffe) bereits konstitutiv für die Literatur-Rezeption des 19. Jahrhunderts. Das „Werk" wie auch der Stil eines „Autors" werden jeweils insbesondere durch Kategorien wie „Individualität", „Originalität" und „Eigentümlichkeit" charakterisiert und bewertet. Die Entstehung dieser Kategorien ist allerdings noch relativ neu. Sie dürfte im Zeitalter der Aufklärung historisch zu verorten sein und wahrscheinlich mit der Verrechtlichung von ‚Autor' und ‚Werk' zum Schutz vor unberechtigtem Nachdruck in engerem Zusammenhang stehen. Ihre Anwendung über die juristischen Praktiken hinaus und ihre emphatischen Einsätze sind sicherlich nicht ohne die Entwicklungen der „Genie"-Ästhetik seit dem Sturm und Drang erklärbar. Vgl. zur Groborientierung: Michel Foucault: Was ist ein Autor? In: ders.: Schriften zur Literatur. Ullstein: Frankfurt/M. u.a. 1979, S. 7–31, bes. S. 12ff; vgl. auch: Michel Foucault: Die Ordnung des Diskurses. Ullstein: Frankfurt/M. u.a. 1977, bes. S. 18ff. und S. 44ff.

Briefe von Heinrich Gustav Hotho

Vorzug. Ich bin weit entfernt, dies zu tadeln; aber daß es mit solcher Schroffheit geschieht, daß wir die schönen Hüllen, gleich vom Anfang ohne Weiteres, sozusagen, zerbrechen und beseitigen sehen, um uns von ihrem Inhalt zu unterrichten, hat mir etwas unangenehm Auffallendes. Vielleicht wäre dieser Eindruck durch ein paar Einschaltungen zu mildern, die das Verfahren ankündigten, und uns im voraus verständigten, wie hier nichts verletzt, im Gegentheil die Schönheit der Erscheinung anerkannt, und nur sorgsam bei Seite gelegt werde, um sich später um so genußreicher zu betrachten. Sie haben ferner bei Betrachtung der Romane nicht stehen bleiben können, Sie haben auch die dramatischen Werke in denselben Kreis gezogen; mit allem Grund und Recht, und Sie hätten darin noch weiter gehen können, daß Sie sich dabei jedoch ein Ziel setzten, ist natürlich; nur möchte ich fragen, ob nicht vor anderem auch die Unterhaltungen deutscher Ausgewanderten[4] wäre zu erwähnen gewesen? In denselben ist sogar, dünkt mich, ein unmittelbarer Bezug auf das von Ihnen in dieser ganzen Dichtungsfolge besonders Herausgehobne. Und wie verhalten sich Goethe's persönliche Denkwürdigkeiten mit ihren reichen romanhaften Elementen und ihrer oft ganz romanwürdigen Prosa[5] zu den wirklichen Romanen?

Der Abschnitt, welchen Goethe's italienische Reise[6] in der Richtung seiner dichterischen Erzeugnisse machen soll, ist

---

4 Erstdruck: J. W. v. Goethe, Unterhaltungen deutscher Ausgewanderten; in: Die Horen, eine Monatsschrift von Schiller. 1. bis 4. Band. Tübingen, Cotta, 1795.

5 Anspielung auf Goethes autobiographische Schriften: J. W. v. Goethe: Aus meinem Leben. Dichtung und Wahrheit. Bd. 1. Tübingen, Cotta, 1811. Bd. 2 1812. Bd. 3 1814. [Erstdruck des 4. Teils: Goethe's Nachgelassene Werke. Bd. 8. Stuttgart und Tübingen, Cotta, 1833].

6 Erstausgabe: [Italienische Reise] Aus meinem Leben. Von Goethe. Zweyter Abtheilung Erster Theil. Auch ich in Arkadien! Stuttgart und Tübingen, in der Cotta'schen Buchhandlung, 1816. – Aus meinem Leben. Von Goethe. Zweyter Abtheilung Zweyter Theil. Auch ich in Arkadien! Stuttgart und Tübingen, in der Cotta'schen Buchhandlung, 1817.

mir nicht so einleuchtend; ich finde vor und nach ziemlich den gleichen Zug und Gang.

In denjenigen Theilen Ihres Aufsatzes, welche man als darstellende Auszüge bezeichnen könnte, wäre öfters dem eigenthümlichen und richtigen Gedanken ein weniger gewöhnlicher und überkommener Ausdruck zu wünschen; wo dieser mir allzu auffallend und fast unstatthaft erschien, habe ich einen Beistrich gemacht. Auch in den andern Theilen Ihres Aufsatzes, ist mir mancherlei bemerklich gewesen, was in solcher Hinsicht eine Änderung ansprechen dürfte, allein in jenen Theilen ist es auffallender, weil es gleichsam das Fremde, Andersgebildete, schon Bestehende, zu entstellen droht.

Sie scheinen die Wahlverwandtschaften[7] in Hinsicht der schönen Form den Lehrjahren[8] weit nachsetzen zu wollen. Hierin kann ich durchaus nicht mit Ihnen übereinstimmen, ja ich glaube Sie bestimmt im Irrthun. Die Wahlverwandtschaften haben nicht den warmen, heiteren Stil, wie die Lehrjahre, sie sind viel kälter gehalten; aber in Anlage, Einrichtung, Zusammenhang und Ausführung finde ich sie vollendet, und weit über den Lehrjahren, in welchen etwas Schwankendes, durch spätere Einlenkung der beherrschenden Künstlermacht nur glücklich noch in Enge zurückgebrachtes Abschweifende sich nicht verläugnen kann.

Die Form der Wanderjahre nun gar ist schwierig zu besprechen! Hüten Sie sich, darin des wahren Weges zu fehlen! Der Witz am Schlusse Ihres Aufsatzes, über die Aufnahme auch der Leser in den Bund der Entsagenden, gefällt mir sehr wohl, und ich stimme bedingt zu seinen Voraussetzungen ein; nur wünsche ich ihn, eben des Bedingten wegen, zarter herbeigeführt, als eine Äußerung, die man in gewissem Sinne machen

---

7 Erstausgabe: J. W. v. Goethe, Die Wahlverwandtschaften. Ein Roman. Erster Theil. Zweiter Theil. Tübingen, Cotta, 1809.

8 Erstausgabe: J. W. v. Goethe, Wilhelm Meisters Lehrjahre. Ein Roman. Berlin, bei F. Unger, 1795 bis 1796. 4 Bde. – Auch als: Goethes Neue Schriften, 3. bis 6. Bd. Berlin 1795 bis 1796.

Briefe von Heinrich Gustav Hotho

könnte, möchte, dürfte, oder was sonst der abschwächenden Hülfswörter hier sich darbietet! Über die Sache selbst kann ich nur ungefähr andeuten, was ich meine. Es fällt jedem Leser freilich alsbald auf, daß in den Wanderjahren nicht die vorzügliche, schmeichelnd unterhaltende Darstellung ist, die bei den Lehrjahren uns so hinreißt; schon die Ruhe, das Leise, das Ausführliche, das hier waltet, fehlt dort ganz. Wir finden die Form eines Romans, wie wir sie bisher gewohnt waren, nicht wieder, das ist unläugbar; aber eben so wenig den Inhalt. Einen Roman, wie die Wanderjahre, hat es noch nicht gegeben, und es möchte unthunlich gewesen sein, diesen in der Form auftreten zu lassen, die für andre, ihm so unähnliche, die passende war. Nun fragt sich, ob diese Form grade, an die wir uns stoßen, die uns an jene, die wir vermissen, so sehr erinnert, nicht grade die ächte für diesen Inhalt ist? Schroffes, Hartes, Unausgeführtes, Summarisches, Lückenhaftes, Zwangvolles ist hier in Menge; aber – das muß ich besonders geltend machen – Unreifes, Nachlässiges, Schwaches, durchaus nirgends, alles ist fest, gediegen, von höchster Bildung und Besonnenheit. Wird man nicht die Thatsache, daß ein solches Buch von solcher Hand solche Gestalt gewonnen, für sich betrachten müssen, und der Vergleichung, insofern sie zum höher oder tiefer stellenden Urtheil dienen soll, entsagen? Wonach bestimmen sich denn unsre Forderungen? Hat Napoleon und das Heldenthum[9] unrecht, wenn seine Gestalt unserer

---

9 Varnhagen setzt Hothos Einverständnis in der Napoleon-Bewunderung und -Verehrung voraus. Dies ist bemerkenswert, wenn man bedenkt, dass der Brief im Jahre 1829 geschrieben wurde. Inzwischen hatten Ernst Moritz Arndt, Friedrich Rückert, selbst Isaak von Sinclair und mit ihnen viele andere ihre antinapoleonischen Kriegslieder geschrieben. Die Haltung Varnhagens und Hothos wurde aber geteilt von Hölderlin, Heine, Platen – und Hegel selbst. Es sei auch auf die sorgsam abwägende Haltung Goethes, der im „Westöstlichen Divan" die Sänger der antinapoleonischen Befreiungskriege angriff, hingewiesen. In seine differenziertere Haltung mischte sich starke Bewunderung für das „Dämonische", für den „Halbgott" Napoleon (Gespräche mit Eckermann). Vgl. dazu: Wulf Wülfin: Zum Napoleon-Mythos in der deutschen Literatur des 19. Jahrhunderts. In: Helmut Koopmann (Hg.): My-

angewöhnten Vorstellung von riesenhaften Heldenkörpern nicht entspricht, oder haben wir nicht vielmehr unsere unzulängliche Vorstellung zu berichtigen? Für mich ist grade die kleine, energische Figur Napoleons ein verstärkendes Motiv seines Heldeneindrucks. Eben so geht es mir mit den Wanderjahren; dieses Abgebrochene, Schroffe, diese Zwischenreden und Einflechtungen, kann ich mir nicht davon hinwegdenken, ohne auch den innern Karakter des Werkes zu zerstören. Es ist wahr, Goethe selbst hat durch die beispiellose Umarbeitung dieses Buches ihm mehr Harmonie gegeben, aber, meines Bedänkens, zugleich auch die Zerrissenheit verwahrt, jenes mit richtiger Absicht, dieses vielleicht unabsichtlich, aber in richtiger Wirkung des Inhalts, der weiter entfaltet worden.

Hier eröffnet sich nun ein weites Feld, das Ihnen viel zu bekannt ist, als daß ich Sie darauf erst herumzuführen hätte. Ich will Ihnen auch nichts Neues gesagt haben, sondern nur Ihre eignen Vorstellungen auch in derjenigen Richtung rege erhalten, die Sie vielleicht weniger geneigt wären diesmal zu nehmen. Und selbst dies möchte am Ende nur überflüssig sein, da es sehr wohl möglich ist, daß der Verfolg Ihres Aufsatzes von selbst alle die Beziehungen aufgenommen hätte, die ich hier geltend machen will, und daß er sie bündiger und geordneter darlegt, als dies mir hier möglich ist!

Wegen der Stellen, die dem einzelnen Ausdruck eine Änderung zu wünschen lassen, wird eine Viertelstunde mündlichen Gesprächs alles Nöthige hinreichend leisten. Wo nicht früher, wird am nächsten Donnerstage dazu die Gelegenheit sein können.

Ich wiederhole nochmals, daß diese Bemerkungen nur ganz persönlich zwischen Ihnen und mir hinschweben; auch wenn

---

thos und Mythologie in der Literatur des 19. Jahrhunderts. Klostermann: Frankfurt/M. 1979, S. 81–108. – Erweiterte Fassung in: Wulf Wülfing, Karin Bruns und Rolf Parr: Historische Mythologie der Deutschen 1798–1918, Fink: München 1994. – Vgl. auch: Jürgen Link: Biedermeier und Ästhetizismus. Fünf Gedichte des ‚Westöstlichen Divans‘. Fink: München 1979, bes. S. 36ff.

Briefe von Heinrich Gustav Hotho

Sie denselben keinerlei Berücksichtigung zu widmen gerathen finden, kann ich Ihren wesentlich vortrefflichen Aufsatz, so wie er gegenwärtig ist, der Gesellschaft[10] zur Aufnahme in die Jahrbücher nur angelegentlichst empfehlen, und ich freue mich lebhaft auf die Fortsetzung.

Mit vollkommener Hochachtung verharre ich ergebenst
Ihr
gehorsamer Diener
K.A. Varnhagen von Ense.

Berlin den 31. Oktober 1829.

---

10 Vergleiche oben: „Societät".

Brief 2
Hotho an Varnhagen

Berlin, den 15. Januar 1830.

Hochwohlgeborener Herr,
Hochzuverehrender Herr
Geheime=Rath.

Ein Schreiben des Herrn v. Henning,[11] das ich heute erhalten habe, fordert mich auf Ew Hochwohlgeboren beifolgende Recension von Schefer über Jean Paul's sämmtliche Werke[12] als zweitem Referenten zu übersenden.

Meinem Urtheile nach wäre in Rücksicht auf die Form, in welcher jetzt die Recension daliegt, in jeder Weise gegen den Abdruck zu stimmen, indem ein kleiner Jean Paul hier den großen Jean Paul in Form von Critik Jean=Paulisch vor dem Publicum kniebeugend verehrt. In ähnlicher Weise haben schon Artikel von Wagner in Leipzig u Weber in Frankfurth[13] den Ruf der Jahrbücher gewiß nicht gefördert, u ich glaube

---

11 Leopold von Henning (1791–1866), Berlin, Philosoph, Mitglied der Redaktion der „Jahrbücher".

12 Die Rezension ist in den „Jahrbüchern" nicht auffindbar, sie wurde entweder gar nicht oder aber in einem anderen Periodikum gedruckt.

13 Höchstwahrscheinlich sind diese, 1829 in den „Jahrbüchern" abgedruckten Artikel gemeint: Adolf Wagner: 1. Volkslieder der Serben, metrisch übersetzt und historisch eingeleitet, von Talvj (Therese von Jacob). Halle bei Renger. 1825. 1826. Zwei Lieferungen. 8. – 2. Wila. Serbische Volkslieder und Heldenmährchen, von W. Gerhard. Leipz. bei Barth. 1828. 2 Bde. 8. – 3. Die serbische Revolution. Aus serbischen Papieren und Mittheilungen. Mit einer Charte von Serbien, von Leop. Ranke. Hamb. bei Perthes. 1829. 8. – In: *Jahrbücher für wissenschaftliche Kritik*, August 1829, Nr. 22, Sp. 169–176; Nr. 23, Sp. 177–178. – Goethe's Werke. Vollständige Ausgabe letzter Hand. Stuttgart und Tübingen, in der Cotta'schen Buchhandlung. Erster bis fünfzehnter Band (die drei ersten Lieferungen) 1827 und 1828. 12. – In: *Jahrbücher für wissenschaftliche Kritik*, Oktober 1829, Nr. 73, Sp. 577–584; Nr. 74, Sp. 585–592; Nr. 75, Sp. 593–597; Nr. 76, Sp. 601–607 (Erster Artikel) und November 1829; Nr. 81, Sp. 641–648; Nr. 82, Sp. 649–656; Nr. 83, Sp. 657–664; Nr. 84, Sp. 665–670 (Zweiter Artikel).

dergleichen Dithyramben=Recensionen seien fast ebenso wie die gänzlich nüchternen zu vermeiden. Ohne Sie dadurch für meine Meinung gewinnen zu wollen darf ich gestehen daß mir die kurze Karakteristik, die Sie ohnlängst bei Gelegenheit des Jean Paulschen Briefwechsels[14] hingezeichnet haben, in vielen Punkten mehr sagt, als die bisherigen 24 Scheferschen Seiten,[15] welche noch mit einer langen Fortsetzung drohen.

Dennoch wäre es schade, wenn manches Treffende u Treffliche, welches die Recension enthält, ganz sollte für die Jahrbücher verloren gehn. Mein Vorschlag ist deshalb folgender:

Da der Recensent seinen Artikel selbst eine „Jungfernrecension" nennt, u der Societät im Streichen freie Hand läßt, so wäre es vielleicht möglich den innern Kern von seiner Jean Paulschen Schale zu befreien, u mit gehöriger Schonung der Autorindividualität[16] zu einer genießbaren Recension zusammenzustreichen. Zu den Auswüchsen rechne ich den Eingang bis zu den Worten: „Neuerdings hat man gesagt", ferner die nebulosen allgemeinen Kunstbetrachtungen, gegen welche schon Herr von Henning mit einer Setzeranmerkung herausgerückt ist, u so vieles Andere. Ueberhaupt müßte der springenden himmelanfahrenden Manier der Zügel angelegt werden. Die Karakteristik der nicht rein humoristischen Romane scheint mir dürftig; über Humor u Ironie ist manches Gute gesagt, doch die Naturauffassung Jean Pauls gewiß verfehlt dargestellt. Den Verfasser selbst zur Umarbeitung aufzufordern scheint mir nicht räthlich, weil ihm seine schwachen Seiten gewiß am liebsten sind. Ich würde am liebsten Ihnen das Streichen übertragen, da Sie es mit größerer Schonung thun möchten; oder wenigstens, wenn es mir anheimfallen

---

14 K. A. Varnhagen von Ense: Jean Pauls Briefwechsel mit seinem Freunde Christian Otto. Berlin, bei G. Reimer. 1829. Erster Band (von 1790 bis 1796). Zweiter Band (von 1797 bis 1798). (Der dritte Band sollte in Kürze erscheinen.) – In: *Jahrbücher für wissenschaftliche Kritik*, Oktober 1829, Nr. 63, Sp. 497–504.
15 Vgl. die Anmerkung oben zu Schefer.
16 Vgl. die Anmerkung zu ,Autor' und ,Werk' in Brief 1.

sollte: die neue verkürzte Ausgabe Ihrer Prüfung unterwerfen. Herrn von Hennings Vorschlag, daß ich selbst diesem ersten einen zweiten Artikel über Jean Pauls Werke sollte folgen lassen, möchte ich meine Zustimmung nicht gern geben, weil dieser zweite Artikel, insofern er ein erneutes Studium Jean Pauls erforderte, nicht sobald auf dem Papiere dastehn könnte, u mir noch die Recension der Langeschen u Tieckschen Schriften sowie Solgers Aesthetik zunächst obliegt.[17]

Sollte der zweite Artikel meiner Recension der Wanderjahre[18] noch in Ihren Händen sein, u Ihre, wie ich hoffe, wiederhergestellte Gesundheit, Ihre Muße u Lust es erlauben, so würden mich Ihre verbessernden Anmerkungen, wenn Sie Ihre frühere Güte auch auf diesen zweiten Artikel ausdehnen wollten, sehr erfreuen. Durch häufiges Unwohlsein u anderweitige Beschäftigungen unterbrochen, habe ich ihn nur sehr nach u. nach zusammensetzen können, u ob er sich zu einem Ganzen runde, ob in Rücksicht auf das Werk u das Publicum der rechte Ton, die gehörige Farbe gefunden, ob alle wichtigen Gesichtspunkte berührt, nichts unnützer Weise allzu weitläufig ausgeführt, ob vieles zu streichen, zu ändern, manches hinzuzuthun sei, weiß ich nicht, u. bitte auch diesmal um Strenge. Denn da ich weitläufiger über Goethe zu schreiben mich in einem größeren Werke[19] gedrungen fühle möchte ich nichts Ungehöriges, oder im Wesentlichen, ja selbst nichts

---

17 Diese Rezensionen sind in den „Jahrbüchern" nicht auffindbar.

18 Der zweite Teil der Besprechung erschien etwa zwei Monate nach diesem Brief in den *Jahrbüchern für wissenschaftliche Kritik*, März 1830, Nr. 41, Sp. 321–328; Nr. 42, Sp. 329–333; Nr. 43, Sp. 337–344; Nr. 44, Sp. 345–352; Nr. 45, Sp. 353–356; Nr. 46, Sp. 361–368; Nr. 47, Sp. 369–376; Nr. 48, Sp. 377–382.

19 Das hier angekündigte Werk dürfte, sofern es bis zu einer Veröffentlichung ausgearbeitet wurde, mit der fünf Jahre später erschienenen Schrift identisch sein: Vorstudien für Leben und Kunst. Hg. von H. G. Hotho, Stuttgart und Tübingen: Cotta, 1835. – Die letzten Abschnitte dieser Veröffentlichung Hothos behandeln Goethe; das Werk schließt mit einem zustimmenden Ausblick auf das Erziehungskonzept der „Wanderjahre". Zudem fand auch Hothos Beschäftigung mit den Schriften von Tieck und von Solger in seinen „Vorstudien" ihren Niederschlag.

auch in Kleinigkeiten Mangelhaftes vorausschicken. Je dreister u kecker ich sonst hinschrieb, desto ängstlicher bin ich jetzt geworden, u im Durchbruche von überkommener Terminologie zu eigenthümlicher[20] Darstellungsart noch begriffen, fast im Style schwankend.

Doch ich muß um Verzeihung bitten Sie schon bis zur dritten Seite geführt zu haben. Indem ich beifolgend die vielseitige Betrachtung der Wanderjahre im Gesellschafter[21] mit bestem Danke zurücksende empfehle ich mich Ihrem ferneren Wohlwollen mit der Versichrung der ausgezeichnetesten Hochachtung als

Ew. Hochwohlgeboren ergebenster Diener

H. G. Hotho.

Berlin d. 15ten Jan. 30.

---

20 Vgl. die Anmerkung zu ‚Autor' und ‚Werk' in Brief 1.
21 K. A. Varnhagen von Ense, Goethe's neuestes Werk [Wilhelm Meisters Wanderjahre oder Die Entsagenden, Th. I, Stuttgart u. Tübingen 1821], in: *Der Gesellschafter oder Blätter für Geist und Herz* [Berlin; hrsg. v. Friedrich Wilhelm Gubitz], 13. Juni 1821, 94stes Blatt, S. 435f. – Varnhagen veröffentlichte in späteren Jahren eine weitere Besprechung, die Goethes Änderungen des Romans Rechnung trug: K. A. Varnhagen von Ense: Im Sinne der Wanderer [Wilhelm Meisters Wanderjahre oder Die Entsagenden, 2. Fassung, 1829], in: Ueber Kunst und Alterthum, Von Goethe, Aus seinem Nachlaß herausgegeben durch die Weimarischen Kunstfreunde, Drittes Heft des sechsten und letzten Bandes, Stuttgart 1832, S. 533–551.

Brief 3
Hotho an Varnhagen

Berlin, den 9. Juni 1830.

Hochzuverehrender Herr
Geheime=Legations=Rath.

Beifolgend übersende ich Ew Hochwohlgeboren die Wendtische Kritik der Scheferschen lyrischen Werke u Novellen[22] mit der Bitte die verspätete Sendung gütigst entschuldigen zu wollen.

Gegen den Abdruck habe ich nichts einzuwenden. Hauptpunkte scheinen mir scharf, nur zu oft wiederholt, angegeben zu sein; mehr zusammengehalten, weniger ins Einzelne gehend, wobei oft dasselbe wiedergesagt wird, würde die Anzeige kürzer, energischer u erfreulicher geworden zu sein. Doch da sie gedruckt sich schnell u leicht wird lesen lassen, u bei wohlwollender Anerkennung nicht, was zu tadeln sein möchte übersieht, erscheint sie auch in dieser Gestalt annehmbar, wenn zwar das Auge eines Taschenbuchcritikers hin u wieder herausblickt.

Was die bleistiftlichen Kürzungsvorschläge angeht, die ich mir zu machen erlaubt habe, so scheint es mir wünschens werth das herauszustreichen, was nur Critik des Einzelnen betrifft, u ohne die Kenntniß desselben, die nicht kann vorausgesetzt werden, leer u unverständlich bleibt. Auch die längeren ausgezogenen Platzraubenden metrischen u prosaischen Beispiele wünschte ich fort. Die Anzeige würde dann vielleicht auf ein wünschenswerthes Maaß reducirt sein. –

---

22 Wendt: Kleine lyrische Werke von Leopold Schefer. Zweite Ausg. Frankf. a. M. 1828. 8. S. 392. – Novellen von Leopold Schefer. Erster Band. Leipz. 1825. 8. S. 341. Zweiter Band ebendas. 1827 S. 236. Dritter Band ebendas. 1827. S. 288. Vierter Band 1829. S. 377. Fünfter Band 1827. 1829. S. 327. – In: *Jahrbücher für wissenschaftliche Kritik*, Oktober 1830, Nr. 65, Sp. 513–520; Nr. 66, Sp. 521–524.

Briefe von Heinrich Gustav Hotho

Mit vollkommenster Hochachtung
Ew Hochwohlgeboren ergebenster Diener
H. G. Hotho.

Berlin den 9ten Juni. 30.

Brief 4
Hotho an Varnhagen

Berlin, den 11. August 1830.

Hochwohlgeborener Herr
Hochzuverehrender Herr
Geheime=Legations=Rath!

Wenn ich Ew Hochwohlgeboren erst heute beifolgende Recensionen des Herrn Wakernagel über Dr. Hr. Hoffmanns Fundgruben u über den Sängerkrieg auf der Wartburg[23] übersende muß ich wegen der Verspätung um so mehr dringend um Entschuldigung bitten als ich mich erinnere mit Uebersendung der vorletzten Recensionen in gleichem Falle gewesen zu sein.

Wir haben wie mir scheint in Herrn Wackernagel einen fleißigen u gründlichen Kenner der älteren deutschen Litteratur für die Jahrbücher gewonnen, zugleich aber auch einen jener Philologen, die für Referenten u Leser gleich beschwerlich sind, indem das Hauptverdienst in Berichtigung von Einzelheiten besteht, welche für d Leser wenn er den Text nicht

---

23 Wackernagels Rezension über Hoffmann ist in den „Jahrbüchern" nicht auffindbar. Bei dem angesprochenen Werk handelt es sich um eine mediävistische Anthologie des August Heinrich Hoffmann von Fallersleben (1798–1874). Der genaue Titel des Werks lautet: Fundgruben für Geschichte deutscher Sprache und Literatur. Herausgegeben von Dr. Heinrich Hoffmann. I. Theil. Breslau 1830. Bei Grass, Barth und Comp. (Der Nachfolgeband erschien erst einige Jahre später: II. Theil. Breslau. Bei Georg Philipp Aderholz. 1837). – Die zweite Rezension des Wilhelm Wackernagel erschien aber im September 1830 in den *Jahrbüchern für wissenschaftliche Kritik*, Nr. 43, Sp. 341–344: Der Sängerkrieg auf Wartburg. Gedicht aus dem XIII. Jahrh. Zum ersten Male genau nach der Jenaer Urkunde nebst den Abweichungen der Manesse und des Lohengrins herausgegeben und mit den alten zu Jena aufbewahrten Sangweisen, wie mit einer Einleitung, Uebersetzung, sprachlichen und geschichtlichen Erläuterungen begleitet von Ludwig Ettmüller. Beigegeben ist Rotes Gedicht über den Wartburgskrieg. Ilmenau 1830. Bernh. Fr. Voigt. 8. LII. u. 204 S.

Briefe von Heinrich Gustav Hotho

daneben hat u vom Fache ist, unverständlich bleiben, u ohne Interesse sind. Wir haben mit weniger Gemüth, größerer Eleganz einen Graff den zweiten[24] erworben.

Was vorliegende Recensionen betrifft, so scheint mir die erste über die Hoffmannschen Fundgruben eine in gutem Styl trocken abgefaßte Inhaltsanzeige; mit gelehrten Nachweisungen, einzelnen Berichtigungen langweilig untermischt u nur für wenige Leser genießbar. Fallen die Berichtigungen, wie ich zum Theil im Manuskript schon angedeutet habe, fort, so giebt es vielleicht eine Anzeige, als äußere Notiz des Inhalts, manchem angenehm u brauchbar. So viel ich weiß ist die Recension nicht aufgetragen.

Die Zweite durch ihre scharfe u wie es scheint nicht ungerechte Polemik ist schon lesbarer, wenn die unzählbaren Berichtigungen fortfallen, die mir durchaus unerträglich scheinen. Vielleicht wäre der Verfasser, wenn man ihm einige Früchte seiner Genauigkeit gönnen will, aufzufordern, von den angeführten Beispielen nur sehr wenige der schlagendsten auszuwählen. Was mich anbetrifft würde ich dafür stimmen sie zu Gunsten des größeren Theils der Leser sämmtlich fortzustreichen, u das Manuskript zu sonstigem Gebrauche dem Verf. wieder zuzustellen.

Mit ausgezeichnetester Hochachtung
Ew. Hochwohlgeboren
ergebenster Diener
H. G. Hotho.

Berlin d. 11ten Aug. 30.

---

24 Ein entsprechender Artikel von Graff erschien ebenfalls im September 1830: Heliand oder die altsächsische Evangelien-Harmonie. Herausgegeben von J. Andr. Schmeller. München, Stuttgart und Tübingen bei Cotta 1830. – In: *Jahrbücher für wissenschaftliche Kritik*, September 1830, Nr. 47, Sp. 374–376; Nr. 48, Sp. 377–384; Nr. 49, Sp. 385–391.

Helmut Schneider / Wilfried Korngiebel

Brief 5
Hotho an Varnhagen

Berlin, den 1. Oktober 1830.

Hochzuverehrender Herr
Geheime=Legations=Rath.

Indem ich Ew. Hochwohlgeboren beifolgend die Waltersche Anzeige von Crawfurds Reise nach Ava[25] zu übersenden die Ehre habe, kann ich nur einfach hinzufügen, daß ich dieselbe mit Vergnügen u Interesse durchgesehen, zu Abkürzungen keine Gelegenheit gefunden habe, u nur für die unbedingte Annahme sowie für den baldigen Abdruck zu stimmen weiß.

Zugleich nehme ich mir die Freiheit in Rücksicht auf meine Anzeige der Stieglitzschen Bilder des Orients[26] die Bitte zu wiederholen mit dem Referenten unbarmherzig umzugehn, u eine Mildrung nur eintreten lassen zu wollen, wo Ref. sich gegen den befreundeten Autor Unbarmherzigkeiten sollte zu schulden haben kommen lassen. Vielleicht würde der Gesellschaft, u somit auch mir ein Dienst geschehn, wenn die Rec. zu einer klein zu druckenden könnte zusammengestrichen werden.

---

25 Walter: Journal of an Embassy from the Governor-General of India to the Court of Ava, in the Year 1827. By John Crawford, Esq. etc. With an Appendix, containing a Description of fossil Remains, by Prof. Buckland and Mr. Clift. London 1829. I vol. 4to. – In: *Jahrbücher für wissenschaftliche Kritik*, Oktober 1830, Nr. 79, Sp. 625–632; Nr. 80, Sp. 633–640.

26 H. G. Hotho: Bilder des Orients von Heinrich Stieglitz. Erster Band. Arabien. Klein 8. Vorrede XVI. Text 150 S. Leipzig bei C. Cnoblauch 1831. – In: *Jahrbücher für wissenschaftliche Kritik*, Oktober 1830, Nr. 74, Sp. 588–592; Nr. 80, Sp. 593–599. – Es handelt sich um ein Werk des Hegel-Schülers und Dichters Heinrich Stieglitz (1801–1849), dessen Lebensgefährtin Charlotte Stieglitz (1806–1834) vier Jahre nach diesem Brief Hothos Selbstmord beging, überlieferten Mitteilungen nach, um seine poetische Imagination anzuspornen. – Hotho und Stieglitz kannten sich seit ihrer Berliner Studienzeit bei Hegel. Stieglitz starb als Teilnehmer des oberitalienischen Aufstandes gegen das habsburgische Kaiserreich im belagerten Venedig an der Cholera.

Briefe von Heinrich Gustav Hotho

Mit vollkommenster Hochachtung
Ew. Hochwohlgeboren
ergebenster Diener
H. G. Hotho.
Berlin d. 1sten Oct. 30.

Brief 6
Hotho an Varnhagen

Berlin, den 13. Januar 1832.

Hochwohlgeborner Herr
Hochzuverehrender Herr Geheime=Legations=Rath

Ew. Hochwohlgeboren beehre ich mich beifolgend mit Ihrer Erlaubniß die Anzeige der Hegelschen Werke[27] zu überschicken. Sollten Sie zur Subscription geneigt sein, so kann ich nur den Wunsch hinzufügen, daß, wenn die Werke sämtlich vor Ihnen daliegen, dann die Arbeit u Bemühungen der Herausgeber Ihren Anforderungen genügen, u Ihre Wünsche befriedigen möchte. Denn für den innern Gehalt der Schriften wie der Vorlesungen steht der Gedankenhaltigste Geist seines Jahrhunderts ein.[28]

---

27 Es handelt sich vielleicht um einen verschickten Subskriptionsaufruf, möglicherweise ist aber auch die Besprechung der Werkausgabe durch Karl Rosenkranz gemeint: Georg Wilhelm Friedr. Hegel's Werke. Vollständige Ausgabe durch einen Verein von Freunden des Verewigten: D. Ph. Marheinike, D. J. Schulze, D. Ed. Gans, D. Lp. v. Henning, D. H. Hotho, D. K. Michelet, D. F. Förster. Berlin bei Duncker und Humblot. gr. 8. Erste Lieferung: Erster Band: Hegel's philosophische Abhandlungen, herausgegeben von D. Karl Ludwig Michelet. 423 S. Elfter Band: Hegel's Vorlesungen über die Philosophie der Religion. Nebst einer Schrift über die Beweise vom Dasein Gottes. Herausgegeben von D. Philipp Marheineke. Erster Band. XVI. und 376 S. – Hierzu in Bezug auf den ersten Band: D. K. L. Michelet, Einleitung in Hegel's philosophische Abhandlungen. Berlin ebendort. LI S. 8. – In: *Jahrbücher für wissenschaftliche Kritik*, November 1832, Nr. 92, Sp. 734–736; Nr. 93, Sp. 737–744; Nr. 94, Sp. 745–752. – Die Besprechung beginnt mit einem Hinweis auf „die große Menge der Subcribenten" (Sp. 735).

28 Varnhagen hat sehr wohl die Ausgabe der Hegelschen Schriften und gerade auch die Tätigkeit Hothos in diesem Zusammenhang zur Kenntnis genommen. So notiert Varnhagen beispielsweise einige Jahre später in seinen Tagebüchern: „Dienstag, den 19. Juni 1838. […] Der dritte Theil von Hegel's ‚Aesthetik‘, durch Hotho mit verdienstlichem Fleiße bearbeitet, ist soeben erschienen, und giebt ächte Geistesnahrung. So müssen deutsche Bücher sein. Da fühlt man sich auf ächtem Boden." (K. A. Varnhagen von Ense, Tagebücher, 14 Bde., Brockhaus: Leipzig, 1861–1870, Bd. 1, S. 100).

Briefe von Heinrich Gustav Hotho

Mit vollkommenster Hochachtung
Ew. Hochwohlgeborenen
ergebenster Diener
H. G. Hotho.

Berlin d. 13ten Jan. 32.

Brief 7
Hotho an Varnhagen

Berlin, den 27. März 1832.

Hochzuverehrender Herr
Geheime=Legations=Rath!

So eben der nächsten Donnerstagssitzung gedenkend fällt mir mit Schrecken ein, daß ich Ew Hochwohlgeboren die beifolgende Rumohrsche Recension[29] zu überschicken seit mehreren Tagen bereits vernachläßigt habe. Sie werden deshalb erlauben meinem Gutachten die Bitte um Entschuldigung der versäumten Uebersendung vorauszuschicken.

Gegen den Abdruck der Recension wüßte ich nichts einzuwenden, da sie wie es scheint das Wichtigste der angezeigten Schriften in erwünschter Kürze heraushebt, u auch sonst mit

---

29 Für das Jahr 1832 finden sich drei Rezensionen in den „Jahrbüchern", die v. Rumohr als Verfasser ausweisen: Erste Rezension: I. Elegio storico di Gio. Santi pittore e poeta, padre del gran Raffaello da Urbino. Urbino per Vincenzo Guerrini 1822. 8. IV. u. 140 S. – II. Elegio storico di Raffaello Santi da Urbino. Das. 1829. 8. Fascicolo I. XV. u. 144 S. – In: *Jahrbücher für wissenschaftliche Kritik*, April 1832, Nr. 70, Sp. 555–560. – Zweite Rezension: Notizie intorno Raffaelle Sanzio da Urbino ed alcune di lui opere, intorno Bramante Lazeri etc. recitate in compendio nell'adunanza dell'accad. archeologica il di 20 Dec. 1821. e 17. Gennaro 1822. Dall'Avvocato Carlo Fea, commiss. delle antichita, socio ordinario. Roma 1822. presso Vincenzo Poggioli. 8. VIII. und 99 Seiten. – In: *Jahrbücher für wissenschaftliche Kritik*, Mai 1832, Nr. 97, Sp. 771–776. – Dritte Rezension: Burger, Joh., Reise durch Oberitalien, mit vorzüglicher Rücksicht auf den gegenwärtigen Zustand der Landwirthschaft, die Größe der Bevölkerung, Bodenfläche, Besteuerung und den Kauf- und Pachtwerth der Gründe. Zwei Theile. Wien 1831. 32. Thl. I. XVI. und 336 S. Thl. II. 300 S. 8. – In: *Jahrbücher für wissenschaftliche Kritik*, Juni 1832, Nr. 114, Sp. 909–912; Nr. 115, Sp. 913–920; Nr. 116, Sp. 921–923. – Die beiden ersten Rezensionen v. Rumohrs sind „in erwünschter Kürze" abgefasst, der Ton seiner Kritik ist teilweise scharf, besonders wenn „die ungeschickte Art der Abfaßung" getadelt wird. Da aber nur die erste Rezension zwei Schriften bespricht (Hotho verwendet in seinem Brief den Plural!), muss es sich (wenn man von einer Zustimmung auch Varnhagens ausgehen will) um diese erste, bereits kurz nach Hothos Brief, im April, abgedruckte Besprechung handeln, auf die hier Bezug genommen wird.

Briefe von Heinrich Gustav Hotho

wenigen Worten die ungeschickte Art der Abfaßung vorstellig macht.

Hoffentlich wird es nicht die letzte Rec. des Herrn v Rumohr sein.

Hinzufügen möchte ich nur den Wunsch; daß der Verf. selbst wenigstens eine Correctur oder die Revision übernehmen wolle.

Mit ausgezeichneter Hochachtung
Ew Hochwohlgeboren
ergebenster Diener
H. G. Hotho.

Berlin d. 27sten M. 32.

Brief 8
Hotho an Varnhagen

Berlin, den 2. Oktober 1832.

Hochzuverehrender Herr
Geheime=Legations=Rath!

Ew Hochwohlgeboren kann ich nach so eben gemachter eigener Erfahrung nicht gerade glücklich schätzen Referent in Betreff auf beifolgende Hinrichssche Recension über des jüngeren Fichte jüngstes philosophisches Product[30] zu sein. Denn es fällt physisch u geistig schwer sich hindurchzuarbeiten, obschon mir die <u>Darstellung</u> klarer als in anderen Beurtheilungen desselben Recens. zu sein scheint. In gar zu arge Dunkelheiten, die dennoch nicht fehlen, habe ich durch kurze Ändrungen einiges Licht hineinzubringen den Versuch gewagt.

Gegen den <u>Inhalt</u> wüßte ich im Ganzen u Wesentlichen nichts einzuwenden. Dagegen leider muß ich die Länge u Breite um so bedauerlicher finden, als uns erst Gabler ohnlängst mit einer doppelt längern über ein verwandtes Thema[31] zu seegnen gemeint hat, u ich für die vorliegende Recension kein Mittel dem Uebel abzuhelfen ersinnen kann.

---

30 Hinrichs: Ueber Gegensatz, Wendepunct und Ziel heutiger Philosophie von J. H. Fichte. Erster, kritischer Theil. Heidelberg im Verlag der academischen Buchhandlung, bei J. H. B. Mohr. 1832. Vorr. Sp. XXX. T. S. 300. 8. – In: *Jahrbücher für wissenschaftliche Kritik*, November 1832, 96, Sp. 767–768; Nr. 97, Sp. 769–776; Nr. 98, Sp. 777–784; Nr. 99, Sp. 785–792.

31 Gabler: 1. Ueber den gegenwartigen Standpunct der philosophischen Wissenschaften, in besonderer Beziehung auf das System Hegels. Von C. H. Weiße, Professor an der Universität zu Leipzig. Leipzig 1829. Verlag von Joh. Amor. Barth. 228 S. 8. – 2. Ueber das Verhältnis des Publicums zur Philosophie in dem Zeitpuncte von Hegels Abscheiden. Nebst einer kurzen Darlegung meiner Ansicht des Systems der Philosophie. Von C. H. Weiße. Leipzig, bei Schaarschmidt und Volckmar. 1832. 86 S. 8. – In: *Jahrbücher für wissenschaftliche Kritik*, September 1832, Nr. 49, Sp. 389–392; Nr. 50, Sp. 393–397; Nr. 51, Sp. 401–408; Nr. 52, Sp. 409–416; Nr. 53, Sp. 417–420; Nr. 54, Sp. 425–432; Nr. 55, Sp. 433–435.

Briefe von Heinrich Gustav Hotho

Denn die zwar lange Einleitung ist vielleicht der beste Theil, u verbindet mit Klarheit zugleich für ihren weiten Gegenstand eine treffende Kürze, ja wäre kaum zu missen u zu ersetzen; der Anführungen aus dem Fichteschen Werke u der Widerlegungen in Rücksicht auf Hegel sind nicht allzuviel, u in solcher Folge, daß ohne Störung des ganzen Ganges ohne Lücken u Flicken Hauptpunkte nicht fortzulassen wären; u was endlich die Betrachtung der übrigen Zeitphilosophen angeht, so thut diese Fülle des Stoffes, wie mir scheint, einer solchen Recension gerade aussöhnend wohl, so daß ich selbst zu der nachschleppenden Polemik gegen Herbart u die Hallesche Litteraturzeitung kaum ein Deficit in piscem[32] in Anspruch nehmen möchte. So würde wie Anfang u Mitte auch dieser bissige Schwanz erhalten werden können.

Was mir als durchaus streichbar erschienen ist, habe ich bereits durchgestrichen, anderes angedeutet; so daß im Ganzen drei Seiten fortfallen könnten, u das Übrigbleibende sodann einen Bogen ohngefähr ausfüllen möchte; freilich 1/4 über die Erlaubniß u der 120ste Teil des Jahrgangs, während doch wahrlich jener alternde junge Fichte nicht der 120ste Theil des Jahreslitter. ist, – doch ohne Verstümmlung weiß ich keine Rettung.

Diese Hinrichs'schen Rec. scheitern meist an dem Widerspruch eine philosophisch u methodisch=wissenschaftliche Critik auf wenigen Blättern liefern u was doch stets in solcherweise nur als Gegenassertion auftreten kann, als wissenschaftlichen Beweis aufstellen zu wollen.

---

32 Semantisch nicht eindeutig zu klärende Textstelle. Vielleicht eine Anspielung auf den oft zitierten symbolischen Vergleich eines formal nicht gelungenen Kunstwerks mit einer (als Wasserfrau imaginierten) mythologischen Sirene in der „Ars poetica" des Horaz (Epistolae, II, 3). Gemäß dieser Vorstellung endet eine solche schön gestaltete Frau in einem Fischschwanz: „Desinit in piscem mulier formosa superne". Desgleichen gelte für ein missgestaltetes Kunstwerk, bzw. nach Hotho gilt es vermutlich auch für die unproportionale Rezension von Hinrichs, zu deren Kennzeichen ja auch „dieser bissige Schwanz" gehört.

Helmut Schneider / Wilfried Korngiebel

Mit vollkommenster Hochachtung
Ew Hochwohlgeboren
ergebenster Diener H. G. Hotho.

Berlin d. 2t. Oct. 32.

Brief 9
Hotho an Varnhagen

Berlin, den 12. November 1832.

Hochzuverehrender Herr Geheime=
Legations=Rath!

Ew Hochwohlgeboren erhalten hiebei die Purkinje'sche Recension von Bowring's Böhmischer Anthologie.[33]

Unwohl kann ich zwar nur als ein incompetenter Richter mein Urtheil abgeben, doch glaube ich nicht ganz zu irren, wenn ich gegen den baldigen Abdruck der liebenswürdigen Anzeige nichts zu erinnern weiß. Vielleicht ließe sich im Eingange Einiges kürzen. In der Diction scheinen mir Ändrungen nicht nothwendig; nur bei einigen Stellen möchte eine geschicktere Hand als die meine leise u leicht nachhelfen können.

Es wäre wünschenswerth wenn wir für alle ausländische Litteraturen nur solche Referenten hätten. Ob die Ländernamen durchweg sollen großgeschrieben werden überlasse ich Ihrer gütigen Bestimmung.

Mit vollkonmmenster Hochachtung Ew
Hochwohlgeboren
ergebenster Diener
H. G. Hotho.

Berlin d. 12ten Nov. 32.

---

33 Purkinje: Wýbor z básnielwi českého (Auswahl aus der Böhmischen Dichtkunst). Cheskian (Chekhian?) Anthology: being a history of the poetical Litterature of Bohemia, with translated specimens by John Bowring. London: Rowland Hunter, St. Pauls church-yard. 1832. 8. p. 270. – In: Jahrbücher für wissenschaftliche Kritik, November 1832, Nr. 95, Sp. 753–760; Nr. 96, Sp. 761–767.

Brief 10
Hotho an Varnhagen

Berlin, den 3. December 1832.

Hochzuverehrender Herr
Geheime=Rath!

Für Ihre gütige Zusendung meiner Anzeige habe ich Ew. Hochwohlgeboren meinen vollsten Dank zu sagen. Man sollte dergleichen welthistorische Umrisse[34] in solcher Allgemeinheit u Kürze überhaupt nicht liefern denn welchen sachlichen Aufstellungen geben sie sich von allen Seiten bloß? Doch die Arbeit ist gemacht, u ich hoffe sie werde in der jetzigen Gestalt von Seiten der Darstellung wenigstens einen beßren Eindruck machen. Ihr gewohnter Scharfsinn hat auch diesmal den Hauptpunkt sogleich getroffen. Nach vielfachem Lesen u Wiederlesen habe ich Linien= u. Wort=weise zwei u eine halbe Seite fortgestrichen, u durch schärferes Zusammenziehn auch dieser Decorations=malerei hoffentlich wohlgethan. Doch unbequem genug ist mir die frühere Bequemlichkeit sorglosen Gehenlassens geworden. Leider kann ich nicht allzu anhaltend arbeiten, u so häufen sich denn außerdem Wiederholungen in Gedanken, Ausdrücken, u man

---

34 Es handelt sich wohl um eine im Dezember 1832 und Januar 1833 abgedruckte Rezension Hothos: H. G. Hotho: Ueber die Hauptperioden der schönen Kunst, oder die Kunst im Laufe der Weltgeschichte, dargestellt von Amadeus Wendt. Leipzig 1831. Verlag von J. A. Barth. Vorr. VIII. Text 377 S. – In: *Jahrbücher für wissenschaftliche Kritik*, Dezember 1832, Nr. 113, Sp. 902–904; Nr. 114, Sp. 905–912; Nr. 115, Sp. 913–916 [Erster Artikel]; sowie Januar 1833, Nr. 5, Sp. 33–40; Nr. 6, Sp. 41–48 [Zweiter Artikel]. Der Brief kann sich auf den ersten oder zweiten Teil oder auf den gesamten Aufsatz beziehen. Die Dezember-Lieferungen der „Jahrbücher" sind von 101 bis 120 nummeriert. Hothos Rezension beginnt in der Nr. 113, zum Zeitpunkt der Abfassung des Briefes am 3. Dezember dürfte es bis zur Drucklegung dieser Nummer noch einige Tage Zeit gehabt haben. Vermutlich geht es in diesem Brief um potentielle letzte Korrekturen auch noch des ersten Teils durch Varnhagen.

schleppt um so mehr; je länger man sich mit einer so geringfügigen Arbeit umherschleppt.

Sollten Ihnen jene 2½ Seiten, die 3 Columnen abgeben würden, noch als eine allzu geringfügige Abkürzung erscheinen, so bin ich gern erbötig in Maße fortzustreichen, was leichter zu bewerkstelligen ist. Freilich müßten dann größere Ausführungen daran kommen, für deren Opfrung ich noch ein zu weichherziger Vater gewesen bin.

Die Anzeige habe ich Herrn v. Henning[35] zu gütiger Beförddrung an einen zweiten Ref. zugesendet u Ihr Urtheil beigefügt.

Sie erlauben mir den neulich besprochenen Goetheschen Brief beizufügen;[36] vielleicht daß einige geistreiche Wendungen Sie erfreuen.

---

35 Siehe Brief 2.

36 Es konnte nicht ermittelt werden, auf welchen Brief Goethes Hotho hier anspielt. Sollte Hothos Aussage sich auf eine Besprechung in den „Jahrbüchern" beziehen, so fände sich für das Jahr 1832 nur eine Goethe-Rezension, die explizit auf Goethesche Briefe eingeht, nämlich die Rezension von Fr. Förster: Ueber Kunst und Alterthum von Goethe. Aus seinem Nachlaß herausgegeben durch die Weimarischen Kunstfreunde. Drittes Heft des sechsten und letzten Bandes. Stuttgart in der Cotta'schen Buchhandlung 1832. (Der ganze Band 672 S. in 8.) – In: *Jahrbücher für wissenschaftliche Kritik*, November 1832, Nr. 89, Sp. 711–712. – Auf diese Kurzbesprechung könnte die ungenau bleibende zeitliche Bestimmung „neulich" zutreffen, allerdings ist dort nicht von einem bestimmten, sondern nur unbestimmt von „einige[n] Briefe[n] [Goethes] an H. Meyer, Schulz und v. Humboldt" die Rede (Förster, a.a.O., S. 712). Außerdem befindet sich in dem von Förster besprochenen Heft Varnhagens Aufsatz „Im Sinne der Wanderer" (vgl. hierzu auch die Anmerkungen zu Brief 1). So kann als ausgeschlossen gelten, dass Hotho Varnhagen als Mitautor dieses „Jahrbücher"-Heftes einen der dort abgedruckten Briefe beigefügt hat. Der letzte Teilsatz Hothos an Varnhagen, „vielleicht daß einige geistreiche Wendungen Sie erfreuen", legt viel eher den Schluss nahe, dass es sich um einen Goethe-Brief handelte, der Varnhagen bis dahin entweder gänzlich unbekannt oder doch wenigstens für einige Zeit aus dem Blickfeld geraten war. – Oder sollte es sich um einen von Hotho besprochenen Brief handeln? Dann käme innerhalb der „Jahrbücher" nur eine etwas zurückliegende Rezension in Frage: H. G. Hotho: Neun Briefe über Landschaftsmalerei, geschrieben in den Jahren 1815–1824. Zuvor ein Brief von Goethe als Einleitung. Zum Beginn des Jahres 1831 herausgegeben von C. G. Carus. Leipzig 1830. Vorr. IX. T. 208 S. – In: *Jahrbücher für wissenschaftliche Kritik*, Mai 1831, Nr. 93, Sp. 737–744; Nr. 94, Sp. 745–748. – Allerdings will die zeitliche Kennzeichnung „neulich" nicht recht auf eine mehr

Mit vollkommenster Hochachtung
Ew Hochwohlgeboren
ergebenster Diener
H. G. Hotho.

d. 3ten Dec. 32.

---

als eineinhalb Jahre zurückliegende Rezension zutreffen. Es besteht freilich, wenn Hothos Anspielung sich auf keine Rezension oder Besprechung beziehen sollte, ebenso die Möglichkeit, dass bei einem nicht lange zurückliegenden Treffen zwischen Varnhagen und Hotho mündlich über einen Goethe-Brief gesprochen wurde, dessen Text (als Autograph oder Abschrift) im Besitz von einem der mit Goethe befassten Autoren war.

Briefe von Heinrich Gustav Hotho

Brief 11
Hotho an Varnhagen

Berlin, den 15. Juli 1833.

Indem ich Ew Hochwohlgeboren beifolgend die <u>Weißesche</u> Anzeige der <u>drei Goetheschen Bände</u>[37] zu näherer Beurteilung überschicke, kann ich nicht umhin den allgemeinen Gesichtspunkten, welche diese Anzeige festzustellen versucht, die größte Theilnahme zu wünschen, da sie mir in vieler Beziehung treffend scheinen.

Deshalb stimme ich für den baldigen unverkürzten Abdruck, obschon ich den Wunsch nicht unterdrücken kann, daß eine leichte u kräftige Hand alle die Unebenheiten des Stils wegzulöschen[38] möchte, die bei dem gezwängten Gang der Perioden um so störender werden. Wie denn z B p. 12. eine Phrase vorkommt, die wohl kaum wird abzudrucken sein.

Möchte doch Herr Weiße sich anzueignen bemühn, was er hier an Goethe rühmt – die großartig liebenswürdig gebildete Persönlichkeit. Er selber giebt meistens nur eine widerhaarig unerwünschte Sächsische Störrigkeit, protestirende Zweifelsucht u grämliche Mäckelei.

Mit vollkommenster Hochachtung
Ew Hochwohlgeboren

---

37 C. H. Weiße: Goethe's Werke. Vollständige Ausgabe letzter Hand. Vierundzwanzigster bis sechsundzwanzigster Band. (Nachgelassene Werke. Vierter bis sechster Band.) Stuttg. u. Tüb. 1832. 33. – In: *Jahrbücher für wissenschaftliche Kritik*, November 1833, Nr. 86, Sp. 684–687; Nr. 87, Sp. 689–695.

38 Mögliche andere Lesart: „weglöschen". Die Silbe „zu" ist möglicherweise gestrichen.

ergebenster Diener
H. G. Hotho.

Mont. d. 15ten Jul. 33.

Briefe von Heinrich Gustav Hotho

Brief 12
Hotho an Varnhagen

Berlin, den 18. Juli 1833.

Hochwohlgeborner Herr!
Hochzuverehrender Herr Geheime=Rath!

Die freundliche Gabe,[39] welche Sie mir zugedacht haben, ist gestern glücklich in meine Hände gekommen, u ich beeile

---

39 Am 7.3.1833 war Karl August Varnhagens Gattin Rahel Varnhagen (geb. 1771 unter dem Familiennamen Levin) verstorben, Schriftstellerin und Betreiberin eines berühmten Berliner Salons für Literatur und Kunst. Varnhagen muss Hotho die ersten Blätter zum Rahel-Gedenkbuch oder bereits ein Exemplar der Erstausgabe zugesandt haben. Das in Bibliographien üblicherweise angeführte Erscheinungsjahr 1834 ist in gewisser Hinsicht irreführend, weil es sich auf die dreibändige Ausgabe bezieht, die jedoch in einer – offenbar nur in geringer Stückzahl verbreiteten – Auswahl-Ausgabe ihren Vorgänger hatte. Diese Auswahl-Ausgabe stellt demnach die Erstpublikation der Aufzeichnungen Rahels dar. – Der Titel der dreibändigen Ausgabe lautet: Rahel. Ein Buch des Andenkens für ihre Freunde. [Motto:] – still und bewegt. Hyperion. Erster Theil. Mit Rahel's Bildniß. Berlin 1834. Bei Duncker und Humblot. – Zweiter Theil 1834, ebd. – Dritter Theil 1834, ebd. [Herausgegeben von Karl August Varnhagen von Ense.] – Das Vorwort zum ersten Band ist vom Dezember 1833 datiert. Doch bereits im Oktober wird die erste Fassung von Theodor Mundt in den Jahrbüchern besprochen. Th. Mundt: Rahel. Ein Buch des Andenkens für ihre Freunde. (Als Handschrift.) Berlin 1833. gr. 8. 608 S. Mit dem Bildniß Rahels in Stahlstich. – In: *Jahrbücher für wissenschaftliche Kritik*, Oktober 1833, Nr. 71, Sp. 563–566; Nr. 72, Sp. 569–573; Nr. 73, Sp. 577–582; Nr. 74, Sp. 585–588. – Die genaue Form der Publikation und Verbreitung sowie der Zeitpunkt der Auslieferung der ersten Ausgabe konnten bislang nicht exakt ermittelt werden. Es ist aber davon auszugehen, dass zum Zeitpunkt der Mundtschen Besprechung das Buch bereits erschienen war oder zumindest kurz vor der Auslieferung gestanden hat. Hotho dürfte einer der ersten gewesen sein, die den fertiggestellten Band bzw. die ersten Lieferungen in den Händen hielten, möglicherweise schon im Juli. Die Differenz der beiden Ausgaben des Rahel-Buches ist deutlich markiert. Laut Mundts Rezension hatte die erste Ausgabe einen Umfang von 608 Seiten. Die dreibändige Ausgabe zählt dagegen 588, 620 und 598 Seiten. Varnhagen redet im Vorwort dementsprechend von dem „neue[n] Abdruck" und dessen „Vermehrung, beinah auf das Dreifache des früheren Umfanges" (Bd. 1, S. III–IV). Sein einleitender Satz mag die erste Edition charakterisieren: „Ehrwürdige gewichtvolle Stimmen fordern laut und dringend eine öffentliche Herausgabe dieses Buches, das als ‚ein Buch des Andenkens für Freun-

Helmut Schneider / Wilfried Korngiebel

mich Ihnen so schnell als mir möglich ist einen reingefühlten Dank für diese Güte auszusprechen.

Denn wahrlich den besten Dank bin ich Ihnen dafür schuldig, daß Sie auch mir den schmerzlich befriedigenden Nachgenuß eines hingeschiedenen vollsten Daseins gönnen wollen, dem mir früher schon nahe zu treten leider nur zu einer Zeit gestattet war, in welcher mich philosophische Orthodoxie,[40] entgegenstrebende Beschäftigung, Sinnesart u Leidenschaft entgegengesetzten Richtungen u Lebensbahnen zutrieb. Und so verdoppelt sich in mir die Klage über den nothwendigen allgemeinen Verlust durch die selbstanklagende Trauer über den eigenverschuldeten. Nun bleibt mir nichts mehr übrig als mit gesteigertem Eifer das jetzt noch dargebotene zu ergreifen, u mit befreitem Geist u Sinn walten u wirken zu lassen. Welch ein vielfaches Förderniß darf ich von dieser Wirkung hoffen, die mich in keinem günstigeren Zeitpunkte überraschen konnte! Im voraus schon bin ich solcher Wirkung gewiß, denn obschon ich in den überreichten Blättern nur erst hier u dort gekostet, u was dieselben uns von Ihrem eigenen Kennenlernen, Bewundern u unverbrüchlichen Aneignen fürs Leben mittheilen mochten, gelesen habe, dennoch bin ich von dem Bilde dieses Lebens, in welchem alles u jedes ursprünglicher Genius, Talent, Natur war, was bei Andern als gemacht u ungebildet erscheinen würde, so durch u durch erfüllt u gefangen genommen, daß es mich überall hin verfolgt, u sich durch alle Arbeit u Erholung ungewollt hindurchschlingt.

Und so erlauben Sie mir, dem wiederholten Danke die Bitte hinzuzufügen, daß es mir vergönnt sein möge später, nach

---

de' bisher nur im Stillen ausgetheilt wurde." (Vgl. auch Varnhagens Porträt seiner Lebensgefährtin und seine Skizzierung des Buch-Projektes; Bd. 1, S. 1–4.)

40 Vielleicht eine autobiographische Anspielung Hothos auf eine andere Ansätze rigoros ausschließende Rezeption der Hegelschen Lehre in seinen jungen Jahren? Hotho wird Rahel wohl schon bei früheren Zusammenkünften in ihrem Salon begegnet sein.

Briefe von Heinrich Gustav Hotho

genauerer Kenntniß u engerer Aneignung den dauernden Eindruck zu schildern, mit welchem Ihre Gabe mich bewältigt hat. Vielleicht, daß eine Schildrung dieser Art, wie sehr sie die Bitterkeit des Verlustes auch schärft, zugleich einen kleinen Beitrag zu dem besänftigenden Troste liefert, dies volle Leben, wenn auch geschieden, wirke in unberechenbarer Weise anregend, erquickend, stärkend u erhebend neubelebt nach.

Mit hochachtungsvollster herzlichster Dankbarkeit

Ew Hochwohlgeboren
ergebenster Diener
H. G. Hotho.

Berlin d. 18ten Jul. 33.

Brief 13
Hotho an Varnhagen

Berlin, den 19. August 1833.

Hochzuverehrender Herr Geheime=Legations=Rath!

Leider muß ich auch heute die Bitte um Verzeihung wegen der verspäteten Uebersendung der beifolgenden Blätter entschuldigend wiederholen.

Wie die Zeitungen besagen wird das Blatt nicht fortgesetzt,[41] u so wäre denn wieder ein großartiges Unternehmen, nach einem rüstigen Anfang, aller Hoffnung eines schnellen Gelingens zum Trotz, an Theilnahmelosigkeit u Flauheit gescheitert. Was aus unserer Zeit werden soll, wenn sie nicht der frische Hauch einer neuen Begeistrung u Aufopferungsgabe wieder belebt, ich weiß es nicht. So viele empfinden das, u doch mag Niemand irgend etwas opfern, oder die Wenigen, die es thun, thun es mit Aberwitz u Plattheit. Es ist das Schlimmste wenn große Zeiten so klein sind!

Schlimmer noch in sich selber mit der Lust zum Höchsten nur die Kraft u Gabe für das Geringfügigste verbunden zu fühlen.

Mit diesem Gefühl muß ich ohne Floskel bitten, daß Sie freundlich die Vorführung der ausgezeichnetesten Hochachtung genehmigen möchten, mit der ich mich unterschreibe als

---

41 Wahrscheinlich eine Bezugnahme auf die ab 1833 beginnenden Probleme der „Jahrbücher" mit der preußischen Zensurbehörde. Diese Schwierigkeiten führten später, gegen Ende des Jahres 1839, beinahe zu einer vorzeitigen Aufgabe der Zeitschrift durch den Herausgeberkreis. Freilich könnten, zum Zeitpunkt der Abfassung dieses Briefes im Jahr 1833, ähnliche Probleme auch bei einer jener anderen Zeitschriften, mit denen die beiden Autoren seinerzeit in Kontakt standen, mit Hothos Äußerung gemeint sein.

Briefe von Heinrich Gustav Hotho

Ew Hochwohlgeboren
ergebenster Diener

Berlin d. 19ten Aug. 33.
H. G. Hotho.

Brief 14
Hotho an Varnhagen

Berlin, den 12. September 1833.

Hochzuverehrender Herr
Geheime=Legations=Rath!

So eben von Seiten des Verfassers erhalte ich die beifolgende Recension über Droysens Uebersetzung des Aeschyluss,[42] in ihrer geforderten Umarbeitung.

Leider ist es mir nicht möglich heute abend die Sitzung[43] zu besuchen, u bitte Ew Hochwohlgeboren deshalb Sich der Recension zu gefälliger Weiterbeförderung annehmen zu wollen.

So eben kommt Pr. Rosenkranz,[44] der sich Ihnen empfehlen läßt, u so erlauben Sie, wenn ich mich so schnell als möglich mit vollendetster Hochachtung unterzeichne als

Ew Hochwohlgeboren
ergebenster Diener

Berlin d. l2ten Sept. 33.   H. G. Hotho.

---

42 A. Heydemann: Aischylos Werke, übersetzt von Joh. Gust. Droysen. 2 Theile. Berlin, Fincke 1832. – In: *Jahrbücher für wissenschaftliche Kritik*, Dezember 1832, Nr. 104, Sp. 825–830; Nr. 105, Sp. 833–840.
43 Höchstwahrscheinlich eine Sitzung der Societät für wissenschaftliche Kritik zu Berlin.
44 Karl Rosenkranz (1805–1879), Prof. in Halle, ist in der Auflistung der Zeitschrift als Mitglied der Societät und Mitarbeiter der „Jahrbücher" ausgewiesen.

Brief 15
Hotho an Varnhagen

Berlin, den 13. Juli 1834.

Hochzuverehrender Herr Geheime=Legationsrath!

Die Hoffnung Ew Hochwohlgeboren so bald als möglich meinen gefühltesten Dank für die neulich übersendete reiche Gabe persönlich abstatten zu können ließ mich allein diesen spätfolgenden schriftlichen Dank verzögern. Indem ich jetzt aber höre, daß Sie Sich unwohl fühlen, u ich zu stören fürchten muß, bitte ich wenigstens um die freundliche Erlaubnis durch diese Zeilen Ihnen die Freude zu erkennen zu geben, welche Ihr erneutes Geschenk[45] mir bereitet hat.

Sie werden es mir nachzuempfinden wissen, wenn ich bekenne, daß ich jetzt mit um so festerer u vollerer Treue an dem Bilde festhalte, das Ihre Rahel reicher noch als früher vielgestaltiger, beweglicher u doch von demselben einen Mittelpunkte ohne Wanken getragen in ihren Briefen von sich selber entwirft; als ich die Untreue durchgemacht u reuevoll durchaus getilgt habe.[46] Indem ich noch mit dem ersten Bande beschäftigt bin finde ich mich besonders in dem Kampfe heimisch, welchen eine ursprünglich menschliche Natur in allen Freuden u Schmerzen gegen eine Zeit u Umgebung durchzumachen hat, die durch falsche Convenienz, graue Prosa der Gesinnung, Trockenheit des Herzens, Nüchternheit des

---

45 Das dreibändige Rahel-Gedenkbuch; vgl. die entsprechende Anmerkung zu Brief 12. Nimmt man den Brief vom 16. November 1834 hinzu (Brief 16), so muss davon ausgegangen werden, dass Varnhagens Geschenk an Hotho nicht in einer einmaligen Übersendung aller drei Bände bestand, sondern dass die Bände nacheinander verschenkt wurden. Möglicherweise schickte Varnhagen zunächst zwei Bände, später den Abschlussband. Zur Zeit der Abfassung dieses Briefes 15 liegt Hotho jedenfalls mehr als ein Band vor, siehe seine Worte: „indem ich noch mit dem ersten Bande beschäftigt bin".

46 Vgl. dazu auch den späteren Brief 16 vom 16. Nov. 1834.

Verstandes, matte, fahle Geistesöde in allem u jedem den Forderungen solch einer vordringenden Natur widerstrebt.[47] Ich sehe den Kampf unserer neuen deutschen Litteratur von Lenzens von Goethe's Jugendtagen an, den Kampf durch welchen unsere Poesie erst zur Poesie geworden ist,[48] hier noch einmal innerlicher, energischer, ursprünglicher, individueller in einem weiblichen Geist u Gemüth wieder, das in um so härteren Zwiespalt mit der Umgebung geräth, als es den eigenen Streit nicht in das ungestörte Bereich der Kunst hinüberführt sondern auf dem harten Boden der Wirklichkeit selber in jeder Stunde des Lebens auszufechten hat. Dieser Widerstreit wird um so schärfer, als stete Wahrheit zur eigensten Natur dieses Gemüths gehört, u jeder Verstellung, welche andere äußerlich rettet, als das Unwürdigste Wohmöglichste weit von sich entfernt. Das enge Anschließen, die reine Hingabe an jeden Hervorragenden, der ein Echo[49] für die Stimmen, die Fragen, die Sorgen, die Seligkeit solch eines Herzens sein kann, ist nun in jeder Beziehung erklärlich, u solch einen weiten Kreis der Begabtesten um sich her versammeln zu können, war gewiß das schönste Glück eines so reichen Geistes, der mehr noch gab, als er empfangen wollte.

Diese Stellung ganz zu würdigen, ganz zu verstehen, muß man in ähnlicher Umgebung auferwachsen, erzogen sein, die ähnlichen Bedürfnisse empfunden haben, u von dieser Seite her darf ich gestehen, einen tiefen Blick besonders in die Jugendtage thun zu können, denen wir die früheren Briefe verdanken.

---

47 Nach den undeutlichen Anspielungen in Brief 13 nun eine manifest gesellschaftliche, durchaus politisch zu nennende Stellungnahme Hothos.

48 Hier macht sich sehr deutlich eine positive Rezeption der Literatur des Sturm und Drang bemerkbar – und eine Perspektive auf die jungdeutsche Literatur, welche in Hothos Sicht diese Linie offenbar weiterführt.

49 Wort schwer zu entziffern. Lesart nicht unzweifelhaft.

Und was mich vornehmlich anzieht ist die Seelengüte, die stille Gutmüthigkeit, das menschlich Herzliche,[50] das sich durch die frappante, scharfe, wirbelnde, blitzende u ebenso freundlich u klar leuchtende Geistreichigkeit u ihre modern pikanten emporschlagenden Spitzen immer wohlthuend mit der weiblichsten Milde hindurchzieht. Vor allem aber ist es dies augenblicklichste Erzeugniß der innersten eigensten Seele, das mich hinreißt, wenn es mit einer Kunst der Natur ohne gleichen, oft selbst unbequem störend u kunstwidrig aus jedem Worte, jeder Silbe, jedem Ausrufzeichen herausspricht. Es ist eine stets erlebte, unmittelbar erlebte Poesie, die zur Kunstverwandlung nicht kommen kann u will, um nichts an individueller Tiefe, Frische, Eigenheit u Innigkeit einzubüßen.

Es wird mir nicht nur ein Genuß sondern ebenso eine Bereichrung u Bestätigung sein dies volle Leben nach u nach langsam, vorschreitend, zurückblickend immer von Neuem wieder durchzuleben. Die Individuen werden jetzt selten u immer seltener, u je mehr die Welt zu Richtungen, Categorien sich abglättet, zerfällt, widerstrebt, u einigt, eine desto erquicklichere Freude gewährt der Rückblick auf einen solchen individuellsten, zeitbedingten u. zeitüberschreitenden Mikrokosmos.

Vergeben Sie gütig diese geringfügigen Andeutungen. Leider kann ich mich jetzt vielfach hin u hergezerrt nicht genug Tage u Wochenlang auf einen Punkt zusammenfassen um Genügendes zusammenzustellen, wie ich es auch für Ihre Rahel von mir zu fordern den Drang habe. Es ist mein altes Schicksal überall zu spät zu kommen, weil mir die frische Kraft kränkelnd erlahmt ist überall im Augenblick wo es nöthig wäre gegenwärtig einzugreifen.

Indem ich mit einem wiederholten Danke schließe, füge ich die Bitte hinzu mich in freundlichem Angedenken zu behal-

---

50 Wort schwer zu entziffern. Lesart nicht unzweifelhaft.

ten, wenn es mir jetzt nicht vergönnt ist mit irgend einer erfreulichen Gegengabe den Dank reichhaltiger auszusprechen.

Mit ausgezeichnetester Hochachtung u Freundschaft
Ew Hochwohlgeboren ergebenster Diener
H. G. Hotho.

Berlin d. 13ten Jul. 34.

Brief 16
Hotho an Varnhagen

Berlin, den 16. November 1834.

Hochzuverehrender Herr Geheime=Legations=Rath!

Ihrer freundlichen Gabe[51] werden Sie mir schon einen freundlichen Dank so schnell als möglich nachfolgen zu lassen erlauben müssen. Der Weizen, den Sie in denselben gestreut, ist, ich darf es versichern, diesmal gewiß auf keinen dürren Acker gefallen.

Das beneidenswerthe Loos des Buches wird im Allgemeinen, hoffe ich, darin bestehn, lange u immer wieder bei den Verständiswürdigen bald stiller bald offner, bewußter u unbewußter fortzuwirken. Und selbst der Haufen, wenn es ihm nur hin u wieder vorgesagt wird, läßt es wohl Mode werden, sich beifällig u entzückt zu erweisen, wie sehr auch das Ganze gegen den Haufen gerichtet u geschrieben ist.

Soll ich von mir selber reden, so muß es geschehen – außer dem Genuß gewährt es mir den Nutzen eines strengen Censors von Seiten innrer Seelenwahrheit, Offenheit, Freundschaft, Treue gegen sich u Andere, Milde u Stärke; u gewährt zugleich einen tröstlichen Anblick. Denn wie tief man sich auch in die innersten herbsten Schmerzen bis gegen die Grenze der Verzweiflung hin schmerzlich hingerissen fühlt, wie scharf die Widersprüche nach Außen hervortreten, u alle Dissonanzen der heutigen Welt herausschreien, immer bleibt es ein versöhnender Anblick, diese starke Natur sich dennoch hindurchkämpfen zu sehen; sie siegt u hat das Glück ganz sie selber zu bleiben. In diesem wie in manch andrer Beziehung muß ich glauben werde das Buch außer den individuelleren

---

51 Höchstwahrscheinlich ist der dritte Band des Rahel-Gedächtnisbuches gemeint; vgl. die entsprechenden Anmerkungen zu Brief 12 und Brief 15.

Beziehungen auch in litterarischer Hinsicht ein dauerndes Denkmal unserer Zeit[52] bleiben, dessen die Zukunft nicht wird entbehren können.

Von hier aus wird es mir leicht zu Ihrer gütigen Beilage[53] überzugehen. Meine wirre Äußrung blickte mich aus Ihrem Blatte her sogleich klar u verständlich an. Daß die „Untreue"[54] sich in keiner Weise auf die Zwischenzeit während[55] der ersten concentrirten u späteren erweiterten Auflage beziehen konnte wußte ich im voraus. Leider muß ich solche Untreue früheren Tagen schuldgeben, jenen Tagen, in welchen mir eine persönliche Bekanntschaft vergönnt war, der ich mich wieder entzog, weil ich die eigentliche Größe dieser seltenen, in ihrer Art einzigen Natur, zu erkennen aus Mangel an Blick, Weltkenntniß, innerer Poesie, Geschmack, Zeit nicht vermochte. Wie viel hat sich seitdem geändert. Meine innre Grundlage ist dieselbe geblieben, u dennoch hat sich alles umgewandelt. Nun ist mir diese unwiederbringliche Versäumung beim Lesen ein steter Vorwurf geworden, u so mögen jene Worte, welche sich von der Last desselben durch ein freiwilliges Geständniß zu befreien strebten, Ihnen unverständlich mit eingeflossen sein. Mein Urtheil über das Buch selbst ist immer dasselbe geblieben, u die Ändrung nur ein steigender Genuß u liebevolleres Vertiefen gewesen. Welch ein Reiz diese Gestalt nach allen ihren Beziehungen zu fassen. Nicht Jedem wird es vergönnt sein. Denn solche Ursprünglichkeit, der dennoch die feinsten Züge der Geselligkeit jeder Art, alles Pikante der Bildung verschwistert ist, so daß sie eigentlich nur

---

52 Hier wird nun deutlich das Rahel-Buch angesprochen.
53 Vermutlich ein dem Buchgeschenk beigefügter Brief Varnhagens, möglicherweise sogar ein direkter Antwortbrief auf Hothos Brief vom Juli 1834 (Brief 15).
54 Vgl. Brief 12 und Brief 15.
55 Es ist nicht eindeutig, ob die Schreibung des Wortes „während" durch Schreibfehler oder Verwischen der Tinte verunstaltet wurde oder ob eine Streichung des Wortes angezeigt werden sollte. – Hotho bestätigt hier mit seiner Aussage einige unserer Annahmen über die Zusendung der verschiedenen Lieferungen des Rahel-Buches.

Briefe von Heinrich Gustav Hotho

in der Societät hat leben mögen, u nur bestrebt war die heutige Geselligkeit mit dem ursprünglich ächten, rein Menschlichen, mit wahrer Kunst, mit der reinen Gutmüthigkeit des Herzens; mit der fluthenden Leidenschaft des Gemüths in den einzig wünschenswerthen Einklang zu setzen – diese beiden Gegensätze mit allem Bildungsspiel ihrer chamaeleonischen Nüancen, ihrer zerreißenden Widersprüche u spätgefundenen, schmerzerkauften Versöhnung ganz zu durchdenken u zu durchleben wird nicht allen gegeben sein.

Vor allem hat es mich gerührt, wie Sie wiederum durch Treue der Hingebung, vollstes Verständniß, niewankende gleiche Neigung nicht eine lebenslange Vereinigung erkämpft u ersiegt, sondern zum nothwendigen Bedingniß u Abschluß des wechselseitigen Lebens wie von selbst haben werden lassen. Es geht mit diesem Leben wie mit einem ächten Kunstwerk der Natur u Bildung: ein andrer Ausgang, als der uns vor Augen liegt, wäre nicht zu erdenken u zu erdichten.[56]

Doch vergeben Sie die anschwellenden Zeilen, u halten Sie es für keine Eitelkeit, wenn ich die äußere Verwirrung meiner Worte, mich an eine Entschuldigung Ihrer Rahel erinnert. Ich schreibe mit wüstem schmerzenden Kopf. Desto schneller muß ich schließen.

Hochachtungsvollst
Ihr ergebenster Diener

H. G. Hotho.

Sonntag d. 16t. November 34.

---

56 Hothos Spekulation über eine Äquivalenz des *Telos* von „Leben" und „ächtem Kunstwerk" stellt im Vergleich mit anderen philosophisch-ästhetischen Entwürfen seines Jahrhunderts keineswegs eine Ausnahme dar.

Brief 17
Hotho an J. Schulze

Ew. Hochwohlgeboren
dem königlichen Geheime=Ober=Regierungs=Rath
Herrn Dr. J. Schulze
Ritter pp.[57]

Hochwohlgeborner Herr!
Hochzuverehrender Herr Geheime=Rath![58]

Wenn ich Sie, wie in der Nähe, so jetzt auch aus so weiter Ferne her mit Bitten u Wünschen nicht verschone; so muß ich, indem ich um die gütigste Entschuldigung bitte, diesmal die Dringlichkeit der Umstände, so wie die Ohnmöglichkeit vorschieben, mir auf andre Weise zu helfen.

Mehrere Wochen schon vor meiner Abreise sendete ich der hochlöblichen Studiendirektion der Königlichen allgemeinen Kriegsschule[59] ein Gesuch um Urlaub ein, mit der Bitte mich, wenn es sich irgend thun ließe, bis zum 1sten Nov. von den Unterrichtsstunden zu entbinden. Als Unterstützungsgrund dieses Gesuchs wußte ich freilich nichts Anderes anzuführen, als daß ich seit acht Jahren bereits in jedem Cursus auf den

---

57 Briefbogen, nur mit dem Namen des Empfängers beschrieben.

58 Johannes Schulze (1786–1869), seit 1818 in Diensten des Preußischen Unterrichtsministeriums, seit etwa 1819 ein Anhänger Hegels, seit 1827 Mitglied der Redaktion der „Jahrbücher".

59 Hotho hatte 1826 in Berlin bei Hegel promoviert; 1827 wurde er dort im Fach Ästhetik und Kunstgeschichte habilitiert und Privatdozent an der Berliner Universität. 1829 wurde er zum außerordentlichen Professor ernannt. 1830/1832 wurde er Direktoral-Assistent der Gemälde-Galerie des Königlichen Museums. Seine Haupttätigkeit dürfte aber in der Lehrtätigkeit an der Königlichen allgemeinen Kriegsschule bestanden haben, an der er seit 1828 Allgemeine Literaturgeschichte unterrichtete. – Die Briefstelle deutet darauf hin, dass Hotho diese Stelle trotz der anderen Tätigkeiten nicht aufgegeben hatte, auch wenn zwischenzeitliche Unterbrechungen stattgefunden haben sollten.

Briefe von Heinrich Gustav Hotho

Wunsch der Zuhörer jedesmal viele Stunden zugelegt, u überhaupt das übertragene Amt mit bestem Fleiß verwaltet habe.

Zufälliger Weise waren die Herren Mitglieder der Studiendirektion sämmtlich verreist, u so ist denn, wie mir meine Frau schreibt, bis jetzt noch keine Antwort erfolgt.

Indem ich nun befürchten muß, es sei jenes Gesuch vielleicht in Vergessenheit gerathen, wage ich es in meiner Noth u Bedrängniß dasselbe bei Ew Hochwohlgeboren, als meinem bewährten Vertreter an der Kriegsschule zu erneuen, u muß gestehen, daß es mir meinen ganzen Reiseplan zerstören würde, wenn ich nicht auf eine günstige Bewilligung hoffen dürfte. Erlauben Sie mir deshalb die Sache Ihrem Wohlwollen anzuvertraun. Ich will die Versäumniß bestens wieder einbringen.

Von unserer bisherigen Reise[60] kann ich das Günstigste sagen. Wir arbeiten, was nur irgend möglich ist, u lernen viel, sehr viel. Holland u Belgien haben Schätze, wie ich sie nicht vermuthete, u auch in Deutschland habe ich über Erwartung gefunden. Es überwältigt mich fast die Masse, die Fülle, u Vortrefflichkeit, wie sehr ich auch zu überblicken, anzueignen, zu reproduciren gewohnt bin. Um aber eine gründliche vollständige Geschichte der Malerei[61] zu schreiben, dazu gehörte

---

60 Hotho berichtet in der ersten Person Plural von der Reise. Dieses „wir" lässt sich näher bestimmen: Sein Begleiter war der Maler und Restaurator Christian Xeller (1784–1872). Erste Hinweise hierzu finden sich bei Annemarie Gethmann-Siefert: H. G. Hotho: Kunst als Bildungserlebnis und Kunsthistorie in systematischer Absicht – oder die entpolitisierte Version der ästhetischen Erziehung des Menschen. – In: Hegel-Studien, hrsg. von Friedhelm Nicolin und Otto Pöggeler, Beiheft 22. Bouvier: Bonn 1983, S. 229–261, hier: S. 230. Ausführlichere Angaben liefert die Werkbiographie von Elisabeth Ziemer: Heinrich Gustav Hotho. 1802–1873. Ein Berliner Kunsthistoriker, Kunstkritiker und Philosoph. Reimer: Berlin 1994.

61 Hotho arbeitete an einem Werk, das erst einige Jahre später erschien: H. G. Hotho: Geschichte der deutschen und niederländischen Malerei. Eine öffentliche Vorlesung, an der Königlichen Friedrich-Wilhelms-Universität zu Berlin gehalten von H. G. Hotho. 2 Bde. Berlin, bei M. Simion. 1842–1843. – Als eine Vorstufe dieses Werks war bereits erschienen: G. Hotho: Einleitung in das Studium und die Geschichte der deutschen und niederländischen Malerei. In: Athenaeum, Nürnberg, bei Bauer und Raspe [ca. 1836–1840]. – Im Umfeld dieser Veröffent-

selbst für bloße Sammlung der Materialien, eine ganz andere Muße, als uns armen Flüchtigen gegönnt ist. Denn nun erst sehe ich, was alles aufzuhellen, festzustellen, zu entscheiden nöthig wäre. Ganze Parthien sind um u um zu werten u neu zu ordnen. Gelebt haben wir im eigentlichsten Sinne des Worts, nur für die Bilder. Sonst nichts gesehen u gehört, u ich darf sagen, ich bin froh, einmal den ganzen Brast der übrigen heutigen Welt fortgeworfen zu haben. Ohne solch eine Versenkung läßt sich's nicht machen u durchführen.

Wie oft aber haben wir in besten Stunden dankbarlichst Ihrer gedacht, denn die Gunst dieser Reise lernen wir täglich mehr schätzen. Und so erlauben Sie mir auch im Voraus meinen besten Dank zu sagen; wenn es Ihnen möglich werden sollte der früheren Güte auch noch die neue anzuschließen, durch welche ich die Gewährung des erwünschten Urlaubs zu erlangen hoffe.

In der Zuversicht, daß diese Zeilen Sie mit den Ihrigen in vollem Wohlsein antreffen, bitte ich mich gehorsamst Ihrer Frau Gemahlin zu empfehlen, u gütigst die Versicherung der Verehrung u Dankbarkeit annehmen zu wollen, mit der ich bin

Ew Hochwohlgeboren
ergebenster Diener

Gent d. 10ten Sept. 36.   H. G. Hotho.

---

lichungen erschien des Weiteren: H. G. Hotho: Reisestudien zur Geschichte der Malerei. – In: Jahrbücher der Gegenwart, hrsg. von Dr. A. Schwegler, Tübingen, Verlag von Ludwig Friedrich Fues, 2. Jg., 1844, S. 871–897.

Briefe von Heinrich Gustav Hotho

Brief 18
Hotho an Varnhagen

Berlin, den 9. September 1837.

Hochzuverehrender Herr Geheime=Legations=Rath!

Da es mir nämlich nicht möglich war die Sitzung der Societät zu besuchen, so nehme ich mir die Freiheit, beifolgend die mir vom Verf. direkt übersandte Recension,[62] mit der Bitte gefälligst das Referat über dieselbe übernehmen zu wollen, zu schicken.

Mir scheint nach genauer Durchlesung, daß dem sofortigen Abdruck kein Hinderniß entgegenstehe. Einen baldigen Abdruck aber wünscht der Verf. vor allem, u macht zur einzigen Bedingung, daß die Stelle über Gutzkow nicht gestrichen wer-

---

62 Es wird sich mit größter Wahrscheinlichkeit um einen Artikel von Karl Rosenkranz handeln. Rosenkranz war Mitglied der Societät und arbeitete bei den „Jahrbüchern" mit. Dass er dem für den Bereich Kunstkritik und Archäologie zuständigen Redaktionsmitglied Hotho einen Artikel zur Begutachtung zugesandt haben kann, ist jedenfalls plausibel. Der Wunsch des namentlich nicht genannten Verfassers nach einem „baldigen Abdruck" wäre, sofern Rosenkranz der hier gemeinte Autor sein sollte, tatsächlich erfüllt worden. Denn noch im Oktober wurde ein Artikel von Rosenkranz abgedruckt: Karl Rosenkranz: Kritik und Erläuterung des Goethe'schen Faust. Nebst einem Anhange zur sittlichen Beurtheilung Goethe's. Von Ch. H. Weiße. Leipzig, 1837. 399 S. 8. – In: *Jahrbücher für wissenschaftliche Kritik*, Oktober 1837, Nr. 75, S. 599–600; Nr. 76, S. 601–608; Nr. 77, S. 609–616; Nr. 78, S. 617–619.

de.[63] Für meinen Theil halte ich diese für unverfänglich u wüßte nichts dagegen einzuwenden.[64]

Mit dem herzlichsten Wunsch, daß Ihnen diese unheilvollen Wochen wenigstens erträglich möchten vorübergegangensein, u die Kommenden Sie in bestem Wohlsein finden könnten[65] habe ich die Ehre mich mit unbegrenzter Hochachtung zu unterschreiben als

---

63 Ein deutlicher Hinweis auf Schwierigkeiten mit den Zensurbehörden. – Am 10.12.1835 hatte der Bundestag der deutschen Fürsten in Frankfurt am Main ein gemeinsames Vorgehen gegen eine Gruppe von Schriftstellern beschlossen, die als das *Junge Deutschland* bezeichnet wurde. Der Verbotsbeschluss richtete sich gegen eine weitere Verbreitung der Schriften von Heine, Gutzkow, Wienbarg, Laube und Mundt. In Preußen waren bereits ab 1833 Schriften dieser Autoren verboten worden. So wurde im Oktober 1835 beispielsweise Gutzkows im selben Jahr erschienener Roman „Wally, die Zweiflerin" beschlagnahmt. Noch kurz vor dem Verbot des *Jungen Deutschland*, im November 1835, erhielt die noch im Aufbau befindliche Zeitschrift „Deutsche Revue", die von Karl Gutzkow und Ludolf Wienbarg vorbereitet worden war, keine Konzession, ihr Druck wurde untersagt. Prominente Autoren, die ihre Mitarbeit an der Zeitschrift zugesagt hatten, sahen sich gezwungen zu widerrufen, so auch Eduard Gans, Rosenkranz, Hotho und Varnhagen. Hothos Widerruf erschien in: Allgemeine Zeitung, Außerordentliche Beilage, Nr. 493 und 494 (3.12.1835, S. 1972). Siehe dazu: Wulf Wülfing: Junges Deutschland. Texte-Kontexte, Abbildungen, Kommentar. Hanser: München/ Wien 1978, S. 69ff. und S. 98ff.

64 Rosenkranz' oben erwähnte Rezension schließt in der Tat mit dem Lob einer Gutzkowschen Schrift „Über Goethe im Wendepunkte zweier Jahrhunderte" (Berlin 1836) sowie mit einem längeren Zitat aus diesem Werk. In gewisser Weise ein Spiel mit der Zensur, das Hotho aber als „unverfänglich" erschien und – dafür zeugt der Abdruck – auch Varnhagens Zustimmung gefunden haben muss. Die ersten harten Repressionsmaßnahmen hatten allerdings ihre Wirkung nicht verfehlt, die jungdeutschen Schriftsteller waren – sofern sie nicht wie Heine ins Exil gegangen waren – vorsichtiger geworden. Unpolitisch anmutende Schriften konnten bereits 1836 wieder in Preußen erscheinen, so auch Gutzkows Goethe-Schrift. – Vgl. auch die Eintragung zur Zensur in Varnhagens Tagebüchern vom 27. August 1837: K. A. Varnhagen von Ense: Tagebücher, 14 Bde. Brockhaus: Leipzig 1861–1870, Bd. 1, S. 58f.

65 Möglicherweise spricht Hotho mit dieser Bemerkung den mehrwöchigen Aufenthalt Varnhagens in Hannover im August 1837 an. Dort war aufgrund komplizierter Erbrechte die seit 1714 bestehende Personalunion des Königreichs Großbritannien mit dem Königreich Hannover soeben zerfallen. Der neue König von Hannover Ernst August I. hatte erst im Juni die Thronfolge angetreten und bereits Anfang Juli durch ein sog. Patent die bislang geltende, relativ liberale Verfassung Hannovers von 1833 für unverbindlich erklärt – der Beginn einer absolutistischen Vorgehensweise, die mit der definitiven Aufhebung der Verfassung, dem

Briefe von Heinrich Gustav Hotho

Ew Hochwohlgeboren

allerergebenster

Berlin d. 9ten Sept. 37.   H. G. Hotho.

Protest der „Göttinger Sieben" und deren Entlassung als Professoren noch im Dezember des Jahres enden sollte. Wie Varnhagens Tagebuch-Einträge zwischen dem 11. Juli und dem 21. August 1837 verdeutlichen, hatte er den begonnenen Verfassungsbruch des Königs mit großer Empörung wahrgenommen (siehe K. A. Varnhagen von Ense: Tagebücher, a.a.O., Bd. 1, S. 54–58).

Brief 19
Hotho an Varnhagen

den 14. Februar 1838.

Hochzuverehrender Herr Geheime=Legations=Rath!

Ein zufälliger Blick auf die Epigonen,[66] welche durch Ew Hochwohlgeboren Güte noch immer in meinem Besitze sind, mahnt mich an die Unbescheidenheit, Ihre wohlwollende Nachsicht nun schon seit langen Wochen mißbraucht zu haben; ja fast straft mich die Vorstellung, daß ich nun nicht mehr berechtigt sei, in ähnlichen Fällen die gleiche Güte in Anspruch nehmen zu dürfen. Um wenigstens, was jetzt noch an mir liegt, gut zu machen beeile ich mich, beifolgend das genannte Buch mit verdoppeltem Danke gehorsamst zurückzuschicken. Am besten, weiß ich wohl, könnte ich mich aus der Affaire ziehn, wenn mir eine geistreich kurzgedrängte Kritik gelingen wollte. Leider aber vermag ich auch dieses lockende Auskunftsmittel nicht zu benutzen, da es mir heute durchaus nicht zu Gebote steht, u so muß ich mich schon Ihrer gewohnten Freundlichkeit anvertraun, in deren Schutz ich mich gesichert hoffen darf.

Mit dem vollsten Wunsche, es möge Ihnen in jeder Beziehung wohl ergehn beehre ich mich, mit der ausgezeichnetesten Verehrung mich zu unterschreiben als

---

66 Varnhagen hatte offenbar den Roman „Die Epigonen" von Karl Leberecht Immermann an Hotho ausgeliehen. In den „Jahrbüchern" war dazu eine namentlich nicht gekennzeichnete Rezension erschienen: Anonymus: Die Epigonen. Familienmemoiren in neun Büchern. Herausgegeben von Karl Immermann. Drei Theile. Düsseldorf, 1836. bei Schaub. 8. – In: *Jahrbücher für wissenschaftliche Kritik*, September 1836, Nr. 52, Sp. 413–416. – Möglicherweise hatte Hotho – zwei Jahre später – Varnhagen eine weitere Rezension in Aussicht gestellt, dann aber doch abgelehnt?

Briefe von Heinrich Gustav Hotho

Ew Hochwohlgeboren

gehorsamster

H. G. Hotho.

Berlin d. 14ten Febr. 38.

Brief 20
Hotho an Varnhagen

Berlin, den 10. Mai 1839.

Hochwohlgeborner Herr!
Hochzuverehrender Herr Geheime=Rath!

Es ist mir in diesen Tagen leider durchaus ohnmöglich, die passende Stunde zu finden, um mich Ihnen persönlich vorzustellen. Vergönnen Sie mir, deshalb mich schriftlich in einer Angelegenheit an Sie zu wenden, die Ihrer freundschaftlichen Theilnahme so nahe am Herzen liegen wird als mir.

Nachdem ich gestern auf den Wunsch der Familie die wissenschaftlichen Papiere unseres beweinten Freundes[67] von denen gesondert habe, welche nur persönliche Verhältnisse betreffen, u zunächst zu näherer Durchsicht der Mutter übergeben sind, bleibt, so scheint mir, die nächste Pflicht zu entscheiden, was mit dem litterarischen Nachlaß[68] geschehn solle. Die Masse des zum Druck Ausgearbeiteten beschränkt sich auf eine kleine Anzahl von Vorlesungen über neuere Geschichte, welche Sie wenigstens theilweise kennen werden. Im Uebrigen machen die Vorlesungen über Pandecten u Institutionen, Naturrecht, Staats=Recht, Völkerrecht, Criminal=Recht, Philosophie der Geschichte u neueste Geschichte

---

67 Eduard Gans (geb. 1797) war am 5. Mai 1839 in Berlin gestorben. Laut Varnhagen hatte er am 1. Mai einen Schlaganfall erlitten, die Ärzte hatten ihn aufgegeben. Drei Tage nach Gans' Tod, am 8. Mai, fand die Beerdigung statt, an der Hunderte von Menschen teilnahmen. Der Theologe Philipp Konrad Marheineke (1780–1846), ein alter Freund Hegels, hielt die Grabrede. Siehe: K. A. Varnhagen von Ense, Tagebücher, 14 Bde., Leipzig: Brockhaus, 1861–1870, Bd. 1, S. 125–129 (Eintragungen vom 2.5. bis 16.5.1839).

68 Ein durch seinen Freundeskreis herausgegebener Band mit nachgelassenen Schriften Gans' ist nicht zustande gekommen. Siehe dazu: Elisabeth Ziemer: Heinrich Gustav Hotho. 1802–1873. Ein Berliner Kunsthistoriker, Kunstkritiker und Philosoph. Reimer: Berlin 1994, S. 273f.

das Wichtigste aus.[69] Kleinere Arbeiten, Aufsätze aus früherer Zeit, Recensionen u. s. f. haben sich fast gar nicht vorgefunden.

Mit Benutzung nachgeschriebener Hefte halte ich diese mehr als man glaubt ausgearbeiteten Hefte, mit Ausnahme weniger, nicht nur einer Herausgabe werth, sondern ich glaube, daß die Bearbeitung u Veröffentlichung zu einer der schönsten Pflichten der hinterbliebenen Freunde gehört. Man hat zwar diesen Vorträgen häufig den Mangel an Gründlichkeit im Einzelnen, Decorationsmalerei, u auf den Augenblick berechneten Effect vorgeworfen, u den Vorzug allein in der

---

69 Siehe dazu Hanns Günther Reissner: Eduard Gans. Ein Leben im Vormärz. Mohr (Siebeck): Tübingen 1965. Reissner listet eine Reihe von Vorlesungen auf, die Gans an der Berliner Universität gab. Nachfolgend sei hier eine Auswahl der Vorlesungstitel wiedergegeben (vgl. a.a.O., S. 125–142):
Wintersemester 1826/27: 1. Pandekten; 2. Exegetische Übungen
Sommersemester 1827: 1. Pandekten; 2. Die Lehre vom Gericht der Geschworenen; 3. Erbrecht
Wintersemester 1827/28: 1. Geschichte und Institutionen des Römischen Rechts; 2. Das Englische Staatsrecht in seiner historischen Entwicklung; 3. Naturrecht oder Rechtsphilosophie in Verbindung mit Universalrechtsgeschichte
Sommersemester 1828: 1. Pandekten; 2. Erbrecht; 3. Geschichte der neuesten Zeit von 1789 an, in besonderer Beziehung auf öffentliches Recht
Wintersemester 1828/29: 1. Naturrecht oder Rechtsphilosophie etc. (wie im voraufgegangenen Wintersemester); 2. Geschichte der neuesten Zeit etc. bis 1814
Sommersemester 1829: 1. Pandekten; 2. Erbrecht; 3. Die Geschichte der letzteren Zeit seit 1814, vorzüglich in Rücksicht des öffentlichen Rechts
Wintersemester 1829/30: 1. Naturrecht oder Rechtsphilosophie etc.; 2. Institutionen des Römischen Rechts; 3. Das Preußische Landrecht
Sommersemester 1830: 1. Pandekten; 2. Erbrecht; 3. Über das heutige Staatsrecht oder über die Verfassung in beiden Weltteilen
Wintersemester 1830/31: 1. Universalrechtsgeschichte oder Rechtsgeschichte der Orientalen, Griechen, Römer, des Mittelalters und der neueren Zeit; 2. Institutionen des Römischen Rechts, mit einer kurzen Einleitung in das Rechtsstudium; 3. Preußisches Landrecht; 4. Über das Zeitalter Ludwigs XIV., vorzüglich in staatsrechtlicher Beziehung.
Unsere Auswahl zeigt, dass die Übereinstimmungen zwischen Hothos Auflistung der nachgelassenen Vorlesungsmanuskripte und etlichen der in Reissners Monographie angeführten Vorlesungstitel unverkennbar sind. Es dürfte sich daher bei den von Hotho genannten Nachlasstexten von Eduard Gans hauptsächlich um Materialien und Ausführungen zu solchen bzw. sehr ähnlich konzipierten Vorlesungen gehandelt haben.

brillanten Geistesgegenwart u wirkenden Persönlichkeit suchen wollen, dennoch aber, glaub ich, enthalten sie in ihrem sachlichen Kern das Beste was unser Freund zu geben im Stande war. Und lassen Sie mich ein Glaubensbekenntniß hinzufügen. In Bezug auf philosophische Behandlung des Rechts mag es ihm, obschon ich keinen Namen zu nennen wüßte, vielleicht früh oder spät an Nachfolgern nicht fehlen, worin er unersetzlich bleiben wird, ist dagegen der politische Bezug, den er in allen Vorlesungen zum bewegenden Mittelpunkte oder heraushebenden Hintergrund machte, u dadurch in der deutschen Jugend einen Funken erweckte, den dauernd anzufachen immer unerläßlicher wird.[70] Kann er nun lebend nicht

---

70 Spätestens an der Person Eduard Gans verschwimmt die heuristische Distinktion Althegelianer vs. Junghegelianer bis zur Unschärfe. Der gemeinhin den Althegelianern zugerechnete Gans unterhielt Beziehungen zu Junghegelianern ebenso wie zu jungdeutschen Schriftstellern. Mit Stichwörtern wie: gesellschaftliche Emanzipation der Juden, öffentlicher Einsatz für die Göttinger Sieben, Beschäftigung mit den sozialen Verhältnissen von englischen und französischen Fabrikarbeitern etc., sollen hier nur ein paar Eckpunkte seines gesellschaftlichen Engagements angedeutet werden. Gans übte einen nicht zu unterschätzenden intellektuellen Einfluss auf Studenten und Oppositionelle aus. Zu Gans' politisch-gesellschaftlichen Aktivitäten siehe Varnhagen, a.a.O., S. 75 (12.1.1838), S. 79 (17.3.1838), S. 81–83 (23.3. bis 29.3.1838), S. 96f. (31.5.1838) u.ö. – Zu Gans' philosophischer Entwicklung und seinen politisch-gesellschaftlichen Aktivitäten siehe besonders die Gesamtdarstellung bei Hanns Günther Reissner: Eduard Gans. Ein Leben im Vormärz. Mohr (Siebeck): Tübingen 1965. – Vgl. auch die Einleitung des Herausgebers zu: Eduard Gans: Philosophische Schriften. Hrsg. u. eingel. v. Horst Schröder. Auvermann: Glashütten im Taunus 1971, S. XIII–LXXXI. – Ferner die Einleitung des Herausgebers zu: Eduard Gans: Naturrecht und Universalgeschichte. Hrsg. v. Manfred Riedel. Klett-Cotta: Stuttgart 1981, S. 11–30. – Sowie: Wulf Wülfing: Junges Deutschland. Texte–Kontexte, Abbildungen, Kommentar. Hanser: München/Wien 1978, S. 69f., S. 72, S. 98f. u. S. 101. – Hotho wusste sich in seiner Beurteilung des verstorbenen Freundes mit Varnhagen einig. Varnhagen notierte am 5.5.1839 zu Gans: „er war einer der muthvollsten Menschen, die ich je gesehen habe" (a.a.O., S. 128). – Auffallend ist auch, dass Varnhagen in einer Notiz ebenfalls vom 5.5.1839 Eduard Gans einen ‚Vertreter des französischen Geistes' nannte: „Mit Gans ist uns hier die Vertretung des französischen Geistes, der französischen Entwicklung, der französischen Tagesinteressen, so gut wie abgestorben. Er kannte und liebte die französische Nation, sprach und schrieb französisch wie jetzt kein andrer Gelehrter hier, stand mit Frankreich in regem Lebensverkehr. Und dabei wußte er wohl, was er an Deutschland hatte, und auch insbesondre an Preußen und an Berlin, wiewohl er immer, aus Liebe,

mehr mit unerschöpflicher Thätigkeit fortwirken, so muß doch seine Stimme in dem Geiste fortklingen, in welchem er sich am lebensreichsten bewegte. Seine Worte wirkten nicht nur durch ihren lebendigen Klang u den dreisten Muth einer Stirn, die nicht aus der Fassung zu bringen war, sondern auch durch den Inhalt, den er gab. Und dieser Inhalt ist sicher in vielen Fällen besser u gestalteter auf dem Papier gewesen als er sich der Gunst u Ungunst des Augenblicks in seinen Improvisationen gab.

Veröffentlichen wir die Vorträge nicht, so geht für Studierende wie für Docenten, die sich zu bilden beginnen, ein Element verloren, welches das deutsche Universitätsleben fast durchgängig einer unerträglichen Dürre, wenn es versiegt, entgegenführt.

Dieß sind die Gründe, die mich anregen, Ew Hochwohlgeboren mit Ernst u Liebe anzurufen, Sich an die Spitze einer Berathung zu stellen, um nur zunächst zu bestimmen wem die einzelnen Hefte könnten zu entscheidender Begutachtung anvertraut werden. Für den historischen Theil, sollten es Muße, Gesundheit u sonstige Verhältnisse es Ihnen gestatten, wüßte ich keinen Begabteren als Sie Selber; für den rein Juristischen würde ich Herrn Assessor Heydemann[71] vorschlagen, den die Liebe eines langbewährten Freundes u früheren Zuhörers mit genauer Kenntniß des Stoffs mit Fleiß u Tact verbindet. Für Naturrecht u Philosophie der Geschichte werde ich selber einzustehn wagen, u lieber alles Andere bei Seite werfen, als in diesem Falle zaudernd u saumselig zu erscheinen. Dagegen bin ich für das Staats= u Völkerrecht ganz ohne Rath. Was sonst noch an Briefen, biographischer Schilderung usf. zusammen zustellen u zu schaffen wäre, fände in Ihnen allein den unersetzlichen Meister.

---

gegen die Heimath in Opposition stand, und sie zum Bessern aufreizen wollte." (A.a.O., S. 127)

71 Ludwig Eduard Heydemann (1805–1874), Jurist, Assessor am Kammergericht.

Sollten Sie die Dringlichkeit der Sache, die nöthige Eile, nur erst anzufassen, u zu untersuchen gleich mir empfinden, so ergeht meine Bitte dahin, daß Sie so bald als möglichst Ort u Stunde möchten bestimmen können, um eine erste Berathung zu Stande zu bringen. Sie müßte, glaub ich, die nächsten Freunde versammeln; die kaum auszuschließenden Gebrüder Benary,[72] v. Henning,[73] auch Dirichlet,[74] Pr. Werder.[75] Für Michelet[76] möchte ich nicht stimmen, da er Arbeiten würde unternehmen wollen, u mir nicht Stilist genug zu sein scheint.

Vergeben Sie jedoch, daß ich so bald u schnell auf Sie eindringe, u Ihre Zeit u Tage des Unwohlseins lästig in Anspruch nehme. Doch es heißt eilig sein in der dennoch stockenden Gegenwart.

Zum Schluß muß ich bitten, mit eigenem Unwohlsein geknicktem[77] Sinn u verwirrten Kopf entschuldigen zu wollen, wenn ich unklar, zusammenhanglos u ohne rechte Begründung geschrieben habe. Aber es ist mir ein Stab aus den Händen gerissen, ein frischer fester Lebensstab, u ich weiß die rechte eigene Kraft noch nicht wiederzufinden. Es gährt mir ein Groll im Herzen über Zustände, gegen feindliche Personen, der sich nicht will beschwichtigen lassen.[78] <u>Seine</u> spru-

---

72 Ferdinand Benary (1805–1880), Orientalist und Theologe. Agathon Benary (1807–1860), Klassischer Philologe.

73 Siehe Brief 2.

74 Peter Gustav Lejeune Dirichlet (1805–1859), Professor für Mathematik in Berlin, später in Göttingen.

75 Karl Friedrich Werder (1806–1893), Professor für Philosophie, Schriftsteller.

76 Karl Ludwig Michelet (1801–1893), Philosoph, Mitherausgeber der ersten Werkausgabe Hegels.

77 Das Adjektiv ist nicht eindeutig zu entziffern; vielleicht auch: „gekränktem".

78 Der Brief Hothos ist kurz nach der Begräbnisfeier geschrieben. Sicherlich spielt er hier auf Marheinekes Grabrede und deren Folgen an. Wenige Tage nach Hothos Brief vermerkte Varnhagen: „Donnerstag, den 16. Mai 1839. Am Hofe sind sie recht froh, daß Gans todt ist, nun sind sie ihn los. Viele Feindschaft spricht sich aus, und nun belebt sich die Huldigung, die man seinen Gegnern bezeigt. Savigny erhebt sich wieder, das Reich ist wieder sein. Lachmann spricht mit brutalem Hasse gegen Marheineke, dessen Grabrede ein Pasquill gegen Savigny sei; auch

Briefe von Heinrich Gustav Hotho

delnde Opposition drängte zur Mäßigkeit, Milderung Ruhe, man wußte das Sprechen, die Unzufriedenheit, die Reaction in so guten Händen, daß man sich ihr entziehen, zu anderen Thätigkeiten, zum Hafen der Vergangenheit, zur Kunst behaglich hinsteuern konnte. Nun fehlt die Opposition, nun mangelt das ausgesprochene, kecke Wort, u mit dem Schmerz des Verlustes drängt sich in düstersten Bildern die ganze Argheit der Zustände heran, die ihn getödtet haben.[79]

Doch ich muß eilen Ihre Zeit nicht länger unbescheiden in Anspruch zu nehmen, u empfehle nur noch einmal meinen Vorschlag wie mich Selber Ihrer Theilnahme u Freundschaft.

Mit vollkommenster Verehrung wie immer
Ew Hochwohlgeboren ergebenster

Berlin d. 10 ten Mai 39.　　　　H. G. Hotho.

Hitzig sagt, eine geistliche Rede sei es nicht gewesen, höchstens ein Korrespondenzartikel in ein Tageblatt. Laß sie schimpfen und wüthen! Den Geist löschen sie nicht aus, und der von Gans wird sie noch oft beunruhigen." (A.a.O., S. 129) – Zur Identität der von Varnhagen an dieser Stelle genannten Berliner Persönlichkeiten: Friedrich Carl von Savigny (1779–1861), Jurist, Begründer der Historischen Rechtsschule, ein erklärter Gegner von Eduard Gans. Karl Lachmann (1793–1851), Mediävist und Altphilologe. Julius Eduard Hitzig (1780–1849), Jurist, Verleger, Schriftsteller.

79　Hotho begreift Gans als ein Opfer deutscher Zustände. Interessant ist Hothos politische Stellungnahme gegenüber Varnhagen in Verbindung mit seiner persönlichen Haltung und seiner eigenen gesellschaftlichen Praxis. Er schließt sich Gans' Wirken dezidiert zustimmend, ja ausdrücklich in der Form eines „Glaubensbekenntnisses" an, weil er diese Art philosophischen und oppositionell-politischen Engagements für unerlässlich hält. Zugleich setzt er aber eine Art intellektueller Arbeitsteilung stillschweigend voraus: Während Gans sich den historischen, gesellschaftlichen und politischen Aufgabenbereichen widmete, beschränkt sich Hotho weitgehend auf kunstgeschichtliche, literaturwissenschaftliche und philosophisch-ästhetische Forschungen. Hotho kann und will nach dem Tod des Freundes die oppositionelle Funktion eines Eduard Gans nicht übernehmen – aus welchen Gründen auch immer.

Helmut Schneider / Wilfried Korngiebel

Brief 21
Hotho an Varnhagen

Berlin, den 11. Mai 1839.

Hochzuverehrender Herr Geheime=Rath!

Ihre heutige einstimmende Zuschrift[80] ist mir eine ermuthigende Vorbedeutung gewesen, u ich komme so eben spät von denjenigen Freunden zurück, die Sie mir Ihnen zuzuführen die gütige Erlaubniß ertheilt haben. Ich habe nur die ausgewählt, mit denen der Verstorbene litterarische u sonstige Pläne u Vorhabenheiten zu besprechen u denen er eben Ausgeführtes vorzulesen niemals unterließ; von Henning, Benary's, Werder. Sie werden mit Vergnügen um 5 Uhr sich einfinden. Herrn Assessor Heydemann, den ich nicht antraf, werde ich sogleich noch schriftlich auffordern; Pr Dirichlet fürcht' ich wird abgehalten sein.

Ihnen Selbst aber ich sage im Voraus einen Dank, der von Herzen kommt, daß Sie Sich uns, Ihren gesundheitlichen u anderen Belästigungen u Thätigkeiten zum Trotz, nicht entzogen haben.[81] Unter so guter Leitung hoff ich wird sich doch

---

80 Varnhagen muss Hotho umgehend geantwortet haben, sodass Hotho im Abstand von nur einem Tag gleich seinen nächsten Brief folgen lassen konnte.

81 Varnhagen hat augenscheinlich nicht nur Hothos Plänen zur Veröffentlichung der nachgelassenen Schriften des Eduard Gans zugestimmt, sondern auch dem von Hotho vorgeschlagenen Personenkreis. Von Michelet, gegen dessen Beteiligung Hotho Bedenken äußerte, ist hier nicht mehr die Rede, was die Vermutung nahelegt, dass Varnhagen Hothos Beurteilung keine widersprechende Einschätzung entgegenhielt. – Der Kreis der zu Versammelnden bildete – einschließlich Michelet – den Kern eines neuen Gelehrten-Klubs, der sich die Herausgabe des Gans-Nachlasses als ein zentrales Ziel gesetzt hatte, sich einige Jahre später, am 5.1.1843 in Berlin, als eine „Philosophische Gesellschaft" konstituierte und die Gründung eines Journals „Kritische Blätter für Leben und Wissenschaft" plante. Nachdem es erbrechtliche Bedenken bezüglich des Gans-Nachlasses, politisch motivierte Konflikte mit v. Henning und persönliche Auseinandersetzungen mit Michelet gegeben hatte, fiel der Herausgeberkreis auseinander. Die Zeitschrift kam aufgrund ihres Verbots durch das preußische Kultusministerium 1843/44

Briefe von Heinrich Gustav Hotho

wenigstens etwas zu Stande bringen lassen, dessen nicht unwerth, dem es soviel Vortreffliches hervorzubringen möglich, doch es zur Beendigung zu bringen nicht vergönnt war.

Mit vollkommenster Hochachtung u dauernder Anhänglichkeit

Ihr ergebenster

Sonnabend d. 11ten Mai   H. G. Hotho.
Abends.

---

nicht zustande. Die Gesellschaft schrumpfte ab 1845 personell durch Abgänge, ab 1854 erfuhr sie eine gewisse Wiederbelebung. Siehe dazu: Fritz Schlawe: Die Berliner Jahrbücher für wissenschaftliche Kritik. Ein Beitrag zur Geschichte des Hegelianismus. In: Zeitschrift für Religions- und Geistesgeschichte, Bd. XI, 1959, Heft 3, S. 240–258 und Heft 4, S. 343–356; hier besonders S. 353–356. - Siehe gleichfalls: Elisabeth Ziemer: Heinrich Gustav Hotho. 1802–1873. Ein Berliner Kunsthistoriker, Kunstkritiker und Philosoph. Reimer: Berlin 1994, S. 146–176 u. S. 272–280.

Helmut Schneider / Wilfried Korngiebel

Brief 22
Hotho an Varnhagen

Berlin, den 20. Mai 1839.

Ew Hochwohlgeboren

beehre ich mich, beifolgend die so eben erhaltenen in diesem Winter nachgeschriebenen Hefte über „neueste Geschichte"[82] zu übersenden. Sie sind von dem Zuhörer nach dem geschriebenen Vortrage zu Hause durchgearbeitet, u deshalb lesbarer als sonstige Hefte, wodurch sie mir für Ihren nächsten Zweck besonders brauchbar erscheinen, für eine etwaige Herausgabe dagegen eine vorsichtige Benutzung nöthig machen, weil vielleicht unter der Hand sich Veränderungen können eingeschlichen haben.

Mit dem Wunsch, daß diese ersten Hülfsmittel Sie bei gutem Muth u leidlicher Gesundheit antreffen mögen, in voller Verehrung u getreuer Gesinnung, wie stets

Ew Hochwohlgeboren

ergebenster

Berlin d. 20ten Mai 39.   H. G. Hotho.

---

82 Im Brief Nr. 20 vom 10. Mai 1839 war u.a. von Gans' Vorlesungen über „Philosophie der Geschichte u neueste Geschichte" die Rede. Mit dem 10 Tage später, am 20 Mai, verfassten Brief konnte Hotho nun offenbar die inzwischen bei ihm eingetroffene Vorlesungsmitschrift eines Studenten als „brauchbare" Ergänzung zu Gans' nachgelassenen Aufzeichnungen über „neueste Geschichte" an Varnhagen weiterleiten.

Briefe von Heinrich Gustav Hotho

Brief 23
Hotho an Varnhagen

Berlin, den 23. Januar 1840.

Hochwohlgeborner Herr!
Hochzuverehrender Herr Geheime=Rath!

Seit einer Woche genöthigt, das Zimmer zu hüthen, ist es mir ohnmöglich geworden Ihnen nachstehende Bitte persönlich vorzutragen.

Der Tod der Madame Gans[83] macht es nothwendig, mit den jetzigen Erben eine Verständigung in Betreff der von unserem verstorbenen Freunde hinterlassenen Papiere möglichst bald einzuleiten. Indem Sie uns nun, als die Sache zunächst zur Sprache kam, die Unterstützung Ihres gütigen Rathes nicht haben entbehren lassen, so glaube ich hoffen zu dürfen, daß Sie auch jetzt, da es sich um einen definitiven entscheidenden Beschluß handelt, uns Ihre Umsicht wie Ihre freundschaftliche Gesinnung für den Hingeschiedenen werden wollen zu Gute kommen lassen.[84] Ich nehme mir deshalb die Freiheit, ergebenst bei Ihnen anzufragen, ob es Ihre Gesundheit u Zeit erlauben würde, Sonnabend d. 25sten um 8 Uhr einer Versammlung der Ihnen bekannten Freunde[85] in meiner Woh-

---

83 Die Mutter von Eduard Gans, Zippora Gans, geb. Marcuse (geb. 22.1.1776 Berlin, gest. 22.12.1839 Berlin). Siehe: Hanns Günther Reissner: Eduard Gans. Ein Leben im Vormärz. Mohr (Siebeck): Tübingen 1965, S. 4 und S. 165f.

84 Nach dem Tod der Mutter ging es um eine Einigung des Herausgeberkreises mit den übrigen Mitgliedern der Familie Gans. Dass ein Nachlassband nicht zustande kam, ist möglicherweise der Rücksichtnahme auf die Erben geschuldet, die politische Folgen gefürchtet haben könnten. Doch auch Spannungen mit dem bei den Planungen nicht berücksichtigten Michelet könnten zum Scheitern des Projekts mit beigetragen haben. Vgl. Elisabeth Ziemer: Heinrich Gustav Hotho. 1802–1873. Ein Berliner Kunsthistoriker, Kunstkritiker und Philosoph. Reimer: Berlin 1994, S. 273f.

85 Der in den Briefen 20 und 21 genannte Freundeskreis des Verstorbenen.

nung Ihre Gegenwart zu schenken u uns auch nach dem Schluß der Verhandlung mit Ihrer Gesellschaft zu beehren.

So eben erhalte ich ein Schreiben der Testamentsexecutoren in Rücksicht auf ein unserem Freunde zu errichtendes Denkmal,[86] u so würde auch dieser Gegenstand zu besprechen sein. In der Hoffnung gütiger Beistimmung, mit höchster Verehrung u Zuneigung

Ew Hochwohlgeboren ergebenster

Donnerstag früh.   H. G. Hotho.

---

86 Es bleibt unklar, welche Art von Denkmal eingefordert wurde. Im übertragenen Sinne kann auch ein Nachlassband oder ein Gedächtnisbuch ein Denkmal darstellen, gleichfalls käme eine Stiftung in Frage. Die Einrichtung einer Stiftung für Studierende der Berliner Universität, als „Gans'sches Stipendium" bezeichnet, ist jedenfalls nachweisbar. Vgl. Reissner, a.a.O., S. 160f. sowie S. 21f. – Vgl. auch Ziemer, a.a.O., S. 351.

Briefe von Heinrich Gustav Hotho

Brief 24
Hotho an Varnhagen

Berlin, den 6. April 1843.

Hochzuverehrender Herr!

Ew Hochwohlgeboren beehre ich mich, im Auftrage des Herrn Pr. Dirichlet,[87] der auf vierzehn Tage nach Königsberg reist, den zweiten Theil der Anekdota[88] zu überschicken, mit der ergebensten Bitte, das Buch, nach gemachtem Gebrauch, gefälligst an Frau Prof. Hensel[89] senden zu wollen.

Dieses Auftrages hätte ich mich gern mündlich entledigt, um mich einmal persönlich wieder in Ihr freundliches Andenken zurückzurufen; Unwohlsein u Geschäfte aber beschränken in diesen Tagen alle meine Zeit, u ich glaubte das Buch nicht länger in meinen Händen lassen zu dürfen.

In der Hoffnung, was ich diesmal versäume, bald nachholen zu können, mit ausgezeichneter Verehrung,

---

87 Dirichlet war ebenso wie Hotho schon im Begriff, sich wegen der konservativer werdenden Ausrichtung der *Jahrbücher für wissenschaftliche Kritik* endgültig von der Mitarbeit loszusagen. Siehe Fritz Schlawe: Die Berliner Jahrbücher für wissenschaftliche Kritik. Ein Beitrag zur Geschichte des Hegelianismus. In: Zeitschrift für Religions- und Geistesgeschichte, 1959, Heft 3, S. 240–258 und Heft 4, S. 343–356; hier 8. 352f.

88 Der Titel des von Hotho gemeinten Buches lautet: Arnold Ruge: Anecdota zur neuesten deutschen Philosophie und Publicistik, 2 Bde. Zürich 1843 [Mannheim: Grohe]

89 Das angesprochene Werk Ruges zirkulierte demnach im Gans-Freundeskreis. Dieser Zusammenhang wird hier durch den Namen „Hensel" angezeigt. Fanny Hensel, geb. Mendelssohn (1805–1847), eine gefeierte Pianistin und eine bedeutende Komponistin, Schwester von Felix Mendelssohn-Bartholdy, war verheiratet mit dem Hofmaler und Professor an der Berliner Akademie Wilhelm Hensel, Bruder der Schriftstellerin Luise Hensel. Rebecca, die jüngere Schwester von Fanny und Felix, war wiederum mit Dirichlet verheiratet. Der befreundete Gans war häufig Gast in deren Häusern. – Aus Prof. Hensels Sammlung ist übrigens auch ein Porträt Hothos erhalten. Zur Mendelssohn-Familie vgl. Hanns Günther Reissner: Eduard Gans. Ein Leben im Vormärz. Mohr (Siebeck): Tübingen 1965; Nachweis und Reproduktion von Hothos Porträt: S. IX und nach S. 24.

Helmut Schneider / Wilfried Korngiebel

Ew Hochwohlgeboren

Berlin, d. 6ten April 43.   ergebenster H. G. Hotho.

Briefe von Heinrich Gustav Hotho

Brief 25
Hotho an J. Schulze

Hochwohlgeborner Herr!
Hochzuverehrender Herr Geheime=Rath!

Ew Hochwohlgeboren gefällige Zuschrift mahnt mich an eine Pflicht, welche ich bereits seit längerer Zeit erfüllt haben sollte. Daß sich jedoch der handschriftliche Aufsatz des Herrn Prof. Steinhardt[90] in meinen Händen befinde, ist von Seiten Marheineke's ein Irrthum, der sich nun auch so eben noch nach Durchsuchung meiner sämmtlichen Papiere u Pulte als Irrthum bestätigt hat. Der Verlauf der Sache, soweit derselbe mir noch im Gedächtniß geblieben, ist folgender. Den Aufsatz selbst habe ich von Ew Hochwohlgeboren zuerst empfangen, u nachdem ich ihn durchlesen, der philos. Gesellschaft unter Marh. Vorsitz vorgelegt. Sodann ist er einem zweiten Referenten zum Vortrag übergeben. Wem? weiß ich nicht, doch müßten dieß die Protocolle nachweisen. Zu diesem Zweck werde ich sogleich an den Kgl Stadt=Schul=Rath Schulz[91] schreiben, der als zeitiger Vorstand der Gesellschaft, zu der ich bereits seit längerer Zeit nicht mehr gehöre,[92] darüber Auskunft wird

---

90 Hotho bezieht sich höchstwahrscheinlich auf Karl Heinrich August Steinhart (1801–1872), klassischer Philologe, zeitweilig Lehrer in Berlin, später in Naumburg, ab 1866 Professor in Halle. Spezialist für Platon und Plotin, 1841 ein Werk über Hegel. Aufgrund der unbestimmten Angabe Hothos war es nicht möglich, den betreffenden Aufsatz ausfindig zu machen. – Hothos Brief an Schulze ist übrigens eineinhalb Monate vor Marheinekes Tod abgefasst (31.5.1846). Durch Krankheit war Marheinekes Tätigkeit seit 1844 äußerst eingeschränkt. Vgl. dazu K. A. Varnhagen von Ense, Tagebücher, 14 Bde. Brockhaus: Leipzig 1861–1870, Bd. 3, S. 353 (Notiz vom 31.5.1846).

91 Johann Otto Leopold Schulz (1782–1849), Philologe und Pädagoge.

92 Wohl die 1843 gegründete philosophische Gesellschaft, deren Vorsitzender eine Zeitlang Marheineke war (vgl. die entsprechende Anmerkung zu Brief 21). Hotho war um 1845 zusammen mit einigen Freunden aus der Gesellschaft ausgetreten. Siehe Fritz Schlawe: Die Berliner Jahrbücher für wissenschaftliche Kritik. Ein Beitrag zur Geschichte des Hegelianismus. In: Zeitschrift für Religions- und Geistesgeschichte, 1959, Heft 3, S. 240–258 und Heft 4, S. 343–356; hier S. 354f. – Siehe

geben können. Sobald ich Näheres erfahre, oder den Aufsatz selber zurückerhalten werde ich mich beehren, die Nachricht oder das Manuskript persönlich zu überbringen.

Besser – Gott sei Dank – ergeht es mir mit einem zweiten Aufsatz, den ich da er von Ihnen Selber verfaßt u geschrieben ist, nicht aus Händen gelassen habe. Sowohl die Beiträge zur Geschichte des Ministeriums als auch die Charakterist des verstorbenen Minister v. Altenstein[93] sind mir von höchstem Interesse gewesen u die Wärme u Klarheit der Darstellung haben mir die Kunst Ihrer Feder von Neuem verehrenswerth u lieb gemacht. Ich lege den Aufsatz bei, u lasse mit ergebenstem Dank auch das Kinkel'sche Buch,[94] über das ich nur das bereits mündlich geäußerte Urtheil wiederholen kann, folgen.

In aufrichtiger Verehrung u treuer Ergebenheit

---

gleichfalls: Elisabeth Ziemer: Heinrich Gustav Hotho. 1802–1873. Ein Berliner Kunsthistoriker, Kunstkritiker und Philosoph. Reimer: Berlin 1994, S. 279f.

93 Karl vom Stein zum Altenstein (1770–1840) hatte als preußischer Minister für Kultur und Unterricht die Hegelianer institutionell unterstützt und nach Kräften gefördert. Sein Nachfolger im Ministerium Johann Albrecht Friedrich Eichhorn (1779–1856) hingegen vertrat eine strikt restaurative Politik und entließ kritische Wissenschaftler aus ihren Ämtern. – Der Druck eines Aufsatzes von Schulze über Person und Ministerium Altensteins war bislang nicht nachweisbar. Möglicherweise stehen die angesprochenen Aufsätze in Zusammenhang mit den seitens der Gesellschaft seit dem 21.1.1846 in Planung befindlichen „Philosophischen Monatshefte für die Fragen der Gegenwart". Vgl. Schlawe, a.a.O., S. 355f.

94 Gottfried Kinkel (1815–1882), Schriftsteller des Vormärz, Professor für Kunst- und Kulturgeschichte in Bonn. 1849 aktive Teilnahme an der Reichsverfassungskampagne, Gefangennahme durch preußische Truppen. Nach Befreiung aus dem Zuchthaus Spandau ab Ende 1850 im englischen Exil. – Es erscheint naheliegend, dass eine kunstgeschichtliche Studie Kinkels gemeint ist: Johann Gottfried Kinkel: Geschichte der bildenden Künste bei den christlichen Völkern vom Anfang unserer Zeitrechnung bis zur Gegenwart, 1. Lieferung: Die altchristliche Kunst. Henry und Cohen: Bonn 1845. – Es ist aber auch möglich, dass hier auf ein anderes Werk Kinkels Bezug genommen wird. Infrage kommende Titel: König Lothar von Lotharingien oder Gekränktes Recht. Historisches Trauerspiel in fünf Akten. Krüger: Bonn 1842. – Gedichte. Cotta: Stuttgart/Tübingen 1843. – Otto der Schütz. Eine rheinische Geschichte in 12 Abenteuern. Cotta: Stuttgart/Tübingen 1846.

Briefe von Heinrich Gustav Hotho

Ew Hochwohlgeboren gehorsamster
Berlin d. 14ten April 1846.   H. G. Hotho.

Brief 26
Hotho an Varnhagen

Berlin, den 27. Juli 1850.

Hochzuverehrender Herr Geheime=Rath!

Überbringer, Herr stud. phil. Adolf Beer aus Mähren,[95] durch den Drang nach tieferer und umfassenderer Bildung hierher vertrieben, hat sich seit ein u einem halben Jahre philosophischen, philologischen u historischen Studien, soweit ich aus Gesprächen und aus längerer Zuhörerschaft ersehen kann, mit regem Eifer, dauernder Liebe und gutem Erfolge gewidmet. Zumal muß die Liebe groß sein, da jede Art äußerer Entbehrungen ihn von dem Wege der Wissenschaft nicht entfernt hat. Seine Verhältnisse sind die drückendsten u es handelt sich wesentlich darum, ihn für den nächsten Winter über Wasser zu halten. Meinerseits bin ich gern bereit mein Scherflein beizutragen und ihm so viel ich vermag Gönner zu verschaffen. Sein nächster Wunsch geht dahin, sich Ihnen vorstellen zu dürfen, ein Wunsch, den Ihr litterarischer weitverbreiteter Ruf, und Ihre humane Gesinnung ebenso rechtfertigt als erklärt. Haben Sie eine freie Viertelstunde, die Sie dem jungen Manne schenken können, so würden Sie mich, der alter besserer Tage engerer persönlicher Gemeinschaft mit immer lebendigerer Freude gedenkt, höflich verbinden.

---

95 Hotho hat sich in der Bewertung der wissenschaftlichen Fähigkeiten des Studenten Beer keineswegs getäuscht. Adolf Beer wurde 1831 in Proßnitz/Mähren geboren, studierte Geschichte, Philologie und Volkswirtschaft in Berlin, Heidelberg, Prag und Wien und übte danach verschiedene Lehrtätigkeiten aus, zuletzt als Professor am Kaiserlich-königlichen Polytechnischen Institut in Wien. Außerdem wurde er dort zu einem angesehenen Politiker und machte durch zahlreiche geschichtswissenschaftliche Publikationen auf sich aufmerksam. Er verstarb im Jahre 1902.

Briefe von Heinrich Gustav Hotho

Ein seltsames Loos hat mich, den Unerfahrnen, seit zwei Jahren fast nur in administrative und sonstige praktische Verhältnisse verwickelt, nach den buntesten Seiten hin, in oft unerquicklichster Weise.[96] Ich tröste mich, mit der Vorstellung, man müsse auch diese Seiten kennen und durchleben, und könne es ohne Schaden der eigenen Seele, vielleicht auch zu eigener menschlicher Förderung. Wie anders stand alles noch, als ich Sie das letztemal in Kissingen[97] begrüßen durfte, u Sie mir Herrn Groote[98] – wenn mich mein Namengedächtniß nicht täuscht – zuführten. Im nächsten Jahre an demselben Orte lebte ich nur mit Holsteinern und Dänen zur Zeit des offenen Briefs[99] u sah die Kämpfe entstehn, die jetzt zu blu-

---

96 In der Revolutionszeit war Hotho 1848 aus der Kriegsschule ausgeschieden und hatte seine verbleibenden Lehrtätigkeiten an der Berliner Universität in den Wirren zwischen Reform, Revolution und Restauration notgedrungen mit viel Verwaltungsaufwand sowie mit politischen Einsätzen, u.a. für die Museumssammlungen, flankieren müssen.

97 Im August 1845.

98 George Grote (1794–1871), Londoner Althistoriker, 1832–1841 Mitglied des englischen Parlaments, Republikaner, Radikale Partei. Wichtigste Veröffentlichung: History of Greece, London 1846–1856 (12 Bde. u. 2 Erg.-Bde.). – Zu Grote und Hotho siehe Karl August Varnhagen von Ense: Tagebücher. 14 Bde. Brockhaus: Leipzig 1861–1870, Bd. 3, S. 159–201 (7. bis 25. August 1845). Einen Tag nach seiner Ankunft in Kissingen vermerkt Varnhagen am 8.8.1845: „Unvermuthet Professor Hotho aus Berlin, seit gestern hier." (A.a.O., S. 162) Am 9. August notiert Varnhagen: „Um sechs Uhr ging ich auf den Kurplatz, sprach den Grafen von Wimpffen und seine Söhne, fand den Reverent Smithwick, der mich mit einem Herrn Georg Grote bekannt machte, englisches Parlamentsmitglied, mit deutscher Litteratur bekannt, noch mehr seine Frau, er hat einen Brief für mich, von wem konnt' ich lange nicht herausbringen, endlich nannte er den Namen Lewes." (A.a.O., S. 164) Die Bekanntschaft zwischen George Grote und Hotho lässt sich laut Varnhagen auf den 14. August datieren: „Ich mache Herrn Grote mit Hotho bekannt." (A.a.O., S. 176) Es ergaben sich noch öfter Gelegenheiten zu gemeinsamen Gesprächen, wie die Notiz vom 17. August zeigt: „Zurückgekehrt, find' ich Herrn Grote, den ich aber Herrn Professor Hotho überlasse, und gehe lange mit Mrs. Grote, die mit großem Verstand und vieler Herzenswärme spricht; sie scheint mit den ersten Männern Englands in Verkehr gestanden zu haben; von Herrn Grote, sagte sie mir, werden jetzt eben zwei Bände einer Geschichte von Griechenland gedruckt, Niebuhr schätzte ihn und Böckh schreibt ihm." (A.a.O., S. 181)

99 König Christian VIII. von Dänemark ließ am 8. Juli 1846 eine Proklamation mit dem Titel „Offener Brief, betr. die Erbfolge in den Herzogthümern Schleswig,

tiger Entscheidung herangereift sind.[100] Welch eine Zeit für Sie, der Sie seit länger als einem viertel Jahrhundert den weitesten Schauplatz mit dem kundigsten Auge, theilweise mit eingreifend[101] überschaun. Ich möchte Sie mitten in der

---

Holstein und Lauenburg" veröffentlichen. Darin wurde Schleswig nochmals als seit dem Jahre 1721 zu Dänemark gehörig erklärt, zugleich aber das dänische Erbfolgerecht von 1665, das auch weibliche Erbfolge vorsah, als auch für die Herzogtümer gültig reklamiert. Die Unteilbarkeit von Schleswig und Holstein wurde vom König zwar erneut bestätigt, doch stellte die Proklamation einen Eingriff in das dort geltende Recht dar und gefährdete die vorgesehene Erbfolge der Herzogtümer, i.e. die dynastischen Erbansprüche der unterschiedlichen königlich-herzoglichen Familienzweige. Verschärfend kam hinzu, dass Holstein dem Deutschen Bund angehörte. In diesem königlichen Akt wurde allgemein ein Übergreifen der dänischen Rechte über Schleswig hinaus und der Versuch zu einer weitestgehenden Einverleibung der Herzogtümer gesehen. Es entstand bald eine Volksbewegung gegen die dänische Krone, die in sich ausweitende und lang andauernde militärische Konflikte mündete. Preußen wie auch Österreich griffen in den Jahren 1848–1851 militärisch in die Auseinandersetzungen ein. – Es ist nicht uninteressant, Hothos Anspielung durch eine frühere Stellungnahme Varnhagens zu ergänzen. Dieser schrieb am 23.9.1846: „Merkwürdiges Ereigniß! Der König von Dänemark hat am 19. September eine Bekanntmachung erlassen, worin er sagt, sein Offener Brief sei mißdeutet worden, und er spricht nun die Anerkennung aus, daß die Herzogthümer Schleswig=Holstein zusammengehören, selbstständig sind, und daß Holstein und Lauenburg zum Deutschen Bunde gehören; nur in Betreff des Erbfolgerechts schweigt er. Das Ganze ist sehr elend gerathen und in einer halben Zurücknahme eine vollständige Niederlage. Die entschlossene Haltung der Holsteiner, die Stimmen der Deutschen, besonders aber die Oede und Stille an seinem Geburtsfeste haben den armseligen dicken Christian außer Fassung gebracht. Wird das von ihm Gethane genügen? Schwerlich. Aber jedenfalls hat er die Schlappe davon." (A.a.O., S. 443) Vgl. auch Varnhagens Eintragungen zum Schleswig-Holstein-Konflikt vom 25.3.1848 (Bd. 4, S. 348), vom 6.4.1848 (Bd. 4, S. 370f.) sowie vom 27.7.1850 (Bd. 7, S. 264f.).

100 Ein vorläufiges Ende fanden die Kämpfe mit dem 2. Juli 1850, dem Tag des Friedensschlusses von Berlin zwischen Dänemark und Preußen. Die nun auf sich allein gestellten schleswig-holsteinischen Truppen wurden am 24. und 25. Juli 1850 bei Idstedt vom dänischen Heer besiegt. Varnhagens Aufzeichnungen vom 25. bis 31. Juli 1850 zeigen seine verzweifelte Sympathie für die Volksbewegung gegen die dänische Krone. (Vgl. Bd. 7, S. 262–270) – Vor diesem Hintergrund muss Hothos Brief gelesen werden, zwei Tage nach der Niederlage der Volksbewegung geschrieben.

101 Hotho erinnert hier an Varnhagens Militär- und Diplomatendienste. Varnhagen war 1809 im Krieg gegen Frankreich Offizier im österreichischen Heer und wurde bei Wagram verwundet. 1810 war er Adjutant des Fürsten Bentheim in Paris, 1813 Adjutant des russischen Generals von Tettenborn, 1814 Begleiter

Noth und dem Drange der Zeit, der Viele verwirrt oder beschränkt, glücklich preisen. Soldat u Diplomat, Biograph und Historiker, durch und durch gebildet, in's Alte verwachsen, dem Neuen offen – welch ein Reichtum im Ranquerul der Übrigen.

Mich selbst, der nur eigentlich bis Anno 30[102] zurück schaun kann, tröstet in jetzigen Tagen der Heine'sche Vers:

Das Alles, meine Liebe,

Hab' ich schon einmal gesehn.

Vergeben Sie das gewiß ungenaue Zitat.[103]

In unveränderlicher Verehrung

Ihr

treu ergebener

Berlin, d. 27sten Juli 1850. H. G. Hotho.

---

des preußischen Staatskanzlers Hardenberg zum Wiener Kongress und nach Paris, von 1816 bis zu seiner politisch motivierten Absetzung 1819 preußischer Minister-Resident in Karlsruhe.

102 Hotho bezieht sich auf den historischen Einschnitt der französischen Julirevolution.

103 Aus dem Gedächtnis sehr frei zitiert. Die entsprechende Strophe aus dem Gedicht „Ich wollte bei dir weilen …" lautet: „Glaub nicht, daß ich mich erschieße, / Wie schlimm auch die Sachen stehn! / Das alles, meine Süße, / ist mir schon einmal geschehn." Das Gedicht ist in Heinrich Heines „Buch der Lieder" (1827) im Zyklus „Die Heimkehr" in der römischen Nummerierung als LV abgedruckt. (Zitiert nach: Heinrich Heine: Sämtliche Schriften, 6 Bde., hrsg. von Klaus Briegleb. Hanser: München/Wien 1968–1976, Bd. 1, S. 134.) Diesen Zyklus hat Heine bereits bei der Veröffentlichung im Ersten Teil der „Reisebilder" (1826) Rahel Varnhagen gewidmet, ebenso in der Erstausgabe des „Buchs der Lieder" im folgenden Jahr (a.a.O., S. 650f. u. S. 717). Auch in der Vorrede zur zweiten Auflage von 1837 wiederholt Heine noch einmal die Widmung an die inzwischen verstorbene Rahel (a.a.O., S. 10f.). – Das mit der Nummerierung LV versehene Gedicht Heines ist ein Liebesgedicht, das durch eine ironische Applikation des Goetheschen „Werther" (Stichwort: „erschießen") seine Ambivalenz erhält. Es wird in Hothos Brief allerdings im Zusammenhang mit den schleswig-holsteinischen Kriegshandlungen appliziert. In einem derart veränderten Rahmen konnotiert das Zitat nun politische Zustände, die unerträglich geworden sind, und nicht nur (privates) psychisches Leid. Indem jedoch zugleich die Ironie herausfällt, bleibt bei Hotho nur ein Ton aufgeklärter Resignation zurück.

Abhandlungen

Zur Leiblichkeit des Zeichens: Jacques Derrida in Hegels Pyramide

Claus-Artur Scheier

Ein *Bild* hielt uns gefangen. (Wittgenstein)

Die Einleitung von Derridas Einführung in Hegels Semiologie (1968) besteht aus einem kursiv gesetzten Abschnitt, dessen zwei numerierte Teile jeweils zwei Absätze haben, sowie der in fünf Absätze gegliederten Anzeige von Derridas semiologischer Interpretation der Metaphysik.[1] Sie resultiert aus Derridas Lektüre Husserls wie, im weiteren, Heideggers.[2] Jede Philosophie, heißt es in *signature événement contexte*, setze „voraus die Einfachheit des Ursprungs (origine), die Kontinuität jeder Ableitung, jeder Produktion, jeder Analyse, die Homogeneität aller Ordnungen".[3]

---

1 Jacques Derrida: le puits et la pyramide – introduction à la sémiologie de Hegel, in: Marges – de la philosophie [Marges], Paris 1972, 79–127, hier: 81. Verglichen wurde die deutsche Übersetzung: Der Schacht und die Pyramide – Einführung in die Hegelsche Semiologie, übers. von Günther Sigl, in: Jacques Derrida: Die différance. Ausgewählte Texte, hg. von Peter Engelmann, Stuttgart 2004, 150–217, hier: 152; zuerst in: Jacques Derrida: Randgänge der Philosophie, hg. Peter Engelmann, Wien 1988 (2., überarb. Aufl., Wien 1999).
2 Scheier: Die Grenze der Metaphysik und die Herkunft des gegenwärtigen Denkens, in: Abhandlungen der Braunschweigischen Wissenschaftlichen Gesellschaft (BWG) XLVI, Göttingen 1995, 189–196.
3 Derrida: signature événement contexte [SEC], Marges 365–393, hier: 370.

Die beiden Abschnitte bieten jeweils ein Hegel-Zitat in Derridas Übersetzung mit kurzen Anmerkungen. Das erste Zitat zieht Derrida aus Hegels Logik des *chemischen Processes*, motiviert durch das Vorkommen der Wörter „Zeichen" und „Sprache". Vom mechanischen Verhältnis unterscheidet das chemische Verhältnis sich dadurch, daß seine Momente nicht mehr unmittelbare sind, sondern *in sich reflektiert*, an ihnen selbst unruhig. Indem das chemische Objekt „auf diese Weise *an sich* der ganze Begriff ist, so hat es an ihm selbst die *Nothwendigkeit* und den *Trieb*, sein entgegengesetztes, *einseitiges Bestehen* aufzuheben, und sich zu dem *realen Ganzen* im Daseyn zu machen, welches es seinem Begriffe nach ist".[4]

> Die Mitte, wodurch nun diese Extreme zusammengeschlossen werden, ist *erstlich* die *an sich seyende* Natur beyder, der ganze beyde in sich haltende Begriff. Aber *zweytens*, da sie in der Existenz gegeneinander stehen, so ist ihre absolute Einheit, auch ein *unterschieden* von ihnen *existirendes*, noch formales Element; – das Element der *Mittheilung*, worin sie in äusserliche *Gemeinschaft* miteinander treten.[5]

Es folgt die im ersten Abschnitt der Einleitung zitierte Passage:

> Da der reale Unterschied den Extremen angehört, so ist diese Mitte nur die abstracte Neutralität, die reale Möglichkeit derselben; – gleichsam das *theoretische Element* der Existenz von den chemischen Objecten, ihres Processes und seines Resultats; – im Körperlichen hat das *Wasser* die Function dieses Mediums; im Geistigen, insofern in ihm das Analogon eines solchen Verhältnisses Statt findet, ist

---

4 Hegel: Wissenschaft der Logik [WdL] 3.2.2. A; GW 12, hg. von Friedrich Hogemann und Walter Jaeschke, Hamburg 1981, 148.
5 Ebd. 3.2.2.B.1, 149f.

das *Zeichen* überhaupt, und näher die *Sprache* dafür anzusehen.[6]

Wenn Derrida „vor allem auf Umwegen" vorgehen will, „Texten folgend, die geeigneter sind, die architektonische Notwendigkeit dieser Bezüge zwischen Logik und Semiologie zu demonstrieren" (81), dann ist schon angesichts des zugleich auch auf die *Phänomenologie des Geistes* anspielenden Titels der Einführung daran zu erinnern, daß der logische Fortgang vom Mechanismus über den Chemismus zur Teleologie architektonisch dem phänomenologischen Fortgang vom abstrakten über das lebendige zum geistigen Kunstwerk entspricht.[7] Indem das geistige Kunstwerk das Sprachkunstwerk ist (Epos, Tragödie, Komödie), macht das lebendige Kunstwerk (der schöne Fechter) den *Übergang in die Sprache* (als in die daseiende Allgemeinheit des Geistes) wie, parallel, der chemische Prozeß den *Übergang in die Freiheit der Zwecke*: „Der Begriff, welcher hiemit alle Momente seines objectiven Daseyns als äusserliche aufgehoben und in seine einfache Einheit gesetzt hat, [...] dieser objective freie Begriff ist der *Zweck*".[8]

Zweitens zitiert Derrida aus der Anmerkung zu § 458 der *Enzyklopädie* (1830):

> Gewöhnlich wird das *Zeichen* und die *Sprache* irgendwo als *Anhang* in der Psychologie oder auch in die Logik eingeschoben, ohne daß an ihre Nothwendigkeit und Zusam-

---

6 Ebd. 150.
7 Scheier: Analytischer Kommentar zu Hegels Phänomenologie des Geistes. Die Architektonik des erscheinenden Wissens, Freiburg/München ²1986 (¹1980), 543–564. Die Schlüsse sind: A-B-E (Bildsäule), A-E-B (Kultus), B-A-E (lebendiges Kunstwerk). Zur architektonischen Differenz von *Phänomenologie* und *Logik*: Die Negation im Dasein. Zum systematischen Ort eines methodischen Terminus in Hegels Wissenschaft der Logik, in: Hegels Seinslogik. Interpretationen und Perspektiven, hg. von A. Arndt und Chr. Iber, Berlin 2000, 202–214.
8 WdL 3.2.2.C, 153.

menhang in dem Systeme der Thätigkeit der Intelligenz gedacht würde.[9]

Derrida bemerkt in der Folge, daß Hegels Anmerkungen zu den §§ 458f. „die ganze Theorie des Zeichens" enthalten, und setzt in Klammern hinzu, dies würde Hegel nicht „hindern, etwas weiter unten diejenigen zu kritisieren, die der Semiologie nur den Platz und das Gewicht (importance) eines Anhangs" zubilligten (96). Warum auch? Hegel rügt die gewöhnliche Form des Anhangs, weil darin nicht an „Nothwendigkeit und Zusammenhang in dem Systeme der Thätigkeit der Intelligenz gedacht" werde. Der § 458 des *Grundrisses* „[z]um Gebrauch seiner Vorlesungen" hingegen hat das Zeichen *deduziert*, der § 459 geht fort zur Sprache, und zwar so, daß der Ton mit der Rede identifiziert und die *Sprache* davon unterschieden wird als *System „im Reiche des Vorstellens"* (dem klassischen Analogon des modernen intentionalen Bewußtseins).[10] Die Anmerkungen dazu sind keine Einschübe, sondern Erläuterungen zum „Systeme der Thätigkeit der Intelligenz" als zur „Realität des *Wissens*" (§ 441), für Derrida bezeichnenderweise *also* (donc) „am Rand oder als Appendix der *Logik*" (81).

Der für Hegels Denken konstitutive Unterschied zwischen *Logik* und *Psychologie*, näher *Vorstellung* (§§ 451–464), ist damit suspendiert. Das erhellt Derridas Weigerung, sich überhaupt „in Hegels *Logik* aufzuhalten (séjourner)". Die *Semiologie* möchte zwar im Zentrum (falls man noch so sagen kann) der *modernen Logik* ihren Ort haben oder gar diese Logik selbst sein, wo immer sie sich als *Logik der Welt* denkt, aber unbeschadet des geschichtlich unruhigen Verhältnisses von Logik

---

9 Hegel: Enzyklopädie der philosophischen Wissenschaften im Grundrisse (1830), GW 20, hg. von Wolfgang Bonsiepen und Hans-Christian Lucas, Hamburg 1992, § 458, Anm., 452. Im folgenden werden die §§ im Text zitiert.

10 Eine Derridas Lektüre der Anmerkung zu § 459 fruchtbar machende Metakritik der Hegelschen Semiologie hat vorgelegt Dirk Westerkamp: Symbolische Differenz. Wie intelligent ist die Buchstabenschrift?, in: Ders.: Sachen und Sätze. Untersuchungen zur symbolischen Reflexion der Sprache, Hamburg 2014, 101–137.

und Zeichenlehre[11] war die *spekulative Logik* des klassischen Denkens von Anfang an ein irreduzibles System als die *Differenz der Bewegung des Denkens in* der Sprache *zu* ihr. Dem Parmenideischen *légein te noeîn te*[12] entspricht darum genau Hegels Erinnerung: „Die Denkformen sind zunächst in der *Sprache* des Menschen herausgesetzt und niedergelegt"[13] – ein *Zunächst*, in dem die nachmetaphysische Moderne als an *ihrer* Unmittelbarkeit sich allerdings aufhält.[14]

> Die wahrhafte Stelle des Zeichens ist die aufgezeigte, daß die Intelligenz, welche als anschauend, die Form der Zeit und des Raums erzeugt, aber als den sinnlichen Inhalt aufnehmend und aus diesem Stoffe sich Vorstellungen bildend erscheint, nun ihren selbstständigen Vorstellungen ein bestimmtes Daseyn aus sich gibt, den erfüllten Raum und Zeit, die Anschauung *als die ihrige gebraucht*, deren unmittelbaren und eigenthümlichen Inhalt tilgt, und ihr einen andern Inhalt zur Bedeutung und Seele gibt. (Hegel: Enzyklopädie [1830], § 458, Anm.)

Was ist, fragt Derrida, im Zitat aus der *Logik* zu verstehen unter „Mitte" (milieu), unter „semiologischem Medium" und näher unter „sprachlichem Medium" – handle es sich nun unter dem Namen „Sprache" um das Sprachsystem (langue) oder die Sprache überhaupt (langage)? Er werde sich, sagt er, in der Folge für die *Differenz dieser Verengung* (rétrécissement) interessieren, „um darin unterwegs *zweifellos nur* eine *Veren-*

---

11 Stephan Meier-Oeser: Art. Zeichen I, in: HWPh 12, Basel 2004, Sp. 1155–1171.

12 Parmenides: DK 28, B 6.1.

13 Hegel: WdL (1832), Vorrede, GW 21, hg. von Friedrich Hogemann und Walter Jaeschke, Hamburg 1985, 10.

14 Schon Schopenhauer spricht von Begriffen als von *„Vorstellungen aus Vorstellungen"*, die „durch willkürliche Zeichen fixirt und festgehalten [werden]: dies sind die Worte". – „Die höchsten, d.i. die allgemeinsten Begriffe sind die ausgeleertesten und ärmsten, zuletzt nur noch leichte Hülsen, wie z.B. Seyn, Wesen, Ding, Werden u. dgl. m." (Ueber die vierfache Wurzel des Satzes vom zureichenden Grunde, § 26, in: Werke, hg. von Ludger Lütkehaus, Zürich 1988, 107f.)

gung der Differenz zu entdecken: andrer Name für das Medium des Geistes" (81, Herv. v. Vf.) – als sei die Metaphysik *nur* ein Grenzfall des unverengten Denkens im Sinne Derridas, wie man zu seiner Zeit noch gern versicherte, die Aristotelische Logik sei nur ein Grenzfall der modernen Logik oder die Newtonsche Physik ein Grenzfall der modernen.

Derridas Denken hat seine eignen *rétrécissements,* welches Denken hätte keine? Solche Verengungen motivieren das Denken allererst, sind mit Kant gesprochen seine (geschichtlichen) Bedingungen der Möglichkeit in der offenen Topologie des Denkens überhaupt.[15] Als mehr oder minder loses Geflecht psychoanalytischer Insinuationen durchzieht Derridas Texte eine (von Nietzsche zu seiner Zeit meisterhaft geübte) *Konjekturalpsychologie* der älteren Denker,[16] die mittlerweile deutlich Patina angesetzt hat. Im Rückblick trifft nicht ein (imaginär) uneingeengtes Denken auf ein (traditionell) eingeengtes, sondern ein sich beschreibender geschichtlicher Ort begegnet einem schon beschriebenen, der sich als eine seiner *condiciones sine qua non* öffnet.[17] Die *Idee* – oder modern mit Roland Barthes gesprochen: das Intellektuell-Imaginäre[18] der ganzen Neuzeit von Ockham und Cusanus bis Hegel – war *das absolute Kontinuum des aktual Unendlichen.* Dies ist es, was

---

15 Bündig dazu Westerkamp (o. Fn. 10): „Es gibt Gedanken, auf die eine stets *geschichtlich* situierte Argumentationsgemeinschaft, mag sie *idealiter* auch als unendliche unterstellt werden, nicht verfallen *kann*, weil ihre alethischen Evidenzhorizonte in demselben Maße Erkenntnismöglichkeiten eröffnen, wie sie andere zugleich verdecken." (228f.)

16 Z.B. *La Pharmacie de Platon* (1968), in: La dissémination, Paris 1972, 69–198. Freilich wendet Derrida sich im Interesse „eine[r] neue[n] Analyse des Eigennamens und der Signatur" gegen „Biographische Romane oder Psycho-Biographien, die sich anheischig machen, Rechenschaft zu geben von der Genese des Systems im Anhalt an empirische Prozesse psychologistischen, ja psychoanalytistischen, historizistischen oder soziologistischen Typs" (Otobiographies. L'enseignement de Nietzsche et la politique du nom propre, Paris 1984, 40).

17 Scheier: Luhmanns Schatten – Zur Funktion der Philosophie in der medialen Moderne, Hamburg 2016.

18 Roland Barthes: Eléments de sémiologie [Eds] [1965], in: Oeuvres complètes. Nouvelle éd. par Éric Marty, Paris 2002 [OC], t. II, 631–704, hier: 637f.

Zur Leiblichkeit des Zeichens: Jacques Derrida in Hegels Pyramide

Hegel derartig zu Ende gedacht hat, daß das auf ihn folgende Denken nurmehr ein radikaler Neuanfang im hiermit eröffneten Feld eines *anderen Logos* sein konnte als in einem von nun an *diskontinuierlichen Feld*.[19] Davon geht Derrida aus, das ist sein *vouloir-dire*, und darin ist ihm (nicht ohne Vorsicht) zu folgen. Geschichtlicherweise will dies sagen, daß sich der eigne geschichtliche Ort und die früheren verhalten als *andre zu einander*, daß mithin von Nachbarschaft die Rede sein sollte – und die Nachbarschaft lädt ein zu der von Derrida sonst gern angemahnten Gastfreundschaft (hospitalité), während er hier (merklich irritiert) nichts anderes als ein *Nur* sehen will: nichts anderes als ein *rétrécissement*.

Begreiflich machen läßt sich dies gleichwohl durch die Vermutung, Derridas *déconstruction* habe sich nicht aus der Leibeigenschaft[20] des Heideggerschen Denkens: von dessen Axiom der *Kontinuität von Metaphysik und Technowissenschaft*, lösen können. Auch in der Einführung macht sich dies geltend als der Schein einer semiologischen Kontinuität von Aristoteles bis Saussure einschließlich der akademischen Sprachwissenschaft des 20. Jahrhunderts.[21] Jedenfalls verfährt Derrida hier wie sonst:

(1a) Er homogenisiert den geschichtlichen Denkraum als „die Metaphysik",
(1b) deren paradigmatische Fassung die Phänomenologie Husserls ist;[22]

---

19 Scheier: Unterwegs zur Logik der Moderne – Feuerbachs Abschied von der Copula, in: Pragmata. Festschrift für Klaus Oehler zum 80. Geburtstag, hg. von Kai-Michael Hingst und Maria Liatsi, Tübingen 2008, 317–324.

20 Mit Bezug auf Jacques Lacans „serf du langage" (Leibeigner der Sprache) in: L'instance de la lettre dans l'inconscient ou la raison depuis Freud (1957), in: Écrits I. Nouvelle édition, Paris 1999 (¹1966), 492.

21 Ausführlich Derrida: De la grammatologie, Paris 1967.

22 Die „Geschichte der Metaphysik und [...] deren modernste, kritischste und wachste Gestalt: die transzendentale Phänomenologie Husserls" (Derrida: Implications, entretien avec Henri Ronse [1967], in: Positions, Paris 1972, 9–24, hier: 13).

(2a) er unterstellt das Schriftfeld als *das* geschichtslos wahre Feld (die écriture),

(2b) dessen Elemente, die Zeichen, von der Metaphysik idealisiert worden seien;

(3a) er interpretiert diese Idealisierung als die *Verdrängung* des Anderen in der Gestaltlosigkeit der unhintergehbaren Differenz, der *différance*,

(3b) deren *effet* die radikale Endlichkeit = der Tod „des" Subjekts sei.

(4a) Indem er so seinen eignen geschichtlichen Ort entgeschichtlicht, d.h. seinerseits (notwendig sekundär) metaphysiert, setzt er ihn voraus als die *an sich* immer schon offenbare Wahrheit, metaphysisch gesprochen als

(4b) den *intellectus*, der die *geschichtlichen* Wahrheitsgestalten, die *res*, mit sich vergleicht und ihre „Verengung" feststellt: *keine adaequatio.* Diese Retrojektion der gegenwärtigen (reflektiert-strukturalistischen) Gewißheit (*certitudo*) als geschichtliche Wahrheit (*veritas*) sedimentiert sich in der Formel, daß

alle Begriffe, deren Allgemeinheit man die Schrift *unterordnete* [...], als unkritisch, nicht wohlgeformt oder vielmehr dazu bestimmt [erscheinen], die *Autorität und die Macht* eines gewissen historischen Diskurses zu *sichern*[.][23]

Nach Derridas semiologisch nivelliertem Konzept ist die Metaphysik eine *Theorie* und gehorche als solche dem Primat des Sehens. Darin liege, daß ihre Sache, das Seiende (*tò ón*), *Anwesendes* sei (*parón*). Das metaphysisch gedachte Zeichen stehe zwar für ein hier-und-jetzt Abwesendes, aber solche Abwesenheit sei verschwindend und verlange nach *Wiederaneignung.* Dies ganze reale Verhältnis unterstehe der (mithin unsichtbaren) Idealität des *Logos*, seinen „transzendentalen Si-

---

23 Derrida: SEC, Marges 374 (Herv. v. Vf.).

Zur Leiblichkeit des Zeichens: Jacques Derrida in Hegels Pyramide

gnifikaten". Soweit im wesentlichen noch mit Heidegger.[24] Die Zutat Derridas ist die in der Analyse der Husserlschen Untersuchungen von Ausdruck und Bedeutung und der Ursprünglichkeit des „transzendentalen Ego" gemachte Entdeckung,[25] daß dieser Logos den Charakter des *Bedeutens* habe und das Bedeuten ein *Sagen-wollen* (vouloir-dire) sei – und zwar mit dem *Telos des Sich-sprechen-hörens* (*s'entendre-parler*): Heideggers in *Unterwegs zur Sprache* (1959) angelegte Fortbestimmung der ursprünglichen Sprache zur *Schrift* wird dadurch explizit, und Derridas facettenreiches Werk zieht die (für das Selbstverständnis der sich formierenden medialen Moderne überaus erhellenden) Konsequenzen.

In dieser begrenzten aber relativ langen Sequenz, die man die Metaphysik nennt, hat das Zeichen also Gegenstand einer *Theorie* werden können, es konnte betrachtet (considéré), in den Blick genommen (regardé) werden als etwas oder als ausgehend von etwas, das sich zu sehen gibt (se donne à voir) in der Anschauung (intuition), nämlich vom Anwesenden (l'étant-présent): eine Theorie des Zeichens *ausgehend* vom Anwesenden, aber auch und im selben Atemzug (du même coup) *angesichts* (en vue) des Anwesenden, angesichts der Anwesenheit, wobei das Sein-angesichts (l'être-en-vue) ebenso eine gewisse theoretische Autorität des Blicks markiert wie die letzte Instanz der Hinsicht, das *télos* der Wiederaneignung, die Weihe (ordinati-

---

24 Vgl. die beiden in *Marges* vorangesetzten Texte *la différance* (1–29) und *ousia et grammè – note sur une note de Sein und Zeit* (21–78).

25 Vor allem in der Einleitung zu Husserls „Ursprung der Geometrie" (*Edmund Husserl: L'origine de la géometrie*, trad. et intr. par Jacques Derrida, Paris 1962) und in *La voix et le phénomène. Introduction au problème du signe dans la phénoménologie de Husserl* (1967). Hierzu Scheier: Die Nymphe Echo. Genealogische Bemerkungen zu Derridas Kritik an Husserls „Stimme", in: Kunst und Wahrheit. Festschrift für Walter Biemel zu seinem 85. Geburtstag, hg. von Madalina Diaconu (= Studia Phaenomenologica. Romanian Journal for Phenomenology), Bukarest 2003, 233–247.

109

on) der Theorie des Zeichens im Licht der Parusie. Eine Weihe auch, als Logik, in der unsichtbaren Idealität eines Logos, der sich-sprechen-hört, ganz nah bei sich selbst, in der Einheit des Begriffs und des Bewußtseins. (83)

Derridas *Text* räumt damit *terminologisch* ein, daß das neuzeitliche Denken in der Tat gar nicht *sich* sprechen hören will, sondern den *Logos in ihm* – wie Hegels Sprache sich zum Schluß der *Enzyklopädie* (1830) ins Wort „genießt" zurücknimmt und rein *den andern* sprechen läßt.[26] Darin realisiert das aus der Diskursivität freigesetzte System das *„Speculative"* (§§ 79–82). Die von Derrida apostrophierte „Einheit des Begriffs und des Bewußtseins" ist *ihrem* Begriff nach Kants Imperativ der Einheit von Persönlichkeit und Person,[27] wie Hegel sie erinnert in der Darstellung der absoluten Idee.[28]

Natürlich erweist der Blick in einschlägige Texte von den Vorsokratikern bis Hegel und zum späten Schelling die *Idealität* des Logos seit Heraklit und die *Transzendentalität* der Begriffe. Richtig ist auch, daß die Metaphysik *theôría* ist und also wie das klassische Denken im ganzen ausgeht von der prinzipiellen *Anschaulichkeit* der Welt, wie dies bis zur Erfindung und seriellen Produktion von Motoren, in einer Welt

---

26 GW 20, 572. Vgl. Phänomenologie des Geistes [PhG] VIII: „Das Wissen kennt nicht nur sich, sondern auch das negative seiner selbst, oder seine Gräntze. Seine Gräntze wissen, heißt sich aufzuopfern wissen." (GW 9, 433)

27 Kant: Die Religion innerhalb der Grenzen der bloßen Vernunft, Erstes Stück, I. Von der ursprünglichen Anlage zum Guten in der menschlichen Natur (B 18f.), Zweites Stück, Erster Abschnitt, a) Personifizierte Idee des guten Prinzips (B 73f.)

28 „Der Begriff ist nicht nur *Seele*, sondern freyer subjectiver Begriff, der für sich ist und daher die *Persönlichkeit* hat, – der praktische, an und für sich bestimmte, objective Begriff, der als Person undurchdringliche, atome Subjectivität ist, – der aber ebensosehr nicht ausschliessende Einzelnheit, sondern für sich *Allgemeinheit* und *Erkennen* ist, und in seinem Andern *seine eigene* Objectivität zum Gegenstande hat." (WdL 3.3.3, GW 12, 236)

Zur Leiblichkeit des Zeichens: Jacques Derrida in Hegels Pyramide

also des ausschließlich handwerklich-manufakturiellen Produzierens auch gar nicht anders sein konnte.[29]

Gleichwohl ist diese Auskunft unzureichend. Denn die Philosophie ist nicht nur von Anfang an eine Auseinandersetzung mit dem *mythos* (der tradierten *Rede* von der Welt), vielmehr produziert der *lógos* in seiner geschichtlichen Evolution auch immer seinen eignen *mythos*, der als solcher dem *Glauben* zugeordnet wird. Das ganze Verhältnis ist in immer andrer Gestalt das von Logos *und* Mythos, wie es sich zuletzt noch in Schellings späten Vorlesungen zur *Philosophie der Mythologie* und *Offenbarung* darstellt. Von daher versteht sich, daß der Ab- und Umbau traditioneller Wissensstrukturen, wie er epochal im Hellenismus, in den ersten drei Jahrhunderten der Neuzeit und wieder im 18. und 19. Jahrhundert zu beobachten ist, zu einer jeweils neuen Insistenz auf dem Glauben, mithin zu einer Akzentuierung des *Hörens* (als Lesen, nämlich der „heiligen Schriften") führt.[30]

Unscheinbarer, aber entscheidend für das Hören auf das klassische Denken und das sich Zeigenlassen des von ihm Gesehenen ist die Rede von der *Anwesenheit*. Heidegger nämlich hat unterstellt, *Sein* besage seit der frühen griechischen Dich-

---

29 Scheier: Die Metaphysik und der Motor, in: Ders.: Die Metaphysik und der Motor. Ausgewählte Aufsätze (1988–2018). Hg. von Nicole C. Karafyllis, Baden-Baden 2022, 49–65.

30 Ein markant *sensualistisches* Beispiel dieser jeweiligen Kritik des Sehens vom Hören her ist Diderots *Lettre sur les aveugles à l'usage de ceux qui voyent* (1749). Im übrigen verdeutlicht der philosophisch mit Schopenhauer manifest werdende Epochenwechsel vom 18. zum 19. Jahrhundert auch die Bedeutung der Musik in diesen beiden Jahrhunderten und die geschichtliche Bestimmung des von Derrida für die Metaphysik diagnostizierten *Phonozentrismus*, der ein charakteristischer Zug erst der industriellen Moderne bis zu Nietzsche ist. – Scheier: Die Geburt des Phonozentrismus aus dem Geiste der Schopenhauerschen Sexualität, in: Heide Heinz, Christoph Weismüller (Hg.): Psychoanalyse – und wie anders? Texte-Gaben zum 70. Geburtstag von Rudolf Heinz, Düsseldorf 2009, 94–102; Zwischen Abgrund und Phonozentrismus. Orte der Musik bei Schopenhauer, Nietzsche, Adorno und Derrida, in: Matthias Koßler (Hg.): Musik als Wille und Welt. Schopenhauers Philosophie der Musik, Beiträge zur Philosophie Schopenhauers, hg. von Dieter Birnbacher und Matthias Koßler, Band 10, Würzburg 2011, 223–234.

tung und Philosophie „bis heute dasselbe wie Anwesen".[31]
Entsprechend hieß es schon in der *Einführung in die Metaphysik*:

> Alle [...] Bestimmungen des Seins gründen [...] in dem
> und werden zusammengehalten durch das, worin die Griechen fraglos [sic] den Sinn des Seins erfahren und was sie
> *ousía*, voller *parousía*, nennen. [...] Wir haben für *parousía*
> den gemäßen deutschen Ausdruck in dem Wort An-wesen.
> [...] Etwas west an. Es steht in sich und stellt sich so dar.
> Es ist. ‚Sein‘ besagt im Grunde für die Griechen Anwesenheit.[32]

Das klingt unverfänglich, aber bei genauerer Betrachtung erweist sich, daß das Sein in diesem „bis heute" nicht mehr
griechisch, überhaupt nicht mehr metaphysisch gedacht wird,
sondern *funktional*.[33] Heidegger oktroyiert dem *pareînai* die
(*praktisch* schon vom Pragmatismus axiomatisierte) moderne
Funktion im Sinn Luhmanns, „daß die Selbstbeschreibung
der Gesellschaft von Was-Fragen auf Wie-Fragen umgestellt
werden muß [...]: wie, durch wen und mit Hilfe welcher

---

31 Heidegger: Zeit und Sein [ZuS], in: Zur Sache des Denkens, Tübingen 1969,
1–25, hier: 2.

32 Heidegger: Einführung in die Metaphysik, Tübingen 1966 (¹1953), 46. Prägnanterweise ist *parousía* die Anwesenheit von einem in einer Gruppe, *Menge*, im
Neuen Testament bezogen auf die Anwesenheit Christi (in der Gemeinde).

33 Schon für Heraklit ist nicht der *lógos* abwesend, sondern die *Menschen*, die „nicht
zusammenbringen" (die *axýnetoi*), sind „anwesend abwesend" (*pareóntas apeînai*,
DK 22: B 34) bei *ihm*; für Parmenides ist das für die Sterblichen „ungeschieden
Abwesende für die Vernunft anwesend" (*hómôs apeónta nóôi pareónta*, DK 28:
4.1). Vom Plural unterscheiden beide das Sein im Singular (wie Aristoteles
nachmals das *òn hêi òn*, Met. IV, 1003a21). Um zum reinen Sein-für-uns der
Gebrauchsdinge (*chrêmata*) zu gelangen, mußte die frühe Sophistik das Seiende
bezeichnenderweise sogar eigens ausschließen (Gorgias). Dagegen optierte die
sokratische Was-Frage (*tí estin*): Sie zielt auf das Seiende als *Voraussetzung* allen
Seins-für-uns und damit auf den *Grund* (*aitía, aítion*). Heideggers „Schritt zurück"
ins „Sein als Sein" führt darum ins „Ungedachte" der Metaphysik nur als in ein
modernes *Analogon* des von ihr sehr wohl Gedachten. Was, ließe sich Heideggers
„Seinsfrage" reformulieren, vermag den in der Moderne ausbleibenden *Grund* zu
supplementieren?

Unterscheidungen sie beschrieben wird".[34] *Funktionen sind Modi der Anwesenheit.* Je anders west die Funktion (das „Sein des Seienden") beim Argument an (dem „Seienden in seinem Sein"), das Argument bei der Funktion (die *Differenz* zwischen beiden bleibt intakt, weil sie als solche *nie anwest*: Heideggers „Sein als Sein").

Auch die Rede von *Wieder*aneignung (*réappropriation*) ist irreführend.[35] Die Theorie des Zeichens, sagt Derrida (84), gehöre „in die Wissenschaft desjenigen Moments, worin die Idee zu sich zurückkommt, nachdem sie, wenn man so sagen kann, das Bewußtsein verloren hat (*perdu*), das Bewußtsein und den Sinn [!] ihrer selbst in der Natur verloren hat, in ihrem Anderssein". Man *kann* es nicht so sagen, und Derrida selbst unterstreicht, daß das mit Hegel gedachte Zeichen weder ein „Abfall" (*déchet*) ist noch ein „empirischer Zufall" (*accident empirique*) (92f.).[36] Zwar hat Schelling, dessen nachfichtesche *Anthropo*-Theo-Gonie den Ort des absoluten *Vorstellens* im Finale des neuzeitlichen Denkens beschreibt, in *theogonischer* Absicht vom „Abfall" gesprochen,[37] aber in Hegels *theologischem* Ort gilt dies nicht: „das absolute Wesen hätte nur diesen leeren Nahmen, wenn es in Wahrheit ein ihm *Anderes*, wenn es einen *Abfall* von ihm gäbe".[38] In der Anmerkung zum § 248 der *Enzyklopädie* heißt es:

---

34 Niklas Luhmann: Die Gesellschaft der Gesellschaft, Frankfurt/M. 1998, 995.

35 Wird im Geist der *Psychologie* (III. C) „das *Wissen* als der Begriff genommen, so ist dessen Realität diese [schlechthin unendliche *objective*, Herv. v. Vf.] *Vernunft* und die Realisirung des Wissens sich dieselbe *anzueignen* [Herv. v. Vf.]" (§ 441).

36 Zur Bedeutung dieses „verloren" (im Sinn von abgestreift, hinter sich gelassen) siehe § 412.

37 Schelling: Philosophie und Religion (SW 6, 38): „Das Absolute ist das einzige Reale, die endlichen Dinge dagegen sind nicht real; ihr Grund kann daher nicht in einer *Mittheilung* von Realität an sie oder an ihr Substrat, welche Mittheilung vom Absoluten ausgegangen wäre, er kann nur in einer *Entfernung*, in einem *Abfall* von dem Absoluten liegen."

38 PhG VII.C. Die offenbare Religion, Abs. 33, GW 9, hg. von Wolfgang Bonsiepen und Reinhard Heede, Hamburg 1980, 415.

Die Natur ist *an sich*, in der Idee göttlich, aber wie sie *ist*, entspricht ihr Seyn ihrem Begriffe nicht; sie ist vielmehr der *unaufgelöste Widerspruch*. Ihre Eigenthümlichkeit ist das *Gesetztseyn*, das Negative, wie die Alten die Materie überhaupt als das *non-ens* gefaßt haben. So ist die Natur auch als der *Abfall* der Idee von sich selbst, ausgesprochen worden, indem die Idee als diese Gestalt der Aeußerlichkeit in der Unangemessenheit ihrer selbst mit sich ist.[39]

Spekulativ denkt Hegel dies hingegen so:

Die absolute *Freiheit* der Idee aber ist, daß sie [...] in der absoluten Wahrheit ihrer selbst sich *entschließt*, das Moment ihrer Besonderheit oder des ersten Bestimmens und Andersseyns, die *unmittelbare Idee* als ihren Wiederschein, sich als *Natur* frei *aus sich zu entlassen*. (Enzyklopädie [1830], § 244)

Die Idee ‚verliert' „das Bewußtsein und den Sinn ihrer selbst" schon darum nicht, weil sie *als Idee* weder das eine noch den andern *hat*. Beide sind Gestalten der Reflexion aus ihrer natürlichen Unmittelbarkeit (noch einmal der Parmenideische Fortgang vom *légein* zum *noeîn*) und gehören damit der Philosophie des *endlichen* Geistes an. Der Gedanke der Rückkehr, logisch der Reflexion, büßt erst in der Moderne eine Legitimität ein, die er metaphysisch an der Bestimmung Gottes als *causa efficiens* = *causa finalis* und in der Sprache der Monotheismen an der *Verheißung* hat (Heidegger wird sie zum „dichterischen" *Zuspruch* umdenken). Den Terminus *réappropriation* braucht Derrida im Blick auf die durchgängige Ökonomisierung der Welt seit der industriellen Revolution, auf

---

39 In der Enzyklopädie (1817) hieß es noch: „Mit Recht ist die Natur überhaupt als der *Abfall* der Idee von sich selbst bestimmt worden, weil sie in dem Elemente der Aeusserlichkeit die Bestimmung der Unangemessenheit ihrer selbst mit sich hat" (§ 194, Anm., GW 13, hg. von Wolfgang Bonsiepen und Klaus Grotsch, Hamburg 2000, 114) – zurückzulesen auf § 192, der den Übergang von der Wissenschaft der Logik zur Philosophie der Natur macht. Jedenfalls gehört die Rede vom Abfall schon in Hegels Jenaer Schriften nicht dem spekulativen Wissen, sondern dem *religiösen Vorstellen* an und hat *nur daran* ihre Legitimität.

Zur Leiblichkeit des Zeichens: Jacques Derrida in Hegels Pyramide

ihren „ökonomischen Zirkel", nicht zuletzt auf Heideggers „Ereignis" und „Enteignis".[40] Vorausgesetzt ist das seit Marx gedachte entfremdete Tauschverhältnis, wie es etwa Derridas Überlegungen zur Möglichkeit der Gabe in *La fausse monnaie* zugrundelegen.[41]

Angesichts der provozierenden Nachbarschaft muß Derrida zudem daran gelegen sein, Hegels Zeichenlehre im Echoraum Lacans zu psychologisieren – notwendig wieder im unterstellten geschichtlichen Kontinuum:

> Die traditionelle Wiederholung der Geste, kraft deren man die Semiologie von einer Psychologie abhängen läßt, ist nicht nur das Vergangensein des Hegelianismus. Ihr gehorcht (s'y conforme) noch das, was sich oft als Überwindung des Hegelianismus ausgibt, sogar als metaphysikfreie Wissenschaft. (86)

Abgesehen davon, daß die metaphysische Psychologie[42] etwas andres war als die industrielle – wie auch der Mensch des „alten Europa" ein andrer als „das *noch nicht festgestellte Thier*"[43] –: das mit Hegel gedachte *Zeichen* hat seine höchste Bedeutung noch gar nicht im subjektiven, sondern erst im objektiven und dann im absoluten Geist, nämlich als *Vorstellung* überhaupt: „Die für sich nicht wirkliche, sondern meinen Willen nur *vorstellende* Besitznahme ist ein *Zeichen* an der Sache, dessen Bedeutung seyn soll, daß Ich meinen Willen in sie

---

40 Siehe Heidegger: ZuS 22f., Protokoll zu einem Seminar über den Vortrag, 27–60, hier: 44, 58.

41 Derrida: Donner le temps, 1. La fausse monnaie, Paris 1991.

42 Ohnehin die Aristotelische oder *psychologia rationalis* (wie sie in der Moderne nur vom Neuthomismus fortgeschrieben wurde), als deren eigentlich *modernes* Analogon Husserls *phänomenologisches* Projekt der Logik der Funktion folgt und nicht der Logik der Copula.

43 Nietzsche: Jenseits von Gut und Böse, Nr. 62, vgl. Nr. 197.

gelegt habe."[44] Über die *Kunst* heißt es im § 556 der *Enzyklopädie* (1827):

> Die unmittelbare Gestalt dieses Wissens ist die der *Anschauung* und *Vorstellung* des *an sich* absoluten Geistes als des *Ideals*, – der aus dem Geiste gebornen concreten Gestalt, in welcher die natürliche Unmittelbarkeit nur *Zeichen* der Idee, zu deren Ausdruck so durch den einbildenden Geist verklärt ist, daß die Gestalt sonst nichts anderes an ihr zeigt; – die Gestalt der *Schönheit*.[45]

Entsprechend gibt es in der *Religion* – Hegel kommt darauf zu sprechen bei Gelegenheit der „Religion der Schönheit" – das Orakel aus dem Bedürfnis

> einer Bestimmung *von Außen* und von einem Höhern als das Individuum ist, nämlich eines äußerlichen, entscheidenden und bestimmenden *Zeichens*. […] Die äußere Erscheinung, die dem Zwecke, die Bestimmung für das Handeln zu finden, am nächsten liegt, ist ein *Tönen*, Klingen, eine Stimme, *ómphê*

– als „*das Unerwartete, Plötzliche*"[46] die *unmittelbare* Erscheinung des *lógos* von außen.

Auf dem Umweg über Saussure und Hjelmslev, der früh auf die psychologistischen Voraussetzungen der Saussureschen Linguistik aufmerksam geworden war, kommt Derrida auf den Ort der Hegelschen „Semiologie" zu sprechen – eine nicht ganz unbesehen brauchbare Etikettierung. Als reine Zeichenlehre ist die Semiologie oder Semiotik eine moderne Wis-

---

44 Hegel: Grundlinien der Philosophie des Rechts, § 58, GW 14,1, hg. von Klaus Grotsch und Elisabeth Weisser-Lohmann, Hamburg 2009, 65, vgl. § 78, 80.
45 Hegel: GW 19, hg. von Wolfgang Bonsiepen und Hans-Christian Lucas, Hamburg 1989, 392, vgl. Enzyklopädie (1830), § 556.
46 Hegel: Vorlesungen über die Philosophie der Religion, Werke, Band 12, Berlin ²1840, 144f.

senschaft,[47] und die *Lehre vom Begriff* des Zeichens ist noch keine selbständige *Wissenschaft vom Zeichen.* Die Wissenschaft, in die dieser Begriff bei Hegel gehört, ist die *psychologia rationalis.* Derridas Vagheit in diesem Punkt läuft auf ein doppeltes Quidproquo hinaus, weil er 1. die *philosophische* Wissenschaft von der Seele mit der Psychologie schlechtweg identifiziert, die er 2. im Sinn der französischen *psychanalyse*[48] versteht (etwa mit der Lizenz, die *Aufhebung* der Natur in den Geist als „Verdrängung" zu diagnostizieren: *la supprimant et la retenant à la fois,* 87). Wenn Hegel ferner das Zeichen unter dem Begriff der Einbildungskraft abhandelt, will Derrida „präzisieren", daß dies eine „Phantasiologie oder eine Phantastik" sei (88).[49]

---

47 Zu den Vorstufen vgl. Stephan Meier-Oeser: Art. Semiotik, Semiologie, in: HWPh, Band 9, Basel 1995, Sp. 601–608. Interessanterweise ist die Rede von der *sêmeiôtikê* medizinischer, bis auf Galen zurückzuverfolgender Herkunft; sie gehört ferner „zum gängigen Themenkanon der protestantischen Schulmetaphysik". Zumeist wird der Begriff auf Locke zurückgeführt (Essay concerning Human Understanding, IV.21, § 4), der sie mit der Logik gleichsetzt. Baumgarten nennt die *scientia signorum* auch *semiotica, semiologia philosophica, symbolice* [*symbolikê*] und, mit Leibniz, *characteristica* (Met., ⁵1763, § 349).

48 Tut man ihr unrecht, wenn man diese spezifisch französische Variante der Psychoanalyse als Urenkelin jener Moralistik des *âge classique* betrachtet, die Nietzsche so „unzeitgemäß" geliebt hat? Siehe auch Michel Foucault: Folie et Déraison. Histoire de la folie à l'âge classique, Paris 1961.

49 In der Enzyklopädie (1817) hatte Hegel den subjektiven Geist als Seele, Bewußtsein und (theoretischen und praktischen) Geist unterschieden. 1827 sind diese drei Titel zu Untertiteln der Wissenschaften Anthropologie, Phänomenologie des Geistes und Psychologie geworden. Das ist insofern bemerkenswert, als die Anthropologie nicht mehr verstanden wird als Lehre vom Menschen überhaupt, sondern von seiner natürlichen, fühlenden und wirklichen (leiblichen) Seele, die Phänomenologie des Geistes sich – anders als die umfassende Anabasis dieses Namens – auf die begrifflichen Strukturen von Bewußtsein, Selbstbewußtsein und Vernunft beschränkt und die Psychologie die Seele nurmehr im Sinn des platonischen *logistikón* denkt. Hegel will, offenbar im Blick auf den namentlich durch Rousseau angestoßenen anthropologischen Diskurs des 18. Jahrhunderts (vgl. Kant: Logik, Einleitung, A 25), eine entschieden nicht-anthropologische, nicht-psychologische Voraussetzung schaffen für den objektiven und absoluten Geist: Der Mensch ist das *Subjekt* des Geistes nur als sub-jectum des *Geistes.*

Auf das Zeichen kommt die *Enzyklopädie* zum erstenmal anläßlich des Übergangs des Begriffs (als Einzelnheit) ins Urteil zu sprechen:

> Die gewöhnlichen Arten von *klaren, deutlichen* und *adäquaten* Begriffen, gehören nicht dem Begriffe sondern der Psychologie in sofern an, als unter klarem und deutlichem Begriffe *Vorstellungen* gemeint sind, unter jenem eine abstracte, einfach bestimmte, unter diesem eine solche, an der aber noch ein *Merkmal*, d. i. irgend eine Bestimmtheit zum Zeichen für das *subjective* Erkennen herausgehoben ist. Nichts ist so sehr selbst das Merkmahl der Aeußerlichkeit und des Verkommens der Logik, als die beliebte Kategorie des *Merkmahls*. (§ 165 Anm.)[50]

Die nächste Erwähnung findet sich bei der Bestimmung der wirklichen Seele:

> Die Seele ist in ihrer durchgebildeten und sich zu eigen gemachten Leiblichkeit als *einzelnes* Subject für sich, und die Leiblichkeit ist so die *Aeußerlichkeit* als Prädicat, in welchem das Subject sich nur auf sich bezieht. Diese Aeußerlichkeit stellt nicht sich vor, sondern die Seele, und ist deren *Zeichen*. (§ 411)[51]

Im folgenden Paragraphen heißt es dann:

> Die Seele, die ihr Seyn sich entgegengesetzt, es aufgehoben und als das ihrige bestimmt hat, hat die Bedeutung der *See-*

---

50 Der letzte Satz ist ein Zusatz der 1830er Fassung, der im besonderen auf das Erscheinen von Jakob Friedrich Fries' *System der Logik* in dritter Auflage 1827 reagiert, aber auch ganz allgemein die empfindsame Anthropologisierung der *ratio naturalis*, die Popularisierung der Leibnizschen Philosophie im Auge hat. Hierzu Scheier: Das anthropologische Prinzip – zum geschichtlichen Ort von Mendelssohns Metaphysik, in: Text + Kritik, Sonderband: Moses Mendelssohn, hg. von Heinz Ludwig Arnold, V/11, München 2011, 126–139.

51 Konkret hierzu PhG, V.A.c. Beobachtung der Beziehung des Selbstbewusstseyns auf seine unmittelbare Wirklichkeit; Physiognomik und Schädellehre, GW 9, 171–192.

le, der *Unmittelbarkeit* des Geistes, verloren. [...] Diß Fürsichseyn der freien Allgemeinheit ist das höhere Erwachen der Seele zum *Ich*, [...] Subject seines Urtheils [...], in welchem es die natürliche Totalität seiner Bestimmungen als ein Object, eine *ihm äußere* Welt, von sich ausschließt und sich darauf bezieht, so daß es in derselben unmitttelbar in sich reflectirt ist, – das *Bewußtseyn*. (§ 412)

Das Bewußtsein ist sinnliches Bewußtsein (§§ 418f.), Wahrnehmen (§§ 420f.), Verstand (§§ 421f.), Selbstbewußtsein (§§ 424–437) und Vernunft. Diese ist „die einfache Identität der Subjectivität des Begriffs und seiner *Objectivität* und Allgemeinheit" (§§ 438) – wie sie *a limine* ausgeschlossen ist in der Moderne. Hier sagt Hegel:

Das Fortschreiten des Geistes ist *Entwicklung*, insofern seine Existenz, das *Wissen*, in sich selbst das an und für sich Bestimmtseyn d. i. das Vernünftige zum Gehalte und Zweck hat, also die *Thätigkeit des Uebersetzens* [Herv. v. Vf.] rein nur der formelle Uebergang in die Manifestation und darin Rückkehr in sich ist. (§ 442)

Von dieser *Rückkehr* heißt es 1827: „In sofern das *Wissen* als die absolute Form ist, so ist dieses Uebersetzen im *Begriffe* die *Erschaffung* überhaupt." (§ 442) Die *Enzyklopädie* (1830) fährt, den 1827er Text nur leicht variierend, fort: „In sofern das Wissen mit seiner ersten Bestimmtheit behaftet, nur erst *abstract* oder *formell* ist, ist das Ziel des Geistes, die objective Erfüllung und damit zugleich die Freiheit seines Wissens *hervorzubringen*" (§ 442) – Übersetzen, formeller Übergang, Erschaffung, Hervorbringen: von Derridascher *réappropriation* keine Spur.

Das wird noch einmal deutlich in den beiden die Einleitung zur Psychologie abschließenden Paragraphen. Wie das Bewußtsein (der Phänomenologie) an der natürlichen Seele (der Anthropologie) seinen Gegenstand hat, ist seinerseits das Bewußtsein, das erst „*an sich* die Identität des Ich mit seinem Andern ist" (§ 443), der Gegenstand des (fürsichseienden) Geistes: „Seine *Productionen* [Herv. v. Vf.] sind nach der Vernunftbestimmung, daß der Inhalt sowohl der *an sich seyende*, als nach der Freyheit der *seinige* seye" (§ 443),[52] noch „formell" (§ 444) und als Produktionen des erst subjektiven Geistes *entweder* nach innen *oder* nach außen gerichtet. Nach *innen* handelt es sich „um das Gewinnen der abstracten Selbstbestimmung" (theoretisch) und ihrer Allgemeinheit (praktisch), nach

> außen, indem der subjective Geist Einheit der Seele und des Bewußtseyns, hiemit auch *seyende*, in Einem anthropologische und dem Bewußtseyn gemäße Realität, ist, sind seine Producte im theoretischen das *Wort*, und im praktischen (noch nicht That und Handlung) *Genuß*.[53]

Sprache und *Zeichen* haben ihren Hegelschen Ort mithin im subjektiven, noch nicht zu „That und Handlung", d.h. zur Objektivität von Recht, Moralität und Sittlichkeit fortentwickelten *theoretischen* Geist und gehören in dessen formaler Differenz von Innen und Außen dem *Außen* an wie schon der *Leib* der wirklichen Seele (§ 411) und die *äußere Welt* des Bewußtseins (§ 412), nur daß dies Außen inzwischen fortbestimmt ist zum Moment des *Anundfürsichseins* des Subjekts. So ist der subjektive Geist 1. Anschauung und 2. Vorstellung. Diese ist zwar schon „die erinnerte Anschauung", aber darin die Aufhebung der Differenz von Innen und Außen erst als *Synthese*:

> Der Weg der Intelligenz in den Vorstellungen ist, die Unmittelbarkeit ebenso innerlich zu machen, sich in *sich selbst anschauend* zu setzen, als die Subjectivität der Innerlichkeit aufzuheben und in ihr selbst ihrer sich zu entäu-

---

52 Die Passage noch nicht 1827, wo der Paragraph mit den Worten beginnt: „Der Weg des Geistes ist [...]".
53 Ebd. Die theologische Parallele ist nicht zu übersehen, vgl. §§ 569 und 577.

ßern,[54] und *in ihrer eigenen Aeßerlichkeit in sich zu seyn*. Aber indem das Vorstellen von der Anschauung und deren *gefundenem* Stoffe anfängt, so ist diese Thätigkeit mit dieser Differenz noch behaftet und ihre concreten Productionen in ihr sind noch *Synthesen*, die erst im Denken zu der concreten Immanenz des Begriffes werden. (§ 451)

Derrida interpretiert dies so:

> Die Vorstellung ist die erinnerte (remémorée-interiorisée) Anschauung. Sie ist das Eigne der Intelligenz, die darin besteht, die sinnliche Unmittelbarkeit zu erinnern, um ,sich selbst als die Anschauung ihrer selbst habend zu setzen.' Da die sinnliche Unmittelbarkeit einseitig subjektiv bleibt, muß die Bewegung der Intelligenz diese Innerlichkeit durch *Aufhebung* [i.O. dt.] erheben und erhalten (lever et conserver), um ,in ihrer eigenen Äußerlichkeit in sich zu sein' (§ 451). In dieser Bewegung der Vorstellung *ruft* die Intelligenz *sich zu sich selbst zurück*, indem sie objektiv wird. Die *Erinnerung* [i.O. dt.] ist hier also entscheidend. (88)

Für Hegels „erinnerte Anschauung" wäre *intuition interiorisée* zureichend gewesen, *souvenue* wäre vielleicht möglich,[55] *remémorée* nicht, da das Gedächtnis erst an den Namen geknüpft ist (§§ 461–464). Auch ist die Vorstellung „das Eigne der Intelligenz" nur, insofern sie überhaupt der Intelligenz angehört, denn sie ist nur eines ihrer Momente als

> die Mitte zwischen dem unmittelbaren Bestimmt-sich-finden der Intelligenz und zwischen derselben in ihrer Freiheit, dem Denken. Die Vorstellung ist das *Ihrige* der Intelligenz noch mit einseitiger Subjectivität [,] (§ 451)

---

54 Die folgende Ergänzung 1830.
55 „L'image qui est ainsi intériorisée dans le souvenir (*erinnert*)" (88).

nämlich bedingt durch das Gefühl (§ 446ff.), das keineswegs „einseitig subjektiv bleibt", denn der „Weg der Intelligenz in den Vorstellungen ist, die Unmittelbarkeit *ebenso* innerlich zu machen" (§ 451, Herv. v. Vf.), so daß die Anschauung „diese Unmittelbarkeit und das Finden des Inhalts nicht mehr nöthig hat" (§ 450). Die Intelligenz kommt also dazu, „sich *in sich selbst anschauend* zu setzen" (§ 451), d.h. sich von der unmittelbaren Wahrnehmung und Empfindung *vorstellend* freizumachen, aber nicht, wie die Übersetzung unterstellt, um „die Anschauung ihrer selbst" zu haben. Derrida muß daher gerade den springenden Punkt unterschlagen, daß die Intelligenz nicht ihre *Innerlichkeit* aufhebt, vielmehr die *Subjektivität* der Innerlichkeit, die *in der Intelligenz* selbst *entäußert* wird.

Das ist die erste der von Hegel genannten *Synthesen*: der „*Inhalt* des *Gefühls*" (§ 452) wird aufhoben und ist auf diese Weise *Bild*. Die zweite Synthese ist die, daß die *Äußerlichkeit* des Bilds Äußerlichkeit *in der Intelligenz* ist, denn die Intelligenz ist „als solche das Subject, und das *Ansich* ihrer Bestimmungen" (§ 453). Der Intelligenz so innerlich wie äußerlich *zugleich* ist das Bild „*bewußtlos aufbewahrt*", und dafür gebraucht Hegel nun selber ein Bild, die Metapher vom „nächtlichen Schacht". Derrida läßt sich davon zu seinen eignen Bildern vom „düsteren Versteck" (*abri très sombre*), vom Wasser und von der „Edelmetall-Ader im Grund der Mine" inspirieren, um sogleich zu der ihn nicht minder beunruhigenden Pyramide fortzugehen, die „Statur und Statut des Zeichens" bilde:

> Die natürliche Ressource [der Schacht] und das geschichtliche Bauwerk [construction, die Pyramide] wahren hier beide, obwohl auf verschiedene Weise, das Schweigen. Daß auch dieser Weg gemäß dem onto-theologischen Gang (selon le trajet de l'onto-théologique) zirkulär bleibt und die Pyramide wieder ein Schacht wird [wo?], der sie immer gewesen sein wird, das ist das Rätsel. Man wird sich

Zur Leiblichkeit des Zeichens: Jacques Derrida in Hegels Pyramide

fragen, ob es selber zutage zu fördern ist als eine Wahrheit, die ganz allein vom Grund eines Schachts aus spricht,[56] oder zu dechiffrieren als eine nicht zu verifizierende Inschrift, zurückgelassen auf der Fassade eines Monuments. (88)

Die Rede vom Schacht ist der Tradition und der am Bergbau überhaupt allgemein interessierten Zeit geläufig. In der *Epistle Dedicatory* seines *Essay concerning Human Unterstanding* schreibt Locke: „truth, like gold, is not the less so for being newly brought out of the mine".[57] Dem Schiller-Verehrer Hegel wird wie dem Dramatiker Kleist Wallensteins Wort gegenwärtig gewesen sein:

Des Menschen Taten und Gedanken, wißt!
Sind nicht wie Meeres blindbewegte Wellen.
Die innre Welt, sein Mikrokosmus, ist
Der tiefe Schacht, aus dem sie ewig quellen.[58]

1826 waren Solgers *Nachgelassene Schriften und Briefwechsel* erschienen, Hegels umfassende Rezension 1828. Hegel dürfte die Verse aus *Penthesilea* (3025–27) im Ohr gehabt haben, wenn er vom „Schacht des eigenen Busens"[59] spricht:

Denn jetzt steig ich in meinen Busen nieder,
Gleich einem Schacht, und grabe, kalt wie Erz,
Mir ein vernichtendes Gefühl hervor.

---

56 Vgl. Michel Foucaults: L'archéologie du savoir, Paris 1969, III.v: Das Archiv ist „das allgemeine System der Formation und Transformation der Aussagen (énoncés). / [...] es ist uns nicht möglich, unser eignes Archiv zu beschreiben, weil wir aus dem Innern seiner Regeln heraus sprechen" (171).
57 John Locke: An Essay concerning Human Understanding, in: Works, London 1801, vol. I–III, hier: I (Die Epistel o. Seitenzahl).
58 Schiller: Wallensteins Tod, II.3.953–956.
59 Hegel: Berliner Schriften (1818–1831), hg. von Walter Jaeschke, Hamburg 1997, 181.

In der Anm. zu § 403 der *Enzyklopädie* heißt es:

Jedes Individuum ist ein unendlicher Reichthum von Empfindungsbestimmungen, Vorstellungen, Kenntnissen, Gedanken u.s.f.; aber *Ich* bin darum doch ein ganz *einfaches*, – ein bestimmungsloser Schacht, in welchem alles dieses aufbewahrt ist ohne zu existiren.

Und in der Anm. zu § 457: „erst in der Phantasie ist die Intelligenz nicht als der unbestimmte Schacht und das Allgemeine, sondern als Einzelnheit, d. i. als concrete Subjectivität".[60]

Das andere ist die Pyramide, die das 18. Jahrhundert ohnehin beschäftigte. In der *Differenzschrift* spricht Hegel vom Schellingschen Indifferenzpunkt als von der „höchste[n] Spitze der Pyramide der Natur",[61] im Kapitel über den „Werkmeister" in der *Phänomenologie des Geistes* heißt es:

Die erste Form, weil sie die unmittelbare ist, ist sie die abstracte des Verstandes, und das Werk noch nicht an ihm selbst vom Geiste erfüllt. Die Krystalle der Pyramiden und Obelisken [...] empfangen also nur den Geist entweder in sich, als einen fremden abgeschiednen Geist [...] – oder sie beziehen sich äusserlich auf ihn [...].[62]

---

60 Noch nicht 1827. Schon in seiner Jenaer Zeit hatte Hegel notiert: „Diß Bild gehört *ihm* [sc. dem Geist] an, er ist im Besitz desselben, er ist Herr darüber; es ist in seinem *Schatze* aufbewahrt, in seiner *Nacht* – es ist *bewußtlos* d. h. ohne als Gegenstand, vor die Vorstellung herausgestellt zu seyn. Der Mensch ist diese Nacht, diß leere Nichts, das alles in ihrer Einfachheit enthält – ein Reichthum unendlich vieler Vorstellungen, Bilder, deren keines ihm gerade einfällt –, oder die nicht als gegenwärtige sind. Diß die Nacht, das Innre der Natur, das hier existirt – *reines Selbst* [...]. Diese Nacht erblickt man wenn man dem Menschen ins Auge blickt – in eine Nacht hinein, die *furchtbar* wird, – es hängt die Nacht der Welt hier einem entgegen." (Jenaer Systementwürfe III, GW 8, hg. von Rolf-Peter Horstmann, Hamburg 1976, 186f.)

61 Hegel: Jenaer kritische Schriften, GW 4, hg. von Hartmut Buchner und Otto Pöggeler, Hamburg 1968, 75.

62 Hegel: PhG VII.A.c. Der Werkmeister, GW 9, 373. Jean Paul (den Hegel las) parodiert den Pyramidenkult 1804/05 in den *Flegeljahren*: „Was bedeutet noch die hölzerne wunderbare Pyramide [...]?' [...] ‚In die Pyramide kann man ordentlich hineingehen durch eine Türe [...] [,] bei der oder jener Gelegenheit – wenn mans

Zur symbolischen Kunstform Ägyptens bemerkt Hegel, wir fänden

> hier zum erstenmal das Innere der Unmittelbarkeit des Daseins gegenüber für sich festgehalten: und zwar das Innere als das Negative der Lebendigkeit, als das Tote; [...]. In dieser Weise stellen uns die Pyramiden das einfache Bild der symbolischen Kunst selber vor Augen; sie sind ungeheure Kristalle, welche ein Inneres in sich bergen und es als eine durch die Kunst produzierte Außengestalt so umschließen, daß sich ergibt: sie seien für dies der bloßen Natürlichkeit abgeschiedene Innere und nur in Beziehung auf dasselbe da.[63]

Und über den Unterschied von Symbol und Zeichen:

> Das Symbol in der Bedeutung, in welcher wir das Wort hier gebrauchen, macht dem Begriffe wie der historischen Erscheinung nach den Anfang der Kunst [...]. Das Symbol ist zunächst nur ein *Zeichen*. [...] Dieser Ausdruck, dies sinnliche Ding oder Bild stellt dann so wenig sich selber vor, daß es vielmehr einen ihm fremden Inhalt, mit dem es in gar keiner eigentümlichen Gemeinschaft zu stehen braucht, vor die Vorstellung bringt. [...] In dem Sinne einer solchen *Gleichgültigkeit* von Bedeutung und Bezeich-

---

eben braucht – ein Mensch trinkt mittags viel, besieht sich den Garten, und nun natürlich ....' ‚God d-‘, sagte der verständige Graf im Feuer, ‚ich muß in die Pyramide‘ [...]." (Nr. 24: Glanzkohle) Jean Paul: Flegeljahre, Eine Biographie, in: Ders., Werke, Zweiter Band, hg. von Gustav Lohmann, München 1959, 567–1065, hier: 738f. Die komische Unangemessenheit von Form und Inhalt hat ihre philosophische Parallele am unendlichen Urteil in der architektonischen Mitte der *Phänomenologie des Geistes*: „Das unendliche Urtheil als unendliches wäre die Vollendung des sich selbst erfassenden Lebens, das in der Vorstellung bleibende Bewußtseyn desselben aber verhält sich als Pissen." (PhG V.A.c, GW 9, 192)

63 Hegel: Vorlesungen über die Ästhetik, hg. von Friedrich Bassenge, Frankfurt/M., 2. Auflage, o. J., Band 1, II.I.1.C.1: Ägyptische Anschauung und Darstellung des Toten; Pyramiden, 346ff.

nung derselben dürfen wir deshalb in betreff auf die *Kunst* das Symbol nicht nehmen[.][64]

Wie stellt sich die Entwicklung des theoretischen Geistes zum Bezeichnen und weiter zum praktischen Geist in der *Enzyklopädie* dar? Der *theoretische* Geist ist, aus dem allgemeinen Selbstbewußtsein herkommend, unmittelbar (α) Anschauung, (β) Vorstellung und (γ) Denken. Die Vorstellung überhaupt differenziert sich in (αα) Erinnerung, (ββ) Einbildungskraft und (γγ) Gedächtnis. Für die *Erinnerung* bietet sich Hegel seit 1827 die *Metapher* vom Schacht an, aber deren *Begriff* ist das Subjekt als das *Ansich* der Besonderheiten der Intelligenz (§ 453) oder, wie Hegel 1830 erläutert, das „concrete und doch *einfach* bleibende Allgemeine" (ebd. Anm.). Das nächste ist, daß das im Schacht der Erinnerung als „nicht mehr existirend, *bewußtlos*" (§ 453) aufbewahrte Bild zur wirklichen Existenz als *zum Bewußtsein* kommt:

> Solches abstract aufbewahrte Bild bedarf zu seinem Daseyn einer daseyenden Anschauung; die eigentliche sogenannte Erinnerung ist die Beziehung des Bildes auf eine Anschauung und zwar als *Subsumtion* der unmittelbaren einzelnen Anschauung unter das der Form nach Allgemeine, unter die Vorstellung, die derselbe Inhalt ist (§ 454).

Im Urteil der Subsumtion (oder Reflexion) inhäriert das Prädikat dem Subjekt nicht mehr (wie im Urteil des Daseins), „es ist vielmehr das *Ansichseyende*, unter welches jedes Einzelne als ein accidentelles *subsumirt* ist".[65] Die Erinnerung subsumiert eine einzelne Anschauung (als einen aus der äußeren Welt genommenen Stoff) unter das ansichseiende Allgemeine, so daß das Bild jetzt *vorgestellte* Anschauung (Eigentum und Besitz

---

64 Ebd., II.I., Einleitung: Vom Symbol überhaupt, 298f.
65 Hegel: WdL, 3.3.2.B, GW 12, 72.

126

der Intelligenz)[66] wie angeschaute Vorstellung, „eigentliche *Vorstellung*" (§ 454) ist: „Die in diesem Besitz thätige Intelligenz ist die *reproductive Einbildungskraft*".[67] Insofern das Subjekt in diesem Reproduzieren nun nicht nur das „*einfach* bleibende", sondern ebenso das *konkrete* Allgemeine ist, ist sie auch „freies Verknüpfen" der reproduzierten Bilder „aus irgend einem Interesse", d.h. „Subsumiren dieses Vorraths unter den eigenthümlichen Inhalt" solchen Interesses, und die Intelligenz ist „Phantasie, *symbolisirende*, *allegorisirende* oder *dichtende* Einbildungskraft" (§ 456).[68]

Im Bild *als* Bild ist die Intelligenz „zur Selbstanschauung in ihr insoweit vollendet, als ihr aus ihr selbst genommener Gehalt bildliche Existenz hat" (ebd.). Diese *bildliche* Existenz bleibt noch in der Subjektivität eingeschlossen, ist noch nicht bildliche *Existenz*. Beide Extreme sind aber dieselbe „Einheit des innern Gehalts und des Stoffes", so daß die Intelligenz ihr „Gebilde" nur noch „als *seyendes* zu bestimmen", d.h. ihre

---

66 Zum Unterschied von Besitz und Eigentum vgl. Hegel: Grundlinien der Philosophie des Rechts, § 45, GW 14,1, 57.

67 Ein Kantischer Terminus: „So fern die Einbildungskraft nun Spontaneität ist, nenne ich sie auch bisweilen die *produktive* Einbildungskraft, und unterscheide sie dadurch von der *reproduktiven*, deren Synthesis lediglich empirischen Gesetzen, nämlich denen der Assoziation, unterworfen ist, und welche daher zur Erklärung der Möglichkeit der Erkenntnis a priori nichts beiträgt, und um deswillen nicht in die Transzendentalphilosophie, sondern in die Psychologie gehört." (KrV, B 152) Die Nähe oder Ferne Hegels zu Kant in punkto Einbildungskraft muß Derrida schon wegen Heideggers Kant-Buch interessieren (Kant und das Problem der Metaphysik, Frankfurt/M. ³1965, ¹Bonn 1929). – Scheier: Die Zeit der Spontaneität. Zu Kants Lehre von der transzendentalen Funktion der Einbildungskraft. Mit einer Fußnote zu Descartes' Regeln der Methode, in: Facetten der Wahrheit. Festschrift für Meinolf Wewel, hg. von E. G. Valdés und R. Zimmerling, Freiburg/München 1995, 423–455.

68 Aus den Vorlesungen notierten die Schüler als Zusatz zum § 456: „Indem die Intelligenz diese Einheit des *Allgemeinen* und des *Besonderen*, – des *Innerlichen* und des *Aeußerlichen*, – der *Vorstellung* und der *Anschauung* hervorbringt und auf diese Weise die in der letzteren vorhandene *Totalität* als eine *bewährte wiederherstellt*; vollendet sich die vorstellende Thätigkeit in sich selber, insofern sie *productive Einbildungskraft* ist. Diese bildet das Formelle der *Kunst*; denn die Kunst stellt das wahrhaft Allgemeine oder die *Idee* in der Form des *sinnlichen Daseyns*, – des *Bildes*, – dar." (Hegel: Werke, Band 7/2, hg. von Ludwig Boumann, Berlin 1845, 335)

Claus-Artur Scheier

Subjektivität auch als Objektivität zu setzen hat. In diesem *Setzen* ist die Intelligenz für sich selbst „sich *äußernd*, *Anschauung producirend*". Das Bild ist darin seiende Anschauung seiner Herkunft als der Intelligenz: deren *Zeichen*, und die Bilder machende Phantasie ist „*Zeichen machende Phantasie*" (ebd.)

In den Synthesen der Anschauung, Erinnerung und reproduktiven Einbildungskraft haben die Allgemeinheit der Intelligenz und das Sein des Bilds je noch die Seite der Selbständigkeit gegeneinander. Im Zeichen ist diese Selbständigkeit getilgt. Der „weiter bestimmte[-] Inhalt gehört andern Gebieten an" (§ 457 Anm.), nämlich der Sprache (§§ 458–464) und der Ästhetik.[69] Im erst subjektiven Geist, in der Psychologie, „ist diese innere Werkstätte nur nach jenen abstracten Momenten zu fassen".[70] Das Zeichen stellt noch „*etwas anderes*" (§ 458) vor und ist insofern selber erst nur „*formelle* Vernunft", „insofern der *Gehalt* der Phantasie als solcher gleichgültig ist, die Vernunft aber als solche auch den *Inhalt* zur *Wahrheit* bestimmt" (§ 457), nämlich zur *konkreten* Einheit von Subjektivität und Objektivität fortbilden wird, zu der auf der Stufe des Zeichens erst nur die *Form* gediehen ist.

Die Anmerkung zum § 457 ist 1830 dazugekommen; die Hörer mögen Schwierigkeiten gehabt haben mit Hegels Wendung, „daß die Intelligenz sich *seyend*, sich zur *Sache* mache". Sie *ist* als Vernunft und weiter als theoretischer Geist bereits Subjekt-Objekt (S-O); aber sie muß sich als Vernunft und theoretischer Geist auch als das *für sich setzen*, was sie ist. Der Schluß ist

---

69 Das Kunstwerk ist „nur *Zeichen* der Idee" (§ 556).
70 Werkstätte, Werkstatt – häufig bei Herder, dann bei Schleiermacher und Schelling, bei Hegel jedenfalls ein Hinweis auf Kants Schematismus der reinen Verstandesbegriffe: „eine verborgene Kunst in den Tiefen der menschlichen Seele, deren wahre Handgriffe wir der Natur schwerlich jemals abraten, und sie unverdeckt vor Augen legen werden. [...] Das *Bild* ist ein Produkt des empirischen Vermögens der produktiven Einbildungskraft" (KrV B 180f., A 141f.).

Zur Leiblichkeit des Zeichens: Jacques Derrida in Hegels Pyramide

$$\text{(S-O)}_{\text{Subjekt}} - \text{S-O}_{\text{Allg.}} - \text{(S:O)}_{\text{Objekt}}$$

oder als reflektiertes Urteil

$$\text{(S-P)}_{\text{Id.}} - \text{S-P}_{\text{abs. Id.}} - \text{(S:P)}_{\text{Diff.}}$$

„Das von der Phantasie producirte Bild ist nur subjectiv anschaulich" oder (Subjekt-Objekt)$_{\text{Subjekt}}$. Die Objektivität, die sich „im *mechanischen* Gedächtniß vollendet" (vgl. § 462 f.), ist im Zeichen vorhanden als „eigentliche Anschaulichkeit", nämlich äußere. Als äußerliches Bild von der Intelligenz auch unterschieden ist das Zeichen das Bild, das diese Differenz an ihm selbst hat, also nicht Subjekt-Prädikat$_{\text{abs. Id.}}$, sondern (Subjekt:Prädikat)$_{\text{Diff.}}$.

Als „Einheit *selbstständiger Vorstellung* und einer *Anschauung*" (§ 458) ist das Zeichen, selber Einheit von *Form* (Subjekt-Prädikat)$_{\text{Id.}}$ und *Materie* (Prädikat$_{\text{Diff.}}$),

$$\text{(S-P)}_{\text{Id.}} - \text{S-P}_{\text{abs. Id.}} - [\text{(S-P)}_{\text{Id}}\text{:P}]_{\text{Diff.}}$$

oder

$$\text{Vorstellung} - \text{Zeichen} - \text{(Form-Materie)}_{\text{Anschauung}}$$

so, daß die Materie des Zeichens „zunächst wohl ein aufgenommenes, etwas unmittelbares oder gegebenes (z.B. die Farbe der Cocarde u. dgl.)" ist, aber als solches „nicht als positiv und sich selbst [...] vorstellend" *gilt*. Die beiden Anschauungen, die bezeichnete (*signifié*) und die bezeichnende (*signifiant*), gehen „einander nichts an", Zeichen sind ihrem Begriff nach Produkte der „Willkühr", der Verabredung, für die alles und jedes zum Zeichen werden kann. Die Zitate aus den Vorlesungen über Ästhetik ließen schon sehen, daß Hegel hier, wo der systematische Ort der Einbildungskraft in Rede steht, guten Grund hat, das Bild von der Pyramide zu wählen. Denn wie in diese „eine fremde Seele versetzt und aufbewahrt ist",[71] so ist das Zeichen „ein Bild, das eine *selbstständige* Vorstellung der Intelligenz als Seele in sich empfangen hat, seine *Bedeutung*" (§ 458, Anm.). Für diese „Seele" ist zu beachten, daß der Ort der Einbildungskraft in der *Enzyklopädie* weder die Anthropologie (die von der ihrer noch nicht bewußten und noch nicht geistigen Seele handelt) noch die Phänomenologie ist, sondern die Psychologie (im eigens Aristotelischen Sinn), so daß die Seele des Zeichens hier der *Geist* als der nicht mehr „*passive* Nus des Aristoteles" (§ 389) dessen *nous poiêtikós* ist. Entsprechend nennt Hegel die „Zeichen erschaffende Thätigkeit [...] das *productive* Gedächtniß (die zunächst abstracte Mnemosyne) [...], indem das Gedächtniß [...] es überhaupt nur mit Zeichen zu thun hat." (§ 458, Anm.)

Auch hier ist Derridas Interpretation auf ihren eignen Wegen. Die sich selbst anschauende Intelligenz macht sich zur Sache:

> Diese einzigartige Sache ist das Zeichen; sie wird erzeugt durch eine fantastische Produktion, durch eine Einbildungskraft, die Zeichen macht, die das Zeichen macht, indem sie, wie immer, aus sich in sich (hors de soi en soi) herausgeht. (90)

„Einzigartig" – „fantastisch" – „wie immer". Der parodierende Ton ist deutlich: Das „einzigartig" (jeder Terminus im System ist einzigartig, weil jeder in der Entwicklung seinen bestimmten Ort hat) weist voraus auf das „fantastisch" (von dem bei Hegel keine Rede ist, sondern allein von der *Phantasie* als

---

71 Mit der „Familiengruft: *oíkêsis*" (95) verweist Derrida zurück auf *la différance* (Marges 4), wo er im Blick auf „*l'économie de la mort*" Sophokles' *Antigone* (v. 892) zitiert. Interessant wären seine Bemerkungen zu Ezra Pounds „The Tomb at Akr Çaar" (*Ripostes*, 1912) gewesen. Zu Hegels „Ökonomie des Todes" Scheier: Gestalten des Todes in Hegels „Phänomenologie des Geistes", in: Dietrich von Engelhardt, Wolfgang Neuser, Wolfgang Lenski (Hrsg.): Sterben und Tod bei Hegel, Würzburg 2015, 43–53.

Zur Leiblichkeit des Zeichens: Jacques Derrida in Hegels Pyramide

einem ihrerseits bestimmten Modus der Einbildungskraft), wie dieses auf den Doppelsinn von ‚Zeichen machen' (das für Derrida zur *Geste* wird), während das „wie immer" das „einzigartig" konterkariert. Gewiß macht die Abfolge

Unterschied von anderem (P-N) – Unterschied in sich (NN) – Unterschied von sich $(P_R\text{-}P)$[72]

den methodischen Fortgang überhaupt aus, aber das „Thun als Vernunft [...], das in ihr zur concreten Selbstanschauung Vollendete als *seyendes* zu bestimmen" (§ 457), *dieses* sich Äußern ist wiederum spezifisch für die hier erreichte Entwicklungsstufe des subjektiven Geistes zwischen Phantasie und Gedächtnis. Daß der Begriff des Zeichens „der Kreuzungspunkt aller kontradiktorischen Züge" (91) sei – Derridas Rechtfertigung des „einzigartig" –, gilt nur für den Begriff der Einbildungskraft und auch nur eingeschränkt, weil der *ganze* subjektive Geist zu betrachten ist, wenn verstanden werden soll, wie Hegel die idealistisch-frühromantische Geschichte der Einbildungskraft zu Ende bringt.[73]

Die Übersetzung aus § 457 (92) läßt zu wünschen übrig: *unifiés* für „in Eins geschaffen", *mieux* für „weiter", *raison* statt *intellect*. Gravierend wird dies mit der Übersetzung von „[insofern] die Vernunft aber als solche auch den *Inhalt* zur *Wahrheit* bestimmt". Dies nämlich, daß das Zeichen „ein Moment, wie abstrakt auch immer, der Entwicklung der Rationalität angesichts (en vue de) der Wahrheit" sei, „entschieden unterstrichen",

muß man sich nichtsdestoweniger fragen, warum die Wahrheit (Anwesenheit des Seienden, hier in der Form

---

72 P = Position, N = Negation, NN = Negation der Negation (Reflexion), P_R = reflektierte Position.

73 Systematisch hierzu Reinhard Loock: Schwebende Einbildungskraft. Konzeptionen theoretischer Freiheit in der Philosophie Kants, Fichtes und Schellings, Würzburg 2007.

der adäquaten Anwesenheit bei sich) angezeigt (annoncée) wird als Abwesenheit beim Zeichen. Warum ist der metaphysische Begriff der Wahrheit einem Zeichenbegriff verpflichtet (solidaire) und einem Zeichenbegriff, der bestimmt ist als Fehlen der vollen Wahrheit? Und, wenn man den Hegelianismus als die letzte Versammlung der Metaphysik betrachtet, warum bestimmt diese das Zeichen notwendig als Fortschritt angesichts der Wahrheit? *Angesichts*: gedacht in seiner Bestimmung ausgehend von der Wahrheit, auf die hin es sich orientiert, aber auch *angesichts* der Wahrheit, wie man sagt um die Entfernung zu bezeichnen, die Abweichung und den Rückstand bei der Navigation zu bezeichnen; *angesichts* ferner als Mittel der Manifestation im Blick auf die Wahrheit. (93)

Davon, daß die Wahrheit „angezeigt wird als Abwesenheit beim Zeichen", ist bei Hegel nichts zu lesen, läßt aber sehen, daß Derrida im prononcierten *en vue de* (statt *comme*) nur das depotenzierende *unifiés* fortsetzt. Indem in der Zeichen machenden Phantasie die Extreme des Schlusses „vollkommen in Eins geschaffen" sind – *in Eins* und nicht bloß in Einheit, und *geschaffen* und nicht bloß geeint (synthetisiert) –, *ist* das Zeichen vielmehr *wahr*, nämlich die Wahrheit der *formellen* Vernunft (§ 457). Was in der Entwicklung des subjektiven Geistes noch fehlt, ist dies, daß ebenso Form *und* Inhalt „vollkommen in Eins geschaffen" (ebd.) werden. Das geschieht im *Schluß* des Denkens (§ 467), im Willen (praktischer und freier Geist) und dann im objektiven Geist.

Daß und *wie* „der metaphysische Begriff der Wahrheit einem Zeichenbegriff verpflichtet ist [...], der bestimmt ist als Fehlen der vollen Wahrheit", daß nämlich der klassische Zeichenbegriff umgekehrt vielmehr der Wahrheit verpflichtet ist, darüber läßt bereits das Schlußkapitel der *Wissenschaft der*

Logik von 1816 keinen Zweifel.[74] Aber Derridas Reservatio mentalis, sich „in Hegels *Logik* aufzuhalten (séjourner)" (81), ist dekonstruktiv motiviert. *Derrida braucht ein Bild.* Hegels zu seiner Zeit geläufige Metaphern vom Schacht und von der Pyramide scheinen es zu liefern. Derridas logische Abstinenz erlaubt, sie *supplementär* zu *resymbolisieren,*[75] und öffnet damit einen modernen Assoziationsraum, der allenthalben darauf drängt, sich aus Hegels geschichtlichem Ort (wie der klassischen Metaphysik überhaupt) herauszuziehen ins eigne postfreudianische Ambiente.

„Das Wort Symbol ist jetzt ein wenig veraltet", schrieb Barthes 1962, „man ersetzt es gern durch *Zeichen* oder *Bezeichnung".* Unbeschadet dessen ist das symbolische Bewußtsein (im Unterschied zum paradigmatischen und zum syntagmatischen) „wesentlich Verweigerung der Form".[76] Denn es

> impliziert ein Einbilden (imagination) von Tiefe; es *sieht* die Welt als den Bezug einer Oberflächenform und eines vielgestaltigen, massiven, mächtigen *Abgrunds* [i.O. deutsch], und das Bild (image) gipfelt (se couronne) in einer überaus starken Dynamik: der Bezug von Form und Inhalt wird ohne Unterlaß ins Spiel gebracht (relancé) von der Zeit (der Geschichte), die Superstruktur wird überschwemmt von der Infrastruktur, ohne daß man je die Struktur selbst zu fassen bekommen könnte.[77]

---

74 WdL 3.3.3, GW 12, 236–253.

75 „Das *Zeichen* ist vom *Symbol* verschieden, einer Anschauung, deren *eigene* Bestimmtheit ihrem Wesen und Begriffe nach mehr oder weniger der Inhalt ist, den sie als Symbol ausdrückt" (§ 458, Anm.). Hinsichtlich der Zeichenarten verweisen Barthes' Elemente der Semiologie auf Henri Wallon, dessen Terminologie „die vollständigste und klarste sei", und der nach dem beigegebenen Schema für die Differenzierung von Zeichen und Symbol mit Hegel übereinstimmt (Eds., OC II, 656f.).

76 Barthes: L'imagination du signe (OC II, 460–465, hier: 462).

77 Ebd. 464.

Nächstverwandt ist dieser Optik allerdings Derridas auch gegen das metaphysische Paradigma Hegels in Anschlag gebrachte Opposition von *grammatologie* einerseits und *différance* und *écriture* anderseits. Nachdenklicherweise macht Barthes darauf aufmerksam, daß

> diese vertikale Beziehung zwangsläufig als eine analogische Beziehung erscheint: die Form *ähnelt* (mehr oder weniger, aber doch immer ein wenig) dem Gehalt, als sei sie überhaupt (en somme) von ihm hervorgebracht, so daß das symbolische Bewußtsein vielleicht mitunter einen unzureichend aufgelösten Determinismus verdeckt[.][78]

---

78 Ebd. 462.

Die zweifache Stoßrichtung der Hegelschen Metakritik in der „Phänomenologie des Geistes"

Kenneth R. Westphal

1. Einleitung

Kant hat eine „veränderte Methode der Denkungsart" (*KrV* B xviii) entwickelt, die er zuerst mit seinem transzendentalen Idealismus verbindet, die aber eher als durchgehende Kritik der menschlichen Urteilskraft gilt (Westphal 2020a). Schon um 1801/02 begann Hegel, Kants eigentlich *kritische* Philosophie von dessen unhaltbarem transzendentalen Idealismus abzukoppeln. Dadurch gewann er ab 1806 eine beweiskräftigere, echt kritische Philosophie, die genau in Kants Sinne eine gründliche Kritik der menschlichen Urteilskraft und des richtigen Gebrauchs ihrer Prinzipien darstellt (vgl. unten, Kap. 10). Dafür habe ich schon vor längerer Zeit sehr ausführlich argumentiert (Westphal 1989, 2018, 2021b). Hier will ich diese Ergebnisse mit dem Hinweis darauf ergänzen und untermauern, wie und warum Hegels *Phänomenologie des Geistes* (1807) stillschweigend, aber ganz gezielt Kants ungeschriebenes Schlusskapitel zur *Kritik der reinen Vernunft*, also das abschließende vierte Hauptstück der transzendentalen Methodenlehre ausführt, nämlich die „Geschichte der reinen Vernunft".

Zunächst schildere ich Kants kritische Methode der transzendentalen Überlegung (Kap. 2), um den paradoxen Anschein einer Geschichte der reinen Vernunft zu unterstreichen (Kap. 3). Dann erinnere ich kurz an die heftigen Debatten, die die *Kritik der reinen Vernunft* ausgelöst hat (Kap. 4). Anschließend wird Hegels frühe Druckschrift zum „Verhältniß des Skepticismus zur Philosophie" und seine Auseinandersetzung mit G. E. Schulze darin erneut betrachtet (Kap. 5), um näheren Aufschluß über die methodologische *volte face* in der *Phänomenologie des Geistes* zu gewinnen, mit der Hegel versucht, die positive Seite der antiken skeptischen Dialektik zu fassen (Kap. 6), und zwar als einen „sich vollbringenden Skeptizismus" (Kap 7). Dieser enthüllt schließlich die zweifache Stoßrichtung der Hegelschen Metakritik in der *Phänomenologie des Geistes* im Dienst einer noch gründlicheren und echt kritischen Philosophie, indem sie eine vortreffliche und durchaus kritische Geschichte der reinen Vernunft, nämlich unter Berücksichtigung der Geschichte der angewandten Vernunft, entwickelt (Kap. 8).[1]

2. Kants transzendentale Überlegung

Kants Grundeinteilung der *Kritik der reinen Vernunft*, obgleich wenig beachtet, ist durchaus wichtig: Als Erstes kommt eine transzendentale Elementarlehre, dann als Zweites eine transzendentale Methodenlehre. Die betreffenden Elemente sind die zwölf formalen Aspekte unserer Urteilsarten, vierzehn Grundbegriffe, nämlich die des Raumes und der Zeit sowie die zwölf Kategorien des reinen Verstandes, und zwei Anschauungsformen unserer sinnlichen Empfänglichkeit (Affizierbarkeit). Darauf gründen sich Kants kühne Untersuchungen dazu, wie und unter welchen Bedingungen sich diese Grundbegriffe so auf wahrgenommene Gegenstände beziehen lassen (vgl. *Prol.* § 39), dass wir überhaupt im Stande seien, sinnliche Empfindungen über die Zeit und den Raum hinweg, also synchronisch wie auch diachronisch, so zu integrieren, dass es uns so vorkommen *kann*, dass wir einiger Reihen von Erscheinungen als gleichzeitig bzw. nacheinander stattfin-

---

1 Die alte, verleitende Frage, „Kant oder Hegel?", untersuche ich erneut in Westphal (2021b).

Die zweifache Stoßrichtung der Hegelschen Metakritik

dend gewahr werden. Nur wenn wir solche Unterscheidungen treffen können – seien sie auch grob oder fehlbar, aber jedenfalls ungefähr richtig –, können wir uns so apperzipieren, *als* ein jeder Mensch verschiedene Erscheinungen in der Zeit gewahr sei und wir uns damit unseres eigenen „Daseins als in der Zeit bestimmt bewußt" (*KrV* B 275) werden *können*. Um ebendiese apperzeptive Leistung zu verstehen, stellte Kant eine ganze Reihe von Prinzipien und ihrem semantischen und kognitiven Gebrauch auf, nämlich seine transzendentale Logik, besonders die transzendentale Analytik der Grundsätze, den Schematismus der Kategorien, die Axiome der sinnlichen Anschauung, die Antizipationen der Wahrnehmung, die Analogien der Erfahrung, die Postulate des empirischen Denkens, zudem aber auch die Amphibolie der Reflexionsbegriffe.

Nun gründen sich alle diese Untersuchungen in der *Kritik der reinen Vernunft* auf eine Einsicht und Aufgabe, die Kant von Tetens (1775) übernommen hat, dass nämlich die erkenntnistheoretische Hauptfrage nicht ist, ob wir über bestimmte Begriffe einfach nur verfügen, sondern die, ob wir sie *realisieren*, d.h. sie auf von uns lokalisierte passende Beispiele, also ihre Instanziierungen, *beziehen* können. Nur dann sind diese Begriffe – wie Kant es formuliert – objektiv gültig. Entsprechend liegt Kants Hauptaufgabe der transzendentalen Analytik darin, herauszustellen, ob bzw. wie und unter welchen formalen Bedingungen *a priori* wir unsere Kategorien überhaupt *realisieren* können. Die Beantwortung dieser Frage erfordert eine besondere transzendentale Überlegung (*KrV* A 260–3, 269–70, 295/B 316–9, 325–6, 351). Nachforschungen zu Ursprung und Genese bzw. Prozessen als solchen können die Frage nach Gültigkeit oder kognitiver (bzw. moralischer) Rechtfertigung prinzipiell nicht beantworten. Warum das so ist, hat Kant in der Einleitung zur *Kritik der Urteilskraft* punktgenau formuliert:

> Wenn man aber von diesen Grundsätzen den Ursprung anzugeben denkt und es auf dem psychologischen Wege versucht, so ist dies dem Sinne derselben gänzlich zuwider. Denn sie sagen nicht, was geschieht, d.i. nach welcher Regel unsere Erkenntnißkräfte ihr Spiel wirklich treiben, und wie geurtheilt wird, sondern wie geurtheilt werden soll; und da kommt diese logische objective Nothwendigkeit nicht heraus, wenn die Principien bloß empirisch sind. (*KU GS* 5:182.26–32)

Somit liegt die Hauptaufgabe der transzendentalen Dialektik darin zu zeigen, dass wir unsere Kategorien bzw. Prinzipien *a priori* gar nicht in einem kognitiv legitimen Urteil gebrauchen können, ohne sie durch gegebene, von uns identifizierte Einzelne zu realisieren. Darum gehen nicht nur die vormalige dogmatische Metaphysik, die rationale Psychologie und die transzendente Theologie, sondern darüber hinaus auch der globale Wahrnehmungsskeptizismus zu Grunde (Westphal 2021a, 2022).

3. Kant und eine Geschichte der reinen Vernunft?

Nun stellt sich die Frage: Wie kann irgendeine Geschichte der ganz *reinen* Vernunft (B 2–3) überhaupt ein Thema der *Kritik der reinen Vernunft* sein? Warum hat Kant diesen „leeren Titel" überhaupt in die *Kritik der reinen Vernunft* aufgenommen? Unter diesem Titel gesteht Kant gerade Folgendes zu:

> Dieser Titel steht nur hier, um eine Stelle zu bezeichnen, die im System übrig bleibt und künftig ausgefüllt werden muß. Ich begnüge mich, aus einem bloß transscendentalen Gesichtspunkte, nämlich der Natur der reinen Vernunft, einen flüchtigen Blick auf das Ganze der bisherigen Bearbeitungen derselben zu werfen, welches freilich meinem

Die zweifache Stoßrichtung der Hegelschen Metakritik

Auge zwar Gebäude, aber nur in Ruinen vorstellt. (*KrV* A 852/B 880)

Warum sollten solche ,ruinierten' vorkritischen Lehrgebäude überhaupt berücksichtigt werden? Kants Antwort darauf liegt zum Teil in seinem „experimentalistischen" Ansatz, nach dem wir unsere kognitiven Fähigkeiten nur in und durch ihre Ausübung und die Bewertung ihrer Ergebnisse erschließen können. Diese Antwort hängt eng mit der von Kant herausgearbeiteten lehrreichen Analyse unserer subpersonalen kognitiven Funktionen und Funktionsweisen zusammen. Darum entsteht Kants Kritik der menschlichen Urteilskraft zum Teil aus einer gründlichen Bemessung der Missgriffe bisheriger Philosophien, seien es empiristische, rationalistische, metaphysische, materialistische, idealistische oder auch skeptische. Genau diese Missgriffe sind es, die Kant in diesem Schlußkapitel knapp resümiert, wenn er bezüglich des Objekts rationaler Untersuchung auf die Spannungen zwischen sensualistischen und intellektualistischen Erkenntnistheorien verweist, bezüglich des Ursprungs unserer Grundbegriffe auf die Spannungen zwischen Empiristen und „Noologisten" (zu denen nach Kant z.B. Platon gehört) und schließlich in Bezug auf eine Methodologie nach Prinzipien auf diejenige zwischen Naturalisten (also Gemeinsinnsphilosophen) und Wissenschaftlern, d.h. entweder Dogmatikern oder Skeptikern. Ohne die Ergebnisse seiner Bemessung solcher Missgriffe in der *Kritik der reinen Vernunft* erneut zu besprechen, deutet Kant an, dass keiner dieser Ansätze hinreichend sei, wenn auch jeder etwas beigetragen habe, und es zweifelsohne zu einem Stillstand ohne Endergebnis führen würde, wenn man ihre längst geführten Debatten weitertreibe. Kant behauptet stattdessen:

> Der kritische Weg ist allein noch offen. Wenn der Leser diesen in meiner Gesellschaft durchzuwandern Gefälligkeit und Geduld gehabt hat, so mag er jetzt urtheilen, ob nicht, wenn es ihm beliebt, das Seinige dazu beizutragen,

um diesen Fußsteig zur Heeresstraße zu machen, dasjenige, was viele Jahrhunderte nicht leisten konnten, noch vor Ablauf des gegenwärtigen erreicht werden möge: nämlich die menschliche Vernunft in dem, was ihre Wißbegierde jederzeit, bisher aber vergeblich beschäftigt hat, zur völligen Befriedigung zu bringen. (*KrV* A 855/B 883)

Damit schließt Kant seine *Kritik der reinen Vernunft*.

4. Die erneute Debatte

Kants *Kritik der reinen Vernunft* hat bekanntlich die alten philosophischen Debatten und sogar Streite neu entfacht. Jede herkömmliche Denkrichtung hat ihre Verteidiger gefunden, aber dazu kamen auch überzeugte Kantianer sowie jene, die Kants kritische Philosophie zu verbessern bzw. zu überbieten vermochten. Damit schien der antike pyrrhonische Tropus der Relativität erneut an Bedeutung zu gewinnen. Maimon (1790) hat den Empirismus heftig gegen Reinhold und Kant verteidigt. G. E. Schulze (1792) bekräftigte gegen Kant den empiristischen Skeptizismus. Hamann (1784) und Herder (1799) versuchten eine Metakritik der *Kritik der reinen Vernunft*, der zufolge wir wegen der Sprachverbundenheit der menschlichen Vernunft einerseits und der entwicklungsgeschichtlichen Verwicklung menschlicher Sprachen andererseits gar nicht dazu im Stande seien, so eine Kritik der reinen Vernunft zu leisten, da es bei Menschen eine solche *reine* Vernunft überhaupt nicht gebe.

Zu Reinholds (1789, 1790, 1791) sogenannter Elementarphilosophie und ihrem „Satz des Bewußtseins" behauptet Schelling (1795), dass „[k]ein Philosoph [...] auf diesen Mangel an Realität im Satz des Bewußtseins stärker hingedrungen [hat], als Salamo *Maimon*" (*HKA* I,2:137,25–27). Leider lässt Maimon gerade den Kernpunkt von Kants transzendentaler

Untersuchung, nämlich die transzendentale Einheit der Apperzeption, völlig außer Acht.[2]

Hamann und Herder haben ihrerseits eine entscheidende reflexive Grundfrage nicht beachtet: Wenn die menschliche Sprache und Vernunft so begrenzt und metaphorisch wären, wie sie behaupten, wie könnten sie selbst dann überhaupt ihre eigenen angeblich metakritischen Untersuchungen zur Sprachverbundenheit der Vernunft sowie zur Geschichts- und Metaphernverbundenheit der Sprache entwerfen? Dabei vernachlässigen die beiden auch Kants eigene Verwendung sprachlicher Gleichnisse in der *Kritik der reinen Vernunft* (A 314/B 370–1, A 352, vgl. *Prol.* §§ 30, 39: *GS* 4:312, 323), mit denen Kant eine zweifache Grundfrage unterstreicht: Wie ist Einheit innerhalb des menschlichen Denkens bzw. menschlicher Erfahrung überhaupt möglich? Und unter welchen Bedingungen wäre eine solche Einheit ggf. auch kognitiv gültig, d.h. hinreichend wahrhaftig (richtig, präzise) sowie kognitiv gerechtfertigt?

Kant untersucht in der *Kritik der reinen Vernunft*, und zwar sehr eindringend, eine Fülle subpersonaler kognitiver Funktionen und Funktionsweisen, die allesamt erforderlich sind, damit wir z.B. überhaupt im Stande sind, eine Sprache überhaupt zu erlernen, zu entwickeln bzw. zu verstehen, so dass wir, wie er schreibt, „z.B. die einzelne Wörter eines Verses" *als* „einen ganzen Gedanken (einen Vers) ausmachen" können (A 352). Ohne ein solches Denk- und Lernvermögen und unsere wirksame, erfolgreiche Ausübung dieser Fähigkeit würde es überhaupt keinen Ursprung und auch keine Geschichte der Sprache geben. (Kants kognitiver Funktionalismus ist in Westphal [2022] im 1. Anhang graphisch dargestellt.)

---

2 Von dieser kantischen Lehre finde ich – wie auch Engstler (1990, 94–5, 122–3) – in den Schriften Maimons keine Spur.

5. Schulzes „Aphorismen über das Absolute"

G. E. Schulzes *Aenesidemus: oder über die Fundamente der von dem Herrn Professor Reinhold in Jena gelieferten Elementar-Philosophie; Nebst einer Vertheidigung des Skepticismus gegen die Anmassung der Vernunftkritik* (1792) war so erfolgreich, dass es Hegel noch ein Jahrzehnt später als Gegenstand einer gründlichen Kritik bezüglich der Unterscheidung des neueren, also empiristischen, und des antiken pyrrhonischen Skeptizismus sowie des Verhältnisses des eigentlichen Skeptizismus zur Philosophie diente. Hegel behauptet (1802) bekanntlich, dass der Pyrrhonismus die kognitiven Ansprüche des endlichen Verstandes unausbleiblich unterminiere, aber gerade dadurch der Erhebung der erhabenen unendlichen Vernunft über den bloß gemeinen Verstand durch intellektuelle Anschauung diene.

Dass sich in der echten Philosophie alles so bequem abhandeln lässt, wurde aber durch Schulzes *Aphorismen über das Absolute* (1803) sonnenklar nachgewiesen, insofern jegliche Behauptung einer angeblich intellektuellen Anschauung genauso dogmatisch und fragwürdig erscheint wie die jeweils entgegengesetzte Behauptung. Völlig ungeklärt, sogar unbegreiflich bleibt auch, wie sich eine angeblich rein intellektuelle, aber durchaus unstrukturierte Anschauung einer echten Wahrheit von irgendeinem Irrtum unterscheiden bzw. abheben soll. Darüber hinaus begeht jegliche intellektuelle Anschauung gegen jegliche entgegengesetzte Behauptung bzw. gegen ihre Verneinung eine schlichte *petitio principii*. Somit legen Schulzes *Aphorismen* dar, dass sich auch die sogenannte intellektuelle Anschauung Jenenser Art mit dem pyrrhonischen Kriteriumsdilemma auseinandersetzen muss. In der Übersetzung von Hossenfelder lautet dieses:

> Ferner, um den entstandenen Streit über das [Wahrheits-]Kriterium zu entscheiden, müssen wir ein anerkanntes Kriterium haben, mit dem wir ihn entscheiden kön-

nen, und um ein anerkanntes Kriterium zu haben, muss vorher der Streit über das Kriterium entschieden werden. So gerät die Erörterung in die Diallele, und die Auffindung des Kriteriums wird aussichtslos, da wir es einerseits nicht zulassen, daß sie ein Kriterium durch Voraussetzung annehmen, und wir sie andererseits, wenn sie das Kriterium durch ein Kriterium beurteilen wollen, in einen unendlichen Regreß treiben. Aber auch, weil der Beweis eines bewiesenen Kriteriums bedarf und das Kriterium eines mit einem Kriterium beurteilten Beweises, geraten sie in die Diallele. (*PH* 2,20; vgl. 1,116–7)

Schelling (1805, § 64 Anm.; *SW* 7:153 Anm. 2) meinte, Hegel habe all das schon in seinem früheren Aufsatz zum *Verhältniß des Skepticismus zur Philosophie* (1802) hinreichend abgehandelt. Hegel hat die Erkenntnistheorie jedoch viel besser begriffen als Schelling; gegen Ende 1804 sieht er ein, dass Schulze die leeren Tiefen der intellektuellen Anschauung zu Tage gebracht hat.[3]

6. Der „sich vollbringende Skepticismus" bei Hegel

Anlässlich von Schulzes *Aphorismen* und der verfehlten Metakritik über die reine Vernunft wandte sich Hegel wieder dem zu, die Erkenntnistheorie als Aspekt der richtigen Vorbereitung auf die echte Philosophie zu bearbeiten. Schon in seiner *Differenzschrift* (1801) und seiner Untersuchung zu *Glauben und Wissen* (1802) hatte er zwei Grundprobleme in Kants transzendentalem Idealismus erwähnt, die Ansätze dafür bie-

---

3 Die leeren Tiefen von Schellings Anmaßungen (vgl. *PhG*, Vorrede; *GW* 9:14,8–22) werden auch von Götz (1807) – wohl unwissentlich – belegt; vgl. Berg (1804), Engels (1842). Trotzdem üben Schellings philosophische Abenteuer eine vorteilhafte Wirkung auf die Entwicklung der Lebenswissenschaften aus (Richards 2002). Hegels methodologische Umkehr wird näher untersucht in Westphal (2018), §§ 37–42.

ten, Kants wahrhaft kritische Philosophie als durchgehende Kritik unserer Urteilskraft von seinem unhaltbaren, aber außerdem auch unnötigen transzendentalen Idealismus abzukoppeln (Westphal 2018a, §§ 26–36). In diesem Zusammenhang greift Hegel zurück auf die berühmten Vorübungen der antiken Meister der Dialektik. Diese hat er im *Skeptizismusaufsatz* folgendermaßen erwähnt:

> Im Alterthume hingegen war über dieß Verhältniß des Skepticismus zum Platonismus das Bewußtseyn sehr entwickelt; es hatte ein großer Streit darüber obgewaltet, indem ein Theil den Platon für einen Dogmatiker, ein anderer Theil ihn für einen Skeptiker ausgab [Diogenes Laertios [iii] 51, *Platon*; K. R. W.]. Da die Akten des Streits für uns verlohren sind, so können wir nicht beurtheilen, wie weit das innere wahre Verhältniß des Skepticismus zur Philosophie dabey zur Sprache kam, und wie weit die Dogmatiker, welche den Plato dem Dogmatismus vindicirten, wie die Skeptiker gleichfalls thaten, dieß in dem Sinne verstanden, daß der Skepticismus selbst zur Philosophie gehöre, oder nicht. Sextus beruft sich auf eine weitere Ausführung der Sache in seinen skeptischen Commentarien, die nicht auf uns gekommen sind [...]. (*Skeptizismusaufsatz* [1802], *GW* 4:211,20–29)

Und ferner:

> ... Arcesilas, wenn man dem, was man von ihm sage, Glauben beymessen dürfe, nur so für den Anlauf ein Pyrrhonier, in Wahrheit aber ein Dogmatiker gewesen sey; er habe nämlich das Aporematische nur gebraucht, um seine Schüler zu prüfen, ob sie Fähigkeit für die Platonischen Lehren haben, und deswegen sey er für einen Aporetiker gehalten worden; den fähig Befundenen aber habe er das Platonische gelehrt. (*Skeptizismusaufsatz* [1802], *GW* 4:210,27–32)

Die zweifache Stoßrichtung der Hegelschen Metakritik

„Was man vom Arkesilas sage", findet sich bei Diogenes Laertios:

> Arkesilaos. [...] Mit ihm als ihrem Haupt beginnt die mittlere Akademie. Er war es, der zuerst die Zurückhaltung des Urteils als leitenden Grundsatz aufstellte wegen der Widersprüche in den Bejahungen der Menschen. Er war es auch, der es aufbrachte, die Gründe nach beiden Seiten hin (nach der bejahenden und nach der verneinenden) geltend zu machen, auch war er der erste, der die überlieferte Lehrweise des Platon dahin abänderte, daß er sie durch die Art der Frage und Antwort streitfertiger machte. (DL, IV,6,28; Übers. Apelt; vgl. IV,6,32–3, 37)

Diese antike skeptische Dialektik, ob nun als Unterrichtsmittel oder als Lehre bzw. als gesunde, ruhige Lebensweise, scheint mit Kants kritischer Philosophie wenig zu tun zu haben. Der Übersetzer der *Grundrisse des Pyrrhonismus*, J. G. Buhle, sah das aber anders, wenn er in seiner Vorrede hierzu Folgendes betonte:

> Dieselbe Methode zu philosophieren, welche die griechischen Skeptiker beobachteten, und wodurch sie den Ungrund und Widerstreit der ältern philosophischen Systeme, die ihnen bekannt geworden waren, aufdeckten, ließ sich auf die neuern Systeme anwenden, und offenbarte eben so die Schwächen derselben für die prüfende Vernunft. Daher ist es wohl eigentlich der griechische Skepticismus, der als Entstehungsgrund der kritischen Philosophie betrachtet werden kann, und auf dessen Vernichtung diese vornehmlich gerichtet ist und gerichtet seyn mußte, wenn sie anders ihrem Zwecke entsprechen sollte. Insofern ist also auch das Studium jenes unstreitig nicht nur die lehrreichste Propädeutik zu dieser, sondern es gewährt noch außerdem den unschätzbaren Vortheil, selbst diese, wie jede andere Philosophie, vernünftig bezweifeln, d.i. gründlich beurtheilen zu lernen. (Buhle [1801], v–vi)

Nun gehört Buhles Übersetzung nicht zum Bücherbestand der Jenaer Bibliothek, und Hegel bedient sich wohl des griechischen Originaltextes. Buhles Empfehlung ist aber in der Tat schon die von Kant, und diese hat Hegel durchaus gelesen. Kant hat jedoch stärker als Buhle eine positive Leistung der skeptischen Methode hervorgehoben, und zwar diese in der *Kritik der reinen Vernunft*:

> Wider den unkritischen Dogmatiker, der die Sphäre seines Verstandes nicht gemessen, mithin die Grenzen seiner möglichen Erkenntniß nicht nach Principien bestimmt hat, der also nicht schon zum voraus weiß, wie viel er kann, sondern es durch bloße Versuche ausfindig zu machen denkt, sind diese sceptischen Angriffe nicht allein gefährlich, sondern ihm sogar verderblich. Denn wenn er auf einer einzigen Behauptung betroffen wird, die er nicht rechtfertigen, deren Schein er aber auch nicht aus Principien entwickeln kann, so fällt der Verdacht auf alle, so überredend sie auch sonst immer sein mögen.
> Und so ist der Sceptiker der Zuchtmeister des dogmatischen Vernünftlers auf eine gesunde Kritik des Verstandes und der Vernunft selbst. Wenn er dahin gelangt ist, so hat er weiter keine Anfechtung zu fürchten; denn er unterscheidet alsdann seinen Besitz von dem, was gänzlich außerhalb demselben liegt, worauf er keine Ansprüche macht und darüber auch nicht in Streitigkeiten verwickelt werden kann. So ist das sceptische Verfahren zwar an sich selbst für die Vernunftfragen nicht befriedigend, aber doch vorübend, um ihre Vorsichtigkeit zu erwecken und auf gründliche Mittel zu weisen, die sie in ihren rechtmäßigen Besitzen sichern können. (*KrV* A 768–9/B 796–7)

Nun sollte man aber ferner berücksichtigen, dass so eine skeptische Methode nicht erst von Arkesilaos oder z.B. von Diodorus Chronos oder Carneades entwickelt wurde. Wie Hegel wusste, war diese Methode schon bei Aristoteles und

Platon längst berühmt, und zwar als die Vorübungen des Parmenides.[4] Platon hat diese Vorübungen einmal anhand der Figur des jungen Sokrates dargestellt, der in einer Aporie gefangen war und nicht erkannte, wie er fortfahren sollte. Da wies ihn die Figur des Parmenides auf Folgendes hin:

> Ja, allzufrüh, mein Sokrates – denn es fehlt dir noch die nötige Vorübung –, unternimmst du es, eine Idee des Schönen, des Gerechten, des Guten und so alle weiteren Ideen aufzustellen. [...] Du mußt dich aber besser in Zucht nehmen und üben mittelst jener nutzlos scheinenden und von der Menge als Geschwätz verschrienen Erörterungsweise, solange du noch jung bist; denn sonst wirst du der Wahrheit nicht habhaft werden.
> Und welches wäre denn nun, mein Parmenides, die Art und Weise dieser Übung?
> Eben die, die du jetzt als Zuhörer des Zenon kennengelernt hast. [...] Doch mußt du das Verfahren noch ergänzen, nämlich nicht bloß die Voraussetzung machen „das oder das ist" und daraus die Folgerungen ziehen, sondern auch die, daß das Gesetzte nicht ist. Nur so wird die Übung wirklich fruchtbar sein. [...]
> Nimm z.B. die genannte Voraussetzung des Zenon „wenn Vieles ist". Hier gilt es einerseits die Folgerungen zu ziehen für das Viele sowohl in seinem Verhältnis zu sich selbst wie auch zu dem Eins, anderseits für das Eins sowohl im Verhältnis zu sich selbst wie zu dem Vielen; sodann ist hinwiederum die Voraussetzung zu machen „wenn Vieles nicht ist" und zu untersuchen, welche Folgerungen sich aus jeder von beiden Voraussetzungen ergeben sowohl für das Eins wie für das Viele sowohl in ihrem Verhältnis zu sich selbst wie zueinander. Und handelt es sich ferner um

---

4 Vgl. Platon, *Parm.* 135c–136d, *Theat.* 162, 168; Aristoteles, *Met.* 1:985a1, 2:994 b32–995a20, 4:1005b1; Hegel *GW* 4:207.15–25, 211.20–28; *Enz.* § 81z281Z2; (1802), 4:210. 27–32; *VGPh* 8:34/TWA 19:79–81.

die Frage „ob es eine Ähnlichkeit gibt oder nicht gibt", so ist zu untersuchen, welche Folgen sich aus jeder von beiden Voraussetzungen ergeben sowohl für das Vorausgesetzte selbst wie für die übrigen Dinge nicht nur im Verhältnis zu sich selbst, sondern auch zueinander. Und ebenso steht es mit dem Unähnlichen, mit der Bewegung und Ruhe, mit Entstehen und Vergehen und mit dem Sein selbst und dem Nichtsein. Kurz, um die Annahme welcher Sache auch immer es sich handeln mag als einer seienden und nichtseienden oder sonst irgendwelchen Bestimmungen unterliegenden, immer gilt es die Folgerungen zu ziehen im Verhältnis zu der Sache selbst wie auch zu dem Andern, sei es nun ein einzelnes davon, was du hervorhebst, oder eine Gruppe oder alles insgesamt; und auch das andere hinwiederum mußt du betrachten sowohl im Verhältnis zu sich selbst wie auch zu einem andern, was du gerade heraushebst, sowohl bei bejahender wie bei verneinender Annahme, wenn du wirklich als wohlerprobter Kenner aller Übungen recht eigentlich der Wahrheit auf den Grund kommen willst. (*Parm.* 135c–136a; Übers. Apelt)

Die Gesprächspartner gestehen zu, dass diese Form der Übung äußerst ungewöhnlich, aufwendig, ja sogar „fürchterlich" sei (*Parm.* 136a–137a). Aber Zenon fügt gerade dazu die Beobachtung hinzu:

> [...] doch [hat] die große Menge keine Ahnung davon, daß ohne diese allseitige Durchsprechung, ohne dies unablässige Auf- und Abwogen der Untersuchung es nicht möglich ist die Wahrheit zu erfassen und zur Einsicht zu gelangen. (*Parm.*, 136e)

Dann bittet Zenon den alten Parmenides ebenfalls, fortzufahren, „um auch selbst endlich einmal wieder eine Erörterung aus deinem Munde zu vernehmen" (136e). Auch Zenon als erfahrener Philosoph will sich also wiederum von Parmenides

Die zweifache Stoßrichtung der Hegelschen Metakritik

weiter ausbilden lassen, selbst wenn man sich dazu – wie Parmenides sagte – „jener nutzlos scheinenden und von der Menge als Geschwätz verschrienen Erörterungsweise" (*Parm.*, 135d) bedienen muss.

Ein solcher Anschein von nutzlosem Geschwätz wurde auch den Schriften Hegels oft unterstellt – nicht zufälligerweise, wie ich meine. Nun ist die Behandlung philosophischer Behauptungen oder sonstiger Wahrheitsansprüche als bloße „Erscheinungen" ein altes pyrrhonisches Verfahren, das gerade bei starken Meinungsunterschieden angewendet wird. Hegel tadelt aber am Pyrrhonismus, dass er sich anscheinend mit rein abstrakten Negationen zufriedengebe, sich damit zumindest beruhigen lasse. Er selbst behauptet dagegen, es lasse sich eine tiefere, streng interne Kritik herausarbeiten, woraus sich zumindest Ansätze zu einer besseren Ansicht ergäben (*PhG GW* 9:57,1–17). Nach seiner Auffassung muss man den gesamten pyrrhonischen Skeptizismus, wie auch womöglich menschliche Erkenntnistheorien insgesamt, *als* Bewusstseinsgestalten streng intern kritisch durchdenken (9:55,30–31, 55,36–37, 56,36–37); nur eine solche unerbittlich skeptische Methode liefere „die ausführliche Geschichte der Bildung des Bewußtseyns selbst zur Wissenschaft" (9:56,19–21). „Der sich auf den ganzen Umfang des erscheinenden Bewußtseyns richtende Skepticismus macht [...] den Geist erst geschickt zu prüfen, was Wahrheit ist" (9:56,29–31). Das positive Ergebnis sei „die bewußte Einsicht in die Unwahrheit des [bloß; K. R. W.] erscheinenden Wissens" (9:56,10–11). Hegels „sich vollbringender Skepticismus" (9:56,12–13) zielt also explizit auf die durchdachte, herausgearbeitete, gerechtfertigte Fähigkeit, die Wahrheit bezüglich philosophischer Grundfragen herauszuarbeiten und zu begreifen.

Hegels Ausgangspunkt ist allerdings die erkenntnistheoretische Grundfrage nach der Möglichkeit menschlicher Erkenntnis des Absoluten, denn die philosophische „Sache selbst" ist „das wirkliche Erkennen dessen, was in Wahrheit ist" (9:53,1–

2). Notabene: Nach Hegel ist „das Absolute" kein besonderes Objekt, kein besonders wichtiger Gegenstand. Er verwendet das Wort „absolute" adverbial, wie schon Kant anmerkt:

> Das Wort *absolute* wird jetzt öfters gebraucht, um bloß anzuzeigen, daß etwas von einer Sache *an sich selbst* betrachtet und also *innerlich* gelte. (*KrV* A 324/B 381)

Die Einleitung, mit der Hegel die *Phänomenologie des Geistes* eigentlich schon beginnt, ist beabsichtigt und in mehrfacher Hinsicht vorläufig. Hegel verschiebt jegliche Behauptung oder These von seiner Seite bis zu den Ergebnissen des Haupttextes, wenn nicht sogar bis zu dessen Schlusskapitel (*PhG, GW* 9:58,10–11). Seine einführende Erwähnung des Bildes von Wissen als Werkzeug oder Medium (9:53–4) ist sehr allgemein, erinnert aber an diejenigen pyrrhonischen Tropen, die sich gegen „das, wodurch" etwas erkannt wird, richten (*PH* 2:48–69), wie z.B. das Licht der Wahrheit, das in Lockes Dunkelkammer des Verstandes hineindringt (*Essay*, 2,11,17). Auch Hegels Anspielung auf Kants Unterscheidung zwischen Phänomena und Noumena (9:54,21–25) ist sehr grob und kurzgreifend. Aber in der Mitte seiner Einleitung formuliert Hegel erneut das pyrrhonische Kriteriumsdilemma (9:58,10–22). Er löst dieses in brillanter Weise (9:58,22–59,13); seine Lösung bleibt aber völlig implizit, sie wird hauptsächlich durch grammatische Unterscheidungen gemäß Kasus markiert (Westphal 2018, §§ 62–63). In der Einleitung gesteht Hegel nur den Gemeinsinnsbegriff von Bewusstsein als Gewahrwerden eines vom Bewusstsein unterschiedenen Objekts zu (9:58,25–35, 59,5–11); diese Unterscheidung soll angeblich für seine phänomenologische Kritik des erscheinenden Wissens hinreichen (9:60,2–3). Aber gerade dieser Gemeinsinnsbegriff von Bewusstsein wird zu Beginn des ersten Kapitels zur „sinnlichen Gewissheit" durch die Untersuchung einer ebensolchen Bewusstseinsgestalt methodologisch verharmlost dadurch, dass er nicht einfach prüfungslos vorausgesetzt werde.

In der Einleitung zur *Phänomenologie des Geistes* vermeidet Hegel also jegliche eigene Behauptung, denn er ist sich sehr bewusst, dass seine Gegner eine solche ohnehin bekritteln würden, wie die vielfachen Debatten im Anschluss an Kants *Kritik der reinen Vernunft* schon gezeigt haben.

7. Die zweifache Stoßrichtung von Hegels phänomenologischer Metakritik

Hegels phänomenologische Metakritik in der *Phänomenologie des Geistes* richtet sich nun einerseits gegen den naiven Realismus u.a. bei Krug, Schulze oder Jacobi, die behaupten, dass wir gar keine kritische Philosophie benötigten, und andererseits gegen die angebliche Metakritik bei Hamann und Herder, die behaupten, eine kritische Philosophie sei uns gar nicht möglich.

Die *Phänomenologie des Geistes* will ihrer Leserschaft eine „Leiter" zum „Standpunkt" der philosophischen Wissenschaft „reichen" (9:23,3–4); zugleich „verlangt" sie ihrerseits vom Leser, dass dieser sich „in diesen Aether" der Wissenschaft erhebe, „um mit ihr und in ihr leben zu können und zu leben" (9:23,1–2). Obwohl bildhaft, deutet Hegels Gleichnis an, dass diese Leiter sehr lang sein muss, um eine solche Höhe zu erreichen. Aber Hegel gesteht auch zu, dass „bey dem Studium der Wissenschaft" alles darauf ankomme, „die Anstrengung des Begriffs auf sich zu nehmen" (9:41,24–5). Er spricht zwar nicht ausdrücklich von den Parmenides'schen Vorübungen; liest man die *Phänomenologie des Geistes* aber mit der Strenge der besten Forschungen zur antiken Philosophie, die zugleich historisch-kritische *und* systematisch-philosophische Hermeneutik betreiben und die nötige Detailarbeit mit einer umfassenden Gesamtdeutung verbinden, sind solche Vorübungen durch den gesamten Text hindurch zu finden. Einige Beispiele dafür werden im Folgenden kurz resümiert, um anzudeuten, wie aufschlussreich Hegels *Phänomenologie des Geistes* ist und wie sie ihre wahrhaft kritische Philosophie Kantischer Art offenbart, wenn sie systematisch und akribisch als Parmenides'sche Vorübungen gedeutet wird, und zwar im Dienste einer echt kritischen Geschichte der reinen Vernunft, wie Kant diese betitelt (vgl. unten Kap. 10).

Das Erste ist schon, dass Hegel gleich in der Einleitung das pyrrhonische Kriteriumsdilemma erwähnt und dafür eine kühne Lösung andeutet (Westphal 2018, §§ 60–64, 83–91). Gerade in diesen (aber wohl nicht nur in diesen) Hinsichten bildet das Bewusstseinskapitel (*PhG*, 1. Teil) ein direktes Gegenstück zu Kants „objektiver Deduktion" der Kategorien, und zwar um nachzuweisen, dass wir die genannten Begriffe *a priori* in objektiv gültigen, eigentlich kognitiven Urteilen über raumzeitliche Einzelne jeglicher von uns identifizierbaren Art bzw. Größe gebrauchen können. Der Rest der *Phänomenologie des Geistes* entwickelt eine alternative „subjektive" Deduktion von Kategorien, die erforderlich sind, um die sozialen und historischen Gebilde und Leistungen bezüglich menschlicher Erkenntnisse über die Natur, die wir bewohnen, über uns Menschen als die sozial-historischen Wesen, die wir sind, und über das, was wir zusammen etabliert und entdeckt haben, auch über die eigenen Vernunft- und Handlungsfertigkeiten, zu fassen (vgl. Kap. 10 sowie Westphal 2009b, 2011, 2020b).

8. Hegels Geschichte der reinen Vernunft in der Phänomenologie des Geistes

Zu Beginn (oben, Kap. 1) habe ich scharf unterschieden zwischen Sachfragen des Prozesses, darunter auch des zeitlichen bzw. historischen Ablaufs, und Sachfragen der Gültigkeit bzw. rationaler Rechtfertigung. Jetzt können wir Hegels *Phänomenologie des Geistes* wie folgt als eine Ausführung von

Kants ungeschriebenem Kapitel zur Geschichte der reinen Vernunft betrachten: Da Hegels phänomenologische Kritik der Bewusstseinsgestalten einen indirekten, regressiven Beweis für mehrere Kernthesen von Kants kritischer Erkenntnistheorie bildet und da die von Hegel untersuchte Reihe der Bewusstseinsgestalten eine beweiskräftige Struktur bildet (vgl. unten, Kap. 10), die nachweist, dass jegliche individualistischen, ahistorischen, akonzeptuellen und überhaupt alle nichtkritischen Ansätze unzulänglich sind, stellt seine *Phänomenologie des Geistes* tatsächlich unsere gemeinsame wie auch seine Bildungsgeschichte dar: über eine Reihe von Grundproblemen, Teillösungen, weitergehenden Reflexionen, erneuten Ansätzen und allmählicher Entschlüsselung und zunehmendem Wissen darüber, wer wir eigentlich sind, was wir wissen und tun können und wie wir überhaupt im Stande sind, all dies zu leisten, zu begreifen und zutreffend einzuschätzen. Hegels vielfache Erinnerungen an die Geschichte des menschlichen Denkens, Suchens, Tuns, Einschätzens und neuen oder verbesserten Könnens bestimmen – d.h. sie *spezifizieren* – immer genauer, was wir erkennen können und erkennen, wie wir es erkennen können und wer wir sind, die wirkliche Dinge als das erkennen können, was sie tatsächlich, unqualifizierter-, also absoluterweise, *sind*. Vieles in Hegels Untersuchungen zu „Selbstbewußtseyn", „Vernunft", „Geist" und „Religion" ist ausdrücklich oder jedenfalls offensichtlich historisch (wenn auch kritisch) angelegt. Aber auch in der beobachtenden Vernunft in Bezug auf Natur untersucht er schon wichtige Wendepunkte in der Geschichte und Philosophie der Naturwissenschaften (Ferrini 2009), und zwar im Anschluss an seine Untersuchung zu „Kraft und Verstand" (Westphal 2015). Hegels Kritik an „sinnlicher Gewissheit" richtet sich gegen eine begriffsfreie Erkenntnis von Einzeldingen im Raum und in der Zeit. Doch zeigt sich ein ebenso unbefangenes Zutrauen zu menschlicher Erkenntnis schon bei den frühen ionischen Denkern. Wie Hegel anderswo zugesteht, ist seine dialektische Kritik an „sinnlicher Gewissheit" dem antiken Skeptizismus entlehnt (Düsing 1973), darüber hinaus aber wohl auch den stoischen Untersuchungen zur deixis (vgl. *AL* 2:93–103, 112–17, 418–19; Hegel, *VGP* 8:104, 107–8). Auch wenn sich seine Kritik der Wahrnehmung hauptsächlich gegen Humes Empirismus richtet (Westphal 1998), tauchen viele der diesbezüglichen Sachfragen nach menschlicher Sinnlichkeit und Wahrnehmung schon in Platons *Theatet* (156a–157c, 159c–160d, 177c–183c) auf, wo sie auf Protagoras zurückgehen oder wenigstens auf Platons Resümee von dessen Ansichten. Und schließlich: Wenn sich die Hauptfragen des Kapitels zu „Kraft und Verstand" auf die Möglichkeit und die richtige Analyse der Kausalerklärung raumzeitlicher Phänomene beziehen, betreffen sie auch das angebliche Verhältnis zwischen den allgemeinen Kausalgesetzen der Natur und den vielfältigen, besonders ausdifferenzierten Naturerscheinungen, die durch Kausalgesetze zu erklären seien. Solche Fragen nach dem Verhältnis zwischen Universalien, die wir buchstäblich nicht wahrnehmen, und raumzeitlichen Einzelnen bzw. Strukturen, die wir durchaus wahrnehmen, sind uralt, wie Hegel in seinen Vorlesungen über die antike griechische Philosophie betont. Aber bei genauerer Betrachtung entlarvt Hegel in „Kraft und Verstand" eine Zweideutigkeit im philosophischen Gebrauch des Wortes ‚intern' bzw. ‚innerlich' zur Charakterisierung von Bestimmungen (also Aspekten oder Eigenschaften) eines Einzelnen: Bestimmungen gelten einerseits als ‚intern' bzw. ‚innerlich', wenn sie für das Einzelne mitkonstitutiv („wesentlich") sind, andererseits aber, wenn sie bloß für das Einzelne gelten, also kein Verhältnis bzw. keine Relation angeben. Nun führt die Konfundierung dieser beiden Bedeutungen direkt und unvermeidlich zu der These, dass für das Einzelne gar keine Beziehungen oder Relationen mitkonstitutiv sein können. Diese Konfundierung obwaltet aber in der philosophischen Ontologie und Erkenntnistheorie des Westens mindestens seit Aristoteles über Kant und bis zum heutigen Tag, da sie unvermeidlich zum Humeschen Skeptizismus in Bezug auf Kausalverhältnisse führt. In „Kraft und Verstand" entlarvt Hegel diese Konfundierung zu Gunsten des Kausalrealismus bei Newton in Bezug auf die Gravitationskraft, wohl auch, um zu zeigen, dass Fernkräfte philosophisch legitim sind und sich naturwissenschaftlich feststellen und bemessen lassen (Westphal 2015). Zudem findet sich der angeblich skeptische Kausalregress von Kraftäußerung bis zu ihrer solizitierenden Kraft, die wiederum durch eine weitere Solizitationskraft ausgelöst werde, und so weiter bis ins Unendliche, der Hegel in „Kraft und Verstand" widerspricht (*GW* 9:85,9–87,37), weder bei Kant noch bei Leibniz, sondern nur – und zwar vielfach – bei Herder (1787), wie Hegel an anderer Stelle betont (*Enz.* § 136 Anm.). Hegels durch den Pyrrhonismus verschärfte phänomenologische Kritik an naturwissenschaftlichen Kausalerklärungen erschließt übrigens, dass und in welcher Weise genau der „konstruktive Empirismus" bei Bas van Fraassen unbewusst eine exemplarische, verführerische, jedoch völlig unhaltbare Form eines pyrrhonischen Skeptizismus vorträgt (Westphal 2018, § 119; Westphal [im Erscheinen]).

9. Hegelsche Ergebnisse

Hegels *Phänomenologie des Geistes* besteht tatsächlich in einem besonders dichten Gebilde von gezielten Vorübungen Parmenides'scher Art, die wir verstehen, begreifen und bemeistern müssen, um uns kompetent und konstruktiv mit den philosophischen Hauptfragen auseinandersetzen zu können. Ohne ein aufgewecktes Problembewusstsein, das zugleich ein aufgeklärtes historisch-philosophisches Bewusstsein einbezieht, bleibt uns dieses Buch gänzlich verschlossen, auch als Bildungsroman. Die sogenannte „Entwicklungsgeschichte" des Hegelschen Systems der Philosophie ist ebenso spannend wie bedeutsam. Aber eine solche Entwicklungsgeschichte lässt sich von bloßen Abwandlungen nur durch ein aufgeklärtes, raffiniertes philosophisches Problembewusstsein samt entsprechenden kritischen Kriterien und prüfenden Rechtfertigungsmethoden abgrenzen. Um fortschrittlich zu philosophieren, müssen wir im Stande sein, Fortschritte von bloßen Abwandlungen oder auch originalem Unsinn zu unterscheiden und sie zu prüfen (vgl. Kant *KU*, § 46, *GS* 5:307,33–308,5). Und dazu muss man tatsächlich begreifen, was in der Philosophie schon geleistet wurde, aber eben auch, was dabei misslingt oder zu kurz greift. Die Philosophie lässt sich weder rein historisch noch unhistorisch weiterentwickeln (vgl. Cellucci 2018). Das gilt auch bezüglich der Philosophiegeschichte, also auch für die Hegel-Forschungen.[5]

---

5 Auch die Hegel-Forscher werden zwischen neuen Erkenntnissen und bloßen Neuigkeiten unterscheiden müssen und diese Unterscheidungen genau rechtfertigen können. Das ist nur anhand der oben angeführten Hermeneutik der altgriechischen Forschungen (Kap. 7) sowie unter Kenntnis der allerbesten früheren Forschungen zu leisten. Heutzutage begnügen sich viele aber mit bloßen Neuigkeiten, scheinbar ohne sich an Hegels Ergebnis im Kapitel „Der wahre Geist, die Sittlichkeit" zu erinnern, wonach weder bloß tradierte Gebräuche noch willkürliches Fiat eigentliches kategoriales bzw. rechtfertigungsfähiges Denken prüfen oder rechtfertigen kann. Beispielsweise die Arbeiten von Harris (1997), Heinrichs (1974), Collins (2013), Stekeler-Weithofer (2014) und Stewart (2000) sind zugleich meister- wie musterhaft, werden aber heute kaum mehr berücksichtigt. Das ist reichlich unverantwortlich. Meine eigene Deutung, zuerst entworfen in Westphal (1989), wird hier präzisiert und untermauert. Das geschieht unter anderem durch den Nachweis, dass Hegels *Phänomenologie des Geistes* in der Tat sich der Aufgabe von Kants Schlußkapitel der *Kritik der reinen Vernunft*, also zur „Geschichte der reinen Vernunft", nicht nur annimmt, sondern das dort Geforderte *en detail* herausarbeitet, und zwar u.a. im Dienst der Erkenntnistheorie. Die meisten Schriften zur Erkenntnistheorie bei Hegel sind der Erkenntnistheorie selbst leider nicht sehr dienlich. Dadurch bleiben auch Hegels Bemühungen um die kritische Rechtfertigung seiner Ergebnisse unberücksichtigt, obwohl diese Bemühungen für die Interpretation seiner Untersuchungen sowie die Prüfung seiner Ergebnisse von entscheidender Bedeutung sind. – Für tatkräftige Unterstützung bei der Anfertigung des Typoskripts der vorliegenden Abhandlung danke ich gerne Frau Dr. Ingrid Furchner (context, Bielefeld).

Die zweifache Stoßrichtung der Hegelschen Metakritik

Anhang

10. *Hegels kritische Erkenntnistheorie in der Phänomenologie des Geistes*

Inhaltsverzeichnis der *Phänomenologie des Geistes* (links)
    Beweisstruktur und Hauptthesen (rechts)[6]
Vorrede (*GW* 9:9)
Einleitung (53)   z.z.: Wie uns konstruktive Selbstkritik
                         überhaupt möglich sei.

A Bewußtseyn
    I Die sinnliche Gewißheit; oder das Diese und das Meinen (63)

                         z.z.: (1) Unsere Begriffe ,Zeit', ,Zeiten', ,Raum', ,Räume', ,Ich' und ,Individuierung' sind rein *a priori* sowie (2) zur Auszeichnung sowie Erkenntnis jeglicher einzelnen Gegenstand bzw. Ereignis unausbleiblich notwendig.

    II Die Wahrnehmung; oder das Ding, und die Täuschung (71)

                         z.z.: (1) Die Verwendung bloßer Beobachtungswörter ist zur empirischen Erkenntnis unzulänglich; (2) Unser Begriff ,physischer Gegenstand' ist rein *a priori*, (3) dieser Begriff integriert zwei numerisch (quantitativ) entgegengesetzte Teilbegriffe ,Einheit' und ,Vielheit', sowie (4) ist zur Identifizierung und Erkenntnis jeglicher

---

6 Sigle „z.z.": „zu zeigen", also was zu beweisen, demonstrieren sei.

einzelnen Gegenstandes bzw. Ereignisses unausbleiblich notwendig.

III Kraft und Verstand, Erscheinung und übersinnliche Welt (82)

z.z.: (1) Wir können Kausalkräfte nur dadurch richtig konzipieren, dass wir begreifen, dass konstitutive Eigenschaften eines Dinges relationale Eigenschaften sein können; (2) Formulierungen von Naturgesetzen sind Begriffsgebilde, die tatsächlichen Naturstrukturen ausdrucken (können); (3) Unser Gegenstandsbewußtsein ist nur durch unser apperzeptives Selbstbewußtsein möglich.

B Selbstbewußtseyn

IV Die Wahrheit der Gewißheit seiner selbst [Das Leben & der Begierde] (103)

z.z.: Biologische Bedürfnisse fordern Unterscheidungen zwischen Gegenständen sowie Realismus bezüglich der diesen befriedigenden bzw. dem Organismus gefährlichen oder bedrohenden Gegenständen.

A Selbstständigkeit & Unselbstständigkeit des Selbstbewußtseins; Herrschaft & Knechtschaft (109)

z.z.: (1) Durch bloßes Wollen wird die Natur gar nicht konstitutiert; (2) Unsere lebendige Körperlichkeit ist unserem Selbstbewußtsein notwendig.

B Freiheit des Selbstbewußtseyns; [a] Stoizismus, [b] Skeptizismus, [c] das unglückliche Bewußtsein (116)

Die zweifache Stoßrichtung der Hegelschen Metakritik

> z.z.: (1) Die meisten unserer Bewußtseins-
> gehalte entstammen unserer gemein-
> samen, öffentlichen Welt; (2) Un-
> ser Selbstbewußtsein ist uns nur
> durch welt-bezogenes Gegenstandsbe-
> wußtsein möglich.
>
> {Bewußtseyn + Selbstbewußtseyn ≈ ob-
> jektive Kategoriendeduktion}

C (AA) Die Vernunft

  v Gewißheit & Wahrheit der Vernunft (132)

    A Beobachtende Vernunft (137)

      a Beobachtung der Natur (139)

>   z.z.: Unser klassifizierendes, kategoriales
>   Denken setzt weltliche Naturgebilde
>   voraus, die wir entdecken müssen
>   (und können).

      b Die Beobachtung des Selbstbewußtseyns in seiner
        Reinheit und seiner Beziehung auf äußre Wirk-
        lichkeit; logische & psychologische Gesetze (167)

      c Beobachtung der Beziehung des Selbstbewußt-
        seyns auf seine unmittelbare Wirklichkeit; Physio-
        gnomik und Schädellehre (171)

>   z.z.: Unser klassifizierendes, kategoriales
>   Denken ist kein bloß natürliches Ver-
>   mögen.

    B Die Verwirklichung des vernünftigen Selbstbewußt-
      seyns durch sich selbst (193)

      a Die Lust & die Notwendigkeit (198)

      b Das Gesetz des Herzens & der Wahnsinn des Ei-
        gendünkels (202)

      c Die Tugend & der Weltlauf (208)

C Die Individualität, welche sich an und für sich selbst reell ist (214)

    a Das geistige Tierreich & der Betrug, oder die Sache selbst (216)

    b Die gesetzgebende Vernunft (228)

    c Gesetzprüfende Vernunft (232)

> z.z.: Unser klassifizierendes, kategoriales Denken ist kein bloß individuelles Vermögen des Einzelnen.
>
> {Implizite Ergebnisse des Vernunftkapitels: (1) Jede menschliche Person ist wie und wer sie ist nur innerhalb ihrer natürlichen sowie sozialen Umgebung; (2) Die bisherigen Abschnitte haben verschiedene aber konstitutiv integrierte Aspekte eines konkreten sozialen Ganzes untersucht.}

(BB) VI Der [unmittelbare (*GW* 9:240,1–4, 365,23)] Geist (238)

  A Der wahre Geist, die Sittlichkeit (240)

    a Die sittliche Welt, das menschliche & göttliche Gesetz, der Mann & das Weib (241)

    b Die sittliche Handlung, das menschliche & göttliche Wissen, die Schuld & das Schicksal (251)

    c Der Rechtszustand (260)

> z.z.: Weder bloß tradierte Gebräuche noch willkürliches Fiat kann eigentliches kategoriales bzw. rechtfertigungsfähiges Denken prüfen bzw. rechtfertigen.

  B Der sich entfremdete Geist; die Bildung (264)

    a Die Welt des sich entfremdeten Geistes (266)

      i Die Bildung & ihr Reich der Wirklichkeit (267)

      ii Der Glauben & die reine Einsicht (286)

Die zweifache Stoßrichtung der Hegelschen Metakritik

b Die Aufklärung (292)
   i Der Kampf der Aufklärung mit dem Aberglauben (293)
   ii Die Wahrheit der Aufklärung (311)
c Die absolute Freiheit & der Schrecken (316)

> z.z.: Kategoriales bzw. rechtfertigungsfähiges Denken lässt sich nicht bloß *a priori* (also nicht bloß individualistisch) prüfen bzw. korrigieren.

C Der seiner selbst gewisse Geist. Die Moralität (323)
   a Die moralische Weltanschauung (324)

> z.z.: Individualistisch bzw. rein *a priori* genommen ist die kantische Auffassung der moralischen Urteilskraft ungenügend.

   b Die Verstellung (332)
   c Das Gewissen, die schöne Seele, das Böse & seine Verzeihung (340)

> z.z.: (1) Individuelle rechtfertigungsfähige Urteilskraft ist grundsätzlich sozial angelegt, sofern wir nur völlig rationale Urteile fällen können, damit wir die eigene Fehlbarkeit zugestehen, so dass wir wechselseitig auf einander zur Prüfung, Korrigierung bzw. Bewährung unserer eigenen allerbesten Urteilen angewiesen worden sind; (2) also ist die Korrigierbarkeit sowie die Rechtfertigungsfähigkeit unseres kategorialen, rechtfertigungsfähigen Denkens ein *soziales* Phänomen.

(CC)vii Die Religion (363)

   A Natürliche Religion (369)

      a Das Lichtwesen (370)

      b Die Pflanze und das Tier (372)

      c Der Werkmeister (373)

   B Die Kunst-Religion (376)

      a Das abstrakte Kunstwerk (378)

      b Das lebendige Kunstwerk (385)

      c Das geistige Kunstwerk (388)

   C Die offenbare Religion (400)

> z.z.: Religion ist die erste, allegorische, vorläufige aber jedoch kollektive Anerkennung der sozialen sowie historischen Grundlage unserer kategorialen und rechtfertigungsfähigen Erkenntnis der Welt.[7]

> {Vernunft + Geist + Religion ≈ Hegels sozial-historisches Gegenstück zu Kants „subjektiver" Kategoriendeduktion.}

(DD) viii Das absolute Wissen (422)

> z.z.: Durch die *PhdG* erlangen wir begreifende Auffassung der sozialen sowie historischen Grundlage unseres absoluten Wissens der Welt.

> {Erkenntnistheoretische *Hauptergebnis der PhdG*: Erkenntnistheoretischer Realismus + sozial-historische kognitive Rechtfertigungstheorie.}

---

7 Wie es Hegel gelingt, seinen erkenntnistheoretischen Realismus, auch bezüglich der Naturwissenschaften und der Naturgeschichte, mit einer göttlichen Emmanationsmetaphysik zu versöhnen, wird in Westphal (2019, § 6) resümiert. Wie sich diese theoretische Versöhnung auch als wohl-begründete moralische Weltanschauung vertreten lässt, wird in Westphal (2020c, §§ 18–30, 76) gezeigt. Zu Hegels Religionsphilosophie siehe insbesondere di Giovanni (2009), (2017), (2021).

Literatur

Berg, Franz, 1804. *Sextus oder über die absolute Erkenntniss von Schelling. Ein Gespräch.* Würzburg, Sartorius.

Buhle, Johann Gottlieb, 1801. „Vorrede" zu: *Sextus Empirikus oder der Skepticismus der Griechen,* aus dem Griechischen mit Anmerkungen und Abhandlungen herausgegeben von J. G. Buhle (Lemgo, Meyer), iii–viii.

Cellucci, Carlo, 2018. 'Philosophy at a Crossroads: Escaping from Irrelevance'. *Syzetesis* 5.1:13–54; URL: http://www.syzetesis.it.

Collins, Ardis, 2013. *Hegel's Phenomenology: The Dialectical Justification of Philosophy's First Principles.* Montreal & Kingston, McGill-Queens University Press.

di Giovanni, George, 2000. 'The Facts of Consciousness'. In: Harris und di Giovanni (2000), 2–50.

———, 2009. 'Religion, History, and Spirit in Hegel's Phenomenology of Spirit'. In: K. R. Westphal, ed., *The Blackwell Guide to Hegel's Phenomenology of Spirit* (London, Blackwell), 226–245.

———, 2018. Review of R. Williams, *Hegel on the Proofs and the Personhood of God: Studies in Hegel's Logic and Philosophy of Religion* (Oxford University Press, 2107). *SGIR Review* 1.1:8–19. (New York, Society for German Idealism and Romanticism; print + online open access: https://www.thesgir.org/sgir-review-1--no.-1--1 8.html.)

———, 2021. *Hegel and the Challenge of Spinoza: A Study in German Idealism, 1801–1831.* Cambridge, Cambridge University Press.

Düsing, Klaus, 1973. „Die Bedeutung des antiken Skeptizismus für Hegels Kritik der sinnlichen Gewißheit." *Hegel-Studien* 8:119–130.

———, Hg., 1988. *Schellings und Hegels erste absolute Metaphysik (1801–1802). Zusammenfassende Vorlesungsnachschriften von I. P. V. Troxler.* Köln, Dinter.

Engels, Friedrich, 1842. *Schelling und die Offenbarung. Kritik des neuesten Reaktionsversuchs gegen die freie Philosophie.* Leipzig, Binder; rpt.: *MEW* 41:173–221; *MEGA* 1,3:265–314.

Engstler, Achim, 1990. *Untersuchungen zum Idealismus Salomon Maimons.* Stuttgart-Bad Cannstadt: frommann-holzboog.

Ferrini, Cinzia, 2009. 'Reason Observing Nature'. In: K. R. Westphal, ed., *The Blackwell Guide to Hegel's Phenomenology of Spirit* (London, Blackwell), 92–135.

Fichte, Johann Gottlieb, 1845. I. H. Fichte, Hg., *Johann Gottlieb Fichtes Sämmtliche Werke*, 10 Bde. Berlin, Veit; rpt.: DeGruyter, 1971.

Frege, Gottlob, 1884. *Grundlagen der Arithmetik*. Breslau, Koebner.

———, 1893. *Grundgesetze der Arithmetik*. Jena, Pohle.

Fulda, Hans-Friedrich, 1975. *Das Problem einer Einleitung in Hegels Wissenschaft der Logik*, 2nd rev. Aufl. Frankfurt am Main, Klostermann.

Götz, Johann Kaspar, 1807. *Anti-Sextus, oder Über die absolute Erkenntniss von Schelling*. Heidelberg, Pfæhler.

Hamann, Johann Georg, 1784 (unveröffentlicht). „Metakritik über den Purismum der reinen Vernunft". In: F. Roth, Hg., *Hamann's Schriften* (Leipzig: Reimer, 1825), 7:1–16.

Harris, H. S., 1997. *Hegel's Ladder*, 2 vols. Cambridge, Mass., Hackett Publishing Co.

———, and George di Giovani, eds. und trans., 2000. *Between Kant and Hegel: Texts in the Development of Post-Kantian Idealism*, 2nd rev. ed. Cambridge, Mass., Hackett Publishing Co.

Hegel, G. W. F., 1968. *Gesammelte Werke*. Rheinisch-Westfälische Akademie der Wissenschaften in Verbindung mit der Deutschen Forschungsgemeinschaft. Hamburg, Meiner; zitiert als ‚GW‘, nach Band : Seite, Zeile.

———, 1970. E. Moldenhauer und K. M. Michel, Hgg., *Theorie-Werkausgabe in 20 Bänden*. Frankfurt am Main, Suhrkamp; zitiert als ‚TWA‘, nach Band : Seite.

———, 2009. K. Worm, Hg., *Hegels Werk im Kontext*, 5th Release. Berlin, InfoSoftWare.

———, 1802. „Verhältniss des Skepticismus zur Philosophie, Darstellung seiner verschiedenen Modificationen, und Vergleichung des Neuesten mit dem Alten". *Kritisches Journal der Philosophie* 1.2; GW 4:197–238.

———, 1807. *Phänomenologie des Geistes*. GW 9.

———, 1812, 1816, 1832. *Die Wissenschaft der Logik*. GW 11, 12, 21.

Die zweifache Stoßrichtung der Hegelschen Metakritik

————, 1830. *Enzyklopädie der philosophischen Wissenschaften im Grundrisse*, 3. Auflage, 3 Bände. Zitiert nach §/Anm./Z (,Z': *Zusatz*) in: *GW* 20 (ohne *Zusätze*); *TWA* 8–10 (mit *Zusätze*).

Heinrichs, Johannes, 1974. *Die Logik der Phänomenologie des Geistes*. Bonn, Bouvier.

Herder, Johann Gottfried von, 1787. *Gott. Einige Gespräche*. Gotha, Ettinger.

————, 1799. *Verstand und Erfahrung, Vernunft und Sprache. Eine Metakritik zur Kritik der reinen Vernunft*, 2 Bände. Wien & Prag, Haas.

Kant, Immanuel, 1902. *Kants Gesammelte Schriften*. Königlich Preußische (jetzt Deutsche) Akademie der Wissenschaften. Berlin, G. Reimer (jetzt de Gruyter); zitiert als ,GS' nach Band : Seite Nummern.

————, 1998. J. Timmermann, Hg., *Kritik der reinen Vernunft*. Hamburg, Meiner; zitiert als ,KrV' nach den beiden Auflagen, ,A' resp. ,B'.

Landau, Albert, 1991. *Rezensionen zur kantischen Philosophie 1781–87*. Bebra, Landau.

Locke, John, 1690. *An Essay Concerning Human Understanding*. London, Basset; crit. ed.: P. H. Nidditch; Oxford: The Clarendon Press, 1975; Sigle: ,*Essay*', zitiert nach Buch, Kapitel, Abschnitt.

Maimon, Solomon, 1790. *Versuch über die Transcendentalphilosophie*. Berlin, Voss.

Platon, 1922. *Parmenides*. 2., rev. Auflage. O. Apelt, Hg. und Übers. Leipzig, Meiner.

Reinhold, Karl L., 1789. *Versuch einer neuen Theorie des Vorstellungsvermögens*. Prag & Jena, C. Widtmann & I. M. Mauke.

————, 1790, 1794. *Beyträge zur Berichtigung bisheriger Missverständnisse der Philosophen*, 2 Bände. Jena, J. M. Mauke.

————, 1791. W. H. Schrader, Hg., *Über das Fundament des philosophischen Wissens*. Rpt. Hamburg, Meiner 1978.

Richards, Robert, 2002. *The Romantic Conception of Life: Science and Philosophy in the Age of Goethe*. Chicago, University of Chicago Press.

Schelling, F. W. J. von, 1805. „Aphorismen zur Einleitung in die Naturphilosophie". *Jahrbücher für Medizin als Wissenschaft* 1:2–88; rpt. in: *SW* I,7:140–197; *HKA* I,15:63–144.

———, 1856. K. F. A. Schelling, Hg., *Sämtliche Werke*, 10 Bände. Stuttgart, Cotta; zitiert als ‚*SW*', nach Band : Seite.

———, 1976. W. G. Jacobs, W. Schieche, Hgg., *Werke: Historisch-kritische Ausgabe*, 33 Bände. Stuttgart, frommann-holzboog; zitiert als ‚*HKA*', nach Band : Seite.eng

Schulze, Gottlob Ernst, 1792. *Aenesidemus oder über die Fundamente der von dem Herrn Professor Reinhold in Jena gelieferten Elementar-Philosophie. Nebst einer Verteidigung des Skepticismus gegen die Anmaaßungen der Vernunftkritik.* Hehnstaedt, n.p.; rpt.: Berlin: Reuther & Reichard, 1911.

——— (Anon.), 1803. „Aphorismen über das Absolute". In: F. Bouterwek, Hg., *Neues Museum der Philosophie und Literatur* (Leipzig) 1.2:107–148; Wiederabdruck in: W. Jaeschke, Hg., *Transzendentalphilosophie und Spekulation: Der Streit um die Gestalt einer Ersten Philosophie (1799–1807)* (Hamburg, Meiner, 1993), Quellenband 2,1:337–355.

Seebohm, Thomas, 1972. „Der systematische Ort der Herderschen Metakritik". *Kant-Studien* 63,1:59–73.

Sextus Empiricus, 1912, 1954. *Sexti Empirici Opera*, 3 Bände. H. Mutschmann, J. Mau und K. Janáček, Hgg. und Übers. Leipzig, Teubner.

———, 1999. *Grundriß der pyrrhonischen Skepsis*, 3. Aufl. M. Hossenfelder, Hg. und Übers. Frankfurt am Main, Suhrkamp.

Stekeler-Weithofer, Pirmin, 2014. *Hegels Phänomenologie des Geistes. Ein dialogischer Kommentar*, 2 Bde. Hamburg, Meiner.

Stewart, Jon, 2000. *The Unity of Hegel's Phenomenology of Spirit: A Systematic Interpretation.* Evanston, Ill., Northwestern University Press.

Tetens, Johann N., 1775. *Über die allgemeine speculativische Philosophie.* Bützow & Wismar, Boedner.

———, 1777. *Philosophische Versuche über die menschliche Natur und ihre Entwicklung*, 2 Bände. Leipzig, M. G. Weidmanns Erben & Reich.

———, 1913. W. Uebele, Hg., *Über die allgemeine speculativische Philosophie – Philosophische Versuche über die menschliche Natur und ihre Entwicklung*, Band 1. Berlin, Reuther & Reichard.

Westphal, Kenneth R., 1989. *Hegel's Epistemological Realism: A Study of the Aim and Method of Hegel's Phenomenology of Spirit.* (Philosophical Studies Series in Philosophy 43, Keith Lehrer, ed.) Dordrecht, Kluwer.

———, 1998. *Hegel, Hume und die Identität wahrnehmbarer Dinge. Historisch-kritische Analyse zum Kapitel „Wahrnehmung" in der Phänomenologie von 1807.* (Philosophische Abhandlungen, Bd. 72.) Frankfurt am Main, Klostermann.

———, ed., 2009a. *The Blackwell Guide to Hegel's Phenomenology of Spirit.* Oxford, Wiley-Blackwell.

———, 2009b. 'Hegel's Phenomenological Method and Analysis of Consciousness'. In: K. R. Westphal, ed. (2009a), 1–36.

———, 2011. „Urteilskraft, gegenseitige Anerkennung und rationale Rechtfertigung". In: H.-D. Klein, Hg., *Ethik als prima philosophia?* (Würzburg, Königshausen & Neumann), 171–193.

———, 2015. 'Causal Realism and the Limits of Empiricism: Some Unexpected Insights from Hegel'. *HOPOS: The Journal of the International Society for the History of Philosophy of Science* 5.2:281–317.

———, 2018. *Grounds of Pragmatic Realism: Hegel's Internal Critique and Transformation of Kant's Critical Philosophy.* Leiden, Brill.

———, 2019. 'Hegel's Critique of Theoretical Spirit: Kant's Functionalist Cognitive Psychology in Context'. In: M. Bykova, ed., *Hegel's Philosophy of Spirit: A Critical Guide* (Cambridge, Cambridge University Press), 57–80.

———, 2020a. „Beantwortung der Frage: Was ist kritische Philosophie?" In: D. Simmermacher und A. Krause, Hgg., *Denken und Handeln. Perspektiven der praktischen Philosophie und der Sprachphilosophie* – Festschrift für Matthias Kaufmann (Berlin, Duncker & Humblot), 291–305.

———, 2020b. 'Individuality and Human Sociality: Individualism and our Human *Zoôn Politikon*'. In: M. F. Bykova und K. R. Westphal, eds., *The Palgrave Hegel Handbook* (London, Palgrave Macmillan [Springer Nature]), 133–148.

————, 2020c. *Hegel's Civic Republicanism: Integrating Natural Law with Kant's Moral Constructivism*. New York & London, Routledge.

————, 2021a. *Kant's Critical Epistemology: Why Epistemology must Consider Judgment First*. New York & London, Routledge.

————, 2021b. „Was heißt es, sich in der kritischen Philosophie zu orientieren? Heterodoxe hermeneutische Briefe zur Beförderung der Humanität". In: W. Flach und Chr. Krijnen, *Kant und Hegel über Freiheit. Mit Diskussionsbeiträgen von Martin Bunte, Jakub Kloc-Konkołowicz, Hernán Pringe, Jacco Verburgt, Kenneth R. Westphal und Manfred Wetzel* (Leiden, Brill), 201–207.

————, 2022. „Wie beweist Kant die ‚Realität' unseres äußeren Sinnes?" In: G. Motta, D. Schulting, und U. Thiel, Hgg., *Kant's Transcendental Deduction of the Categories: New Interpretations* (Berlin, de Gruyter), 525–569.

————, (im Erscheinen). „Wie Hegels kognitive Semantik Newtons ‚Regel IV der Experimentalphilosophie' untermauert sowie van Fraassens ‚konstruktiven Empirismus' unterminiert." In: B. Sandkaulen, *et alia*, Hgg., *Self-understanding of Philosophy and its Relation to the (Other) Sciences*, Akten des Stuttgarter Hegel-Kongreß 2023. Stuttgart, Klett-Cotta.

Spekulatives Denken zweiter Ordnung. Die Gegenläufigkeit spekulativen und konstruktiven Denkens bei Hegel und Spencer-Brown

Walter Tydecks

1. Einleitung

„Im gemeinen Leben" hat spekulatives Denken nicht den besten Ruf. So wie es heute um Börsenspekulationen und ähnliche gewagte Finanztransaktionen geht, nennt Hegel „Heirats- oder Handelsspekulationen", und allgemein werden Spekulationen meist „in der Bedeutung eines bloß Subjektiven" und letztlich „gleichbedeutend mit dem Geheimnisvollen und Unbegreiflichen" gesehen (Enz § 81Z, TWA 8.178). Aus Sicht der Aufklärung ist kaum mehr zwischen Glaube, Aberglaube und Spekulation zu unterscheiden. Seither zählen nur Tatsachen-Erkenntnisse, die sich experimentell überprüfen lassen und aus denen sich mit Wissenschaft und Technik ein erkennbarer Nutzen ergibt. Wir sind in einer rein materiellen Welt und der Erfolgsgeschichte ihrer Fortschritte angekommen. „Alles Spekulative aus menschlichen und göttlichen Dingen hat die Aufklärung verbannt und vertilgt." (VPhG, Aufklärung und Revolution; TWA 12.524)

Dagegen vollzog bereits Kant in einer Denkbewegung, die oft nur Hegel zugetraut wird, eine erste Negation. Für ihn gibt es keinen Zweifel: „Eine theoretische Erkenntnis ist *spekulativ*, wenn sie auf einen Gegenstand, oder solche Begriffe von einem Gegenstande, geht, wozu man in keiner Erfahrung gelangen kann." (KrV, B 662) Aber er sah darin zugleich eine unerwartete Möglichkeit, tiefer in die Grundlagen des Denkens einzudringen: In der bewussten Abkehr von jeder Erfahrung und bloßem Empirismus kann ein Standpunkt gewonnen werden, von dem aus deren Grenzen und verborgenen inneren Voraussetzungen erkennbar werden, die jeder möglichen Erfahrung vorausgehen. Für ihn ist spekulatives Denken die höchste Aufgabe der Philosophie, wenn sie sich bewusst darauf beschränkt, ausschließlich negativ zu denken. Negativ bedeutet, dass sie etwas entdeckt, das *nicht* erfahren werden kann, sich aber *an den Erfahrungen* zeigt. Das sind zuvörderst Einsichten über die reine Zeit und den reinen Raum, die als solche nicht erfahren werden können – wir können nur Dinge in Raum und Zeit, aber nie diese unmittelbar für sich erfahren –, aber deren Eigenschaften jeder Erfahrung vorausgehen und sie prägen. Weitere Beispiele sind regulative Prinzipien wie das Ich, die Welt im Ganzen oder Gott, die die Tätigkeit des Verstandes orientieren, ohne als solche sinnlich erfahren werden zu können. Kant wählte das eingängige Bild des *focus imaginarius*, der sich im unsichtbaren Rücken aller Erfahrung befindet und die innere Krümmung all unserer Darstellungsräume des Wirklichen erklärt. Ohne diesen wichtigen Gedanken an dieser Stelle inhaltlich weiter auszuführen (siehe dazu Tydecks, 2014), soll es hier ausschließlich um die Frage gehen, wie Kant das spekulative Denken sieht. Der *focus imaginarius* ist „ein Punkt […], aus welchem die Verstandesbegriffe wirklich nicht ausgehen, indem er ganz außerhalb den Grenzen möglicher Erfahrung liegt, [der] dennoch dazu dient, ihnen die größte Einheit neben der größten Ausbreitung zu verschaffen" (KrV, B 672). Diesen Punkt zu treffen ist nur einem spekulativen Denken möglich. In der gedanklichen Konstruktion eines *focus imaginarius* zeigt sich das konstruktive Vermögen des spekulativen Denkens, auch wenn Kant das nicht weiter erläutert hat, sondern sich ganz auf die Kraft dieses Bildes verlässt.

Würde dieses Bild wörtlich genommen, führt das in Widersprüche. Kant hat ausdrücklich vor allen überfliegenden Ideen gewarnt, die Erkenntnisse des rein negativ operierenden, spekulativen Denkens auf die erfahrbare Welt zu übertragen. Der

Spekulatives Denken zweiter Ordnung

focus imaginarius ist kein Gegenstand im Bereich der erfahrbaren Welt. Die erste These lautet daher: Nicht Hegel, sondern Kant sieht das spekulative Denken in absoluter Negativität. Hegel übernimmt diesen Schritt, etwas rein negativ in seiner „Bewegung von nichts durch nichts zu sich selbst zurück" zu untersuchen (WdL, Erscheinung; TWA 6.148f.), und arbeitet ihn weiter aus zu einer Logik der Reflexionsbestimmungen. Aber er bleibt nicht dabei stehen, sondern negiert diese Negation ihrerseits und versteht im Ergebnis „das *Spekulative*" als das „*Positiv-Vernünftige*" (Enz § 82, TWA 8.176). In der *Philosophie der Religion* spricht er von „dem wahrhaft *Affirmativen*" (PhRel I, 15. Vorlesung; TWA 17.481). Er sieht, dass diese Negation der Negation im Keim bereits bei Kant angelehnt ist, wenn dieser keineswegs nur rein negativ denkt, sondern mit der Erkenntnis der Einheit der Verstandesbegriffe und Begriffen wie Zusammenhang oder Krümmung zu positiven Bestimmungen findet, die über eine rein negative Philosophie hinausgehen.

Daraus folgt die zweite These: Wie für Kant muss sich auch für Hegel das spekulative Denken vom gewöhnlichen Denken entfernen, das den Widerspruch nicht festzuhalten vermag. Aber während für Kant das spekulative Denken nur negativ die Grenzen der Erfahrung bestimmen kann, erwartet Hegel vom spekulativen Denken in seiner Affirmation solche Erkenntnisse, die es in das gewöhnliche Denken zurück zu tragen und dieses auf eine Weise zu verändern vermag (Re-entry), die diesem selbst unbegreiflich sind, aber von ihm aufgenommen werden können.

Das bedeutet: Die Spekulation muss sich von den gegenständlichen Sachen und der Widersprüchlichkeit und Beschränktheit einer Erfahrung entfernen können, der die unterschiedlichen Momente einer Sache nur als voneinander isolierte Seiten zugänglich sind. Zugleich muss sie ihnen nahe und verbunden bleiben, um sie in ihren Ergebnissen nicht zu verfehlen. Sie muss die Fähigkeit bewahren, von ihrem

Gang zur Sache zurückkehren zu können. Kants Kritik an den überfliegenden Ideen der Spekulation hatte zwei Seiten: Diese Ideen können sich ins Blaue verlieren und dadurch belanglos werden, und sie können von außen den erfahrbaren Sachen etwas überstülpen, das diesen fremd ist. Hegel sucht einen Weg, beides zu vermeiden.

Bei der Sache zu bleiben muss mehr sein als ein bloßes Gedächtnis. Das Gedächtnis kann nur Erinnerungen enthalten, wie die Sache für ein nicht-spekulatives Denken aussieht. Daraus ergibt sich die Aufgabe, die Begriffe der Spekulation in einer Weise zu bestimmen, dass sie auch dann noch die Sache festhalten, wenn sie sich von ihr entfernt haben. Das zu verstehen ist die Aufgabe der Spekulation zweiter Ordnung: Die Spekulation ist rückbezüglich auf sich selbst anzuwenden, um sich ihres eigenen Weg bewusst werden zu können.

Bereits in der *Phänomenologie des Geistes* hatte Hegel die schlagende Erkenntnis, diese Frage nicht abstrakt zu stellen, sondern selbstbezüglich *am Denken* und den Denkbestimmungen zu untersuchen. Jedes Denken denkt in Sätzen. Das spekulative Denken muss sich daher in einer neuartigen Deutung des Satzes zeigen. „Diese Bewegung, welche das ausmacht, was sonst der Beweis leisten sollte, ist die dialektische Bewegung des Satzes selbst. Sie allein ist das *wirkliche* Spekulative, und nur das Aussprechen derselben ist spekulative Darstellung" (PhG, Vorrede; TWA 3.61).

Mit der dialektischen Bewegung des Satzes ist die jedem Satz zugrunde liegende Bewegung des Denkens, Urteilens und Schließens *als Prozess* gemeint. Während das gewöhnliche Denken mit und in Sätzen denkt und diese jeweils als statisch sieht, befindet sich das spekulative Denken in einer sich dessen selbst bewusst seienden widersprüchlichen Position, in der es zugleich von innen her das gewöhnliche Denken mitgeht und von außen her den Satz in seiner dynamischen Bewegung überschaut. Es erkennt an der dynamischen Bewegung, wie sich im Verlaufe des Denkens innerhalb des Satzes

'S ist P' dessen einzelne Bestandteile (das Subjekt S, dessen Prädikat P und ihre Zuordnung ‚ist') ineinander verwandeln und verändern. Für das gewöhnliche Denken gilt es als verrückt, wenn so etwas geschieht.

Das kann in einem an der Kategorientheorie angelehnten Diagramm veranschaulicht werden (siehe zu dieser Art der Darstellung weiterführend Tydecks, 2021):

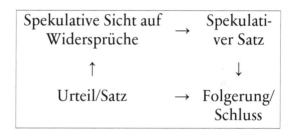

Figur 1: *Gewöhnlicher und spekulativer Satz*

- Heraufführung (Aufhebung): In einem ersten Schritt werden am Satz dessen innere Widersprüche aufgezeigt. Hegel sagt es in aller Klarheit, „daß die Natur des Urteils oder Satzes überhaupt [...] durch den spekulativen Satz zerstört wird" (PhG, Vorrede; TWA 3.59).
- Spekulatives Denken: Doch muss es im Weiteren darum gehen, diese Negation ihrerseits zu negieren. Es wird nicht einfach der übliche Satz zerstört, sondern das spekulative Denken erkennt an dessen Widersprüchen deren Grund und gelangt zu Schlüssen, die dem einseitigen, linearen Denken nicht möglich sind. Es zerstört nicht einfach den üblichen Satz, sondern erkennt in einer Negation dieser Negation *am gewöhnlichen Satz* den Keim, der über sich selbst hinausführt, aber nicht seinerseits mit den Mitteln des gewöhnlichen Denkens vollzogen werden kann.
- Re-entry: Die Ergebnisse des spekulativen Denkens kehren zurück, indem sie dem gewöhnlichen Denken eine neue Orientierung geben. Dieser Schritt kann als Paradigmen-

wechsel bezeichnet werden. George Spencer-Brown (1923–2016) wird einfach von der Kreativität sprechen, die es ermöglicht, Konstruktionen zu finden, die in den alten Bahnen nicht möglich gewesen wären. Erst wenn das gelingt, bleibt das spekulative Denken nicht in einem unbestimmbaren, leeren Raum außerhalb des gewöhnlichen Denkens, sondern befindet sich in ihm selbst.

Die Systemtheorie spricht von Änderungen erster und zweiter Ordnung: Auch das gewöhnliche Denken kann Bewegungen und Änderungen beschreiben, die jedoch innerhalb des jeweiligen Rahmens bleiben. Änderungen zweiter Ordnung verändern den Rahmen im Ganzen. Spencer-Brown spricht von Gleichungen ersten und zweiten Grades. Gleichungen ersten Grades beschreiben die lineare Bewegung, die nur in eine Richtung oder gespiegelt in die entgegengesetzte Richtung verlaufen kann. Gleichungen zweiten Grades verlassen den linearen Weg und kehren auf einer gekrümmten Kurve zu ihm zurück. Ohne es weiter auszuführen hatte Spencer-Brown die Idee, dass diese Gleichungen im imaginären Raum verlaufen und dank dessen inneren Bewegungsgesetzen den Weg zurück in den Re-entry finden.

Hegels Ausführungen zu Urteil und Satz lassen die weitere Entwicklung in einem neuen Licht sehen, die in den Jahrzehnten nach ihm von Frege über Cantor, Russell, Wittgenstein und Gödel zu Spencer-Brown geführt hat. Sie haben sowohl formale Darstellungen des Satzes gefunden wie auch konstruktive Verfahren, die Formen des Satzes zu ändern.

Und umgekehrt gilt: So wie sich ausgehend von Hegel die Frage nach der Konstruktion des Weges des spekulativen Denkens stellt, stellt sich für Spencer-Brown die Frage, von welcher Idee ausgehend er seine Konstruktionen hat entwerfen können. Er wendet sich ausdrücklich gegen diejenigen unter den Mathematikern, die hier nichts als eine übliche Konstruktion sehen wollen, und vertritt dagegen die Position einer Kreativität, die nur spekulativ verstanden werden kann.

Damit ist die Idee dieses Beitrags formuliert: Das spekulative und das konstruktive Denken schließen sich gegenseitig aus und setzen einander zugleich gegenseitig voraus. Sie bilden ihrerseits eine Gegenläufigkeit, die als spekulatives Denken zweiter Ordnung verstanden werden kann, die Gegenläufigkeit des spekulativen und konstruktiven Denkens. Auf dieser Ebene wird sich die Frage nach der Energie der Form stellen.

In den folgenden beiden Abschnitten soll auf der einen Seite betrachtet werden, wie seit 1960 ein Verständnis des spekulativen Denkens Hegels entstand, das sich in der Sache dem konstruktiven Denken von Frege bis Spencer-Brown nähert. Und im Gegenlauf wird der Weg von Frege bis Spencer-Brown betrachtet. Welche inneren Widersprüche treten dort auf, und wie verweisen sie in der anderen Richtung auf das spekulative Denken?

2. Von der Gegenläufigkeit zum Verhältnis von Syntax und Semantik

Unter dem Eindruck von Wittgenstein und Heidegger hat sich in Deutschland seit 1960 eine Deutung des spekulativen Denkens von Hegel entwickelt, die nicht mehr nur von einer statischen Sicht auf die in eine Einheit gebrachten Momente spricht, sondern von ihrer dynamischen Gegenläufigkeit. Dieser Gedanke wurde Hegel folgend auf die Untersuchung der Struktur des Satzes angewendet. Die dialektische Bewegung des Satzes wird genauer gefasst als Gegenläufigkeit von Syntax und Semantik. Damit wird der Anschluss gefunden, um die neueren Arbeiten der Logik, Mathematik und Linguistik für das Verständnis des spekulativen Denkens fruchtbar machen zu können.

1963 ist Ute Guzzoni (*1934) mit ihrer Arbeit unter dem treffenden Titel *Werden zu sich* ein erster wichtiger Schritt gelungen. Sie greift Ideen von Heidegger auf und sieht bei Hegel eine doppelte Bewegung des Gründens und Begründens. „Das Absolute wird zu sich, indem es zugleich sich selbst gründet und sich selbst begründet. Sich-Gründen und Sich-Begründen machen zusammen, in gegenläufiger Einheit, die eine ‚logische' Bewegung aus." (Guzzoni, 7) In meiner Deutung erfolgt das Begründen in den üblichen linearen Urteils- und Schlussketten, mit denen schrittweise aus gegebenen Sätzen auf neue Sätze gefolgert bzw. geschlossen wird. Auch Hegels *Wissenschaft der Logik* ist im Ganzen in dieser Weise aufgebaut, indem schrittweise die Begriffe auseinander entwickelt werden. Das Gründen ist dagegen die spekulative Sicht, die in Figur 1 als Herauführung bezeichnet ist. Hegel hat es am Begriff des Widerspruchs ausgeführt. Wenn es dem spekulativen Denken gelingt, den Widerspruch nicht einfach als Fehler abzuwehren und in isolierte Sätze aufzuteilen, die unabhängig voneinander betrachtet werden, dann geht der Widerspruch in doppelter Bedeutung zu Grunde: Er löst sich auf, indem das Denken aus der Sackgasse der aufeinander bezogenen Gegensätze einen Ausweg in eine Dimension findet, in der der Grund des Widerspruchs gefunden wird (das Gründen). Das spekulative Denken vermeidet nicht die Widersprüche, sondern erkennt an ihnen ihren Grund. Das ist für Hegel die Keimzelle des spekulativen Denkens. „Das *spekulative Denken* besteht nur darin, daß das Denken den Widerspruch und in ihm sich selbst festhält, nicht aber, daß es sich, wie es dem Vorstellen geht, von ihm beherrschen und durch ihn sich seine Bestimmungen nur in andere oder in nichts auflösen läßt." (WdL, der Widerspruch; TWA 6.76)

10 Jahre später hat Lorenz Bruno Puntel (*1935) 1973 mit *Darstellung, Methode und Struktur* bei aller Kritik die Grundidee von Guzzoni aufgenommen und die Gegenläufigkeit konsequent als innere Verlaufsform der Philosophie Hegels

Spekulatives Denken zweiter Ordnung

gesehen. Mit Hegel fasst er Gründen und Begründen allgemeiner und betont zugleich deren zirkulären Charakter: „Jede neue Stufe des *Außersichgehens*, d.h. der *weiteren Bestimmung*, ist auch ein Insichgehen." (WdL, die absolute Idee; TWA 6.570, zitiert bei Puntel, 243).

Wesentlich kritischer hat sich dagegen 1978 Dieter Henrich (1927–2022) geäußert. Aus seiner Sicht vermochte Hegel begriffliches und spekulatives Denken noch nicht überzeugend zusammenzuführen. Es gelingt keine Heraufführung in das spekulative Denken, sondern es bleibt letztlich rein subjektiv: „Auf der Spitze der begrifflichen Abstraktion ließ er seine spekulative Intuition einfach gewähren." Nach Henrichs Überzeugung hätte Hegel eine „Analyse der logischen Argumente [...] auch nicht gelingen können." Ihm blieb daher nichts als „die bewußte und definitive Entfernung von den Grundbedingungen des normalen Diskurses." (Henrich 1978, 305) Aber er folgt Hegel, wenn dieser die Frage nach dem spekulativen Denken an der Urteilslogik entscheiden möchte. „Weil sie ein eigenes Kriterium der spekulativen Entwicklung besitzt, konnte die Urteilslogik als geheimer Motor des ganzen logischen Prozesses angesehen werden." (Henrich 1978, 315)

1982 hat Urs Richli (1936–2019) den Gedanken von Puntel aufgenommen und wollte ihn positiv wenden. Puntel sah die beiden Seiten des Außersichgehens und des Insichgehens als „defizient [...], insofern sie auseinanderfallen." (Richli, 113). Für Richli hatte Hegel demgegenüber in seinen Jenenser Systementwürfen die Idee, wie beide konstruktiv aufeinander bezogen sind: „In der *Jenenser Logik und Metaphysik* bezeichnet Hegel das Außersichgehen, d.h. den Prozeß der Verdoppelung als *Konstruktion*, das Insichgehen, d.h. das negative Aufheben, als *Beweis*." (Richli, 104)

Für mich deutet das an, wie an der Frage des Satzes und seiner inneren Bewegung spekulatives und konstruktives Denken einander treffen. Das spekulative Denken löst die vorgefundene Form des Satzes auf. Aber vergleichbar den beiden

Seiten des Zu-Grunde-Gehens des Widerspruchs enthält diese Zerstörung des Satzes die andere Seite eines konstruktiven Aufbaus. In diesem Sinn sind Hegels Ausführungen in der *Phänomenologie des Geistes* neu zu lesen: „Diese Bewegung, welche das ausmacht, was sonst der Beweis leisten sollte, ist die dialektische Bewegung des Satzes selbst. Sie allein ist das *wirkliche* Spekulative, und nur das Aussprechen derselben ist spekulative Darstellung." (PhG, Vorrede; TWA 3.60)

Spekulatives und konstruktives Denken verhalten sich wie Beweis und Konstruktion.

Günter Wohlfart (*1943) stellt 1981 in *Der spekulative Satz* den Bezug zur Linguistik her. Was Guzzoni in der Tradition von Heidegger als Gründen und Be-Gründen bezeichnet hat, sieht er als das Verhältnis von Syntax und Semantik.

„Unter einem spekulativen Satz wäre ein Satz zu verstehen, dessen Gegenstoß von Semantik und Syntax der Ursprung und Anstoß einer Denkbewegung ist, die, weil sie in einem Satz als festem Resultat nicht festgehalten ist, über den einzelnen Satz als zusammenhanglosen hinausführt zu seinem sprachlichen und darüber hinaus zu seinem ‚pragmatischen' Kontext, zum Kontext der gesamten Erfahrung, in dem sich erst zeigen kann, in welchem Sinn der Satz gebraucht ist." (Wohlfart, 244, mit Hinweis auf Josef Simon, *Philosophie und linguistische Theorie*, Berlin New York 1971)

Wilhelm Lütterfelds (1943–2018) vergleicht 2006 die „dialektische Bewegung des Satzes selbst" (PhG, Vorrede; TWA 3.61) mit der grammatischen Bewegung des Satzes in Wittgensteins *Philosophischen Untersuchungen* §§ 395–403. Allerdings darf die Bewegung des Satzes nicht verwechselt werden mit einer gegenständlichen Bewegung des Referenten, von dem der Satz spricht (Lütterfelds, 34). „Bei der ‚Bewegung' des ‚spekulativen Satzes' handelt es sich also – wie mehrfach betont – keineswegs um eine von einem Gegenstand aussagbare, raumzeitliche und qualitative Veränderung inhaltlicher Art, derart, daß diese Bewegung einem bestimmten Objekt zugesprochen

Spekulatives Denken zweiter Ordnung

wird und es weiterhin charakterisiert" (Lütterfelds, 40), „so daß dieses ‚Werden' gleichfalls keinen aussagbaren, beurteilbaren Sachverhalt, etwa als raum-zeitliche, physikalische Veränderung eines Objekts, darstellt" (Lütterfelds, 41). Die dialektische Bewegung des Satzes ist daher ihrerseits eigentlich nicht sagbar, „aber Hegel beansprucht offenbar, über eine Einsicht zu verfügen, die den Grund für dieses in Urteil und Satz aussagbare, inhaltliche Werden der Dinge im Unterschied zu ihrer empirisch ‚feste[n]', ‚ruhende[n]' und ‚unbewegt[en]' Entität liefert." (Lütterfelds, 41 mit Zitaten PhG, Vorrede; TWA 3.57) Die Skepsis gegenüber Hegel ist unüberhörbar. Wie gelingt die spekulative Hinaufführung des formal-logischen in das spekulative Denken? Und vor allem: Wie kommt das spekulative Denken zu Ergebnissen, die zum gewöhnlichen Denken zurückfinden? Der Hinweis auf Wittgenstein gibt den Anstoß, dort die Antwort zu finden. Aus meiner Sicht liegt sie noch nicht bei Wittgenstein selbst, sondern in der Kritik von Spencer-Brown an Wittgenstein.

Dirk Quadflieg (2008) sieht Parallelen zwischen dem spekulativen Denken bei Hegel und der Philosophie von Derrida und von Wittgenstein. Er dynamisiert das Verhältnis von Syntax und Semantik: „Es gibt hier [bei Wittgenstein, W. T.], so könnte man sagen, nicht nur einen Überschuss des Syntaktischen, sondern ein absolutes Überborden." (Quadflieg, 187) Die Syntax ist nicht nur die allgemeine Form des Satzes, die unabhängig vom jeweiligen Inhalt der Aussage eines Satzes gilt, sondern führt aus ihrer eigenen Bewegung zu inhaltlichen (semantischen) Aussagen. Das führt für Quadflieg so weit, dass die dialektische Bewegung des Satzes ihren eigenen Bewegungsraum erzeugt, den er mit der *chora* im Sinne von Platon vergleicht. „Das aufgezeigte Prinzip dieser Beziehungen, ihre Prozessstruktur, ist nicht nur vollständig aus dem Wechselspiel von Syntax und Semantik hergeleitet, es kann darüber hinaus sogar die fundamentalen Kategorien von Raum und Zeit in sich aufnehmen." (Quadflieg, 247)

Obwohl er indirekt über Luhmann den von Spencer-Brown eingeführten Re-entry zitiert (Quadflieg, 225), scheint er mit Wittgenstein überzeugt, „daß die ‚logischen Konstanten' nicht vertreten sind (WTLP 4.0312)" (Quadflieg, 188).

Für mich ergibt diese Übersicht die Themen, unter deren Blickwinkel die Geschichte der Logik, Mathematik und Linguistik seit Frege zu lesen ist:

- Es sind *innerhalb* des Satzes nicht nur die Gegenläufigkeit von Subjekt und Prädikat zu betrachten, sondern auch die Transformationen, die hierbei die Copula durchläuft. Sie wandelt sich aus einem statisch verstandenen ‚ist' in ein dynamisches ‚*kontinuieren*'. Wenn sich Subjekt und Prädikat gegenläufig zueinander bewegen, führt das im Ergebnis dazu, dass sich das eine in das andere kontinuiert. (WdL, das unendliche Urteil; TWA 6.325) Der starre Satz ist damit aufgehoben. Er hat sich aus dem Urteil in den Schluss transformiert: Aus der Copula ist der *terminus medius* geworden. Während jedoch Hegel an den ihm überlieferten logischen Konstanten und Termini festhält und sein Anliegen darauf beschränkt, sie auseinander entwickeln zu wollen, kann diese erste Transformation der Copula zum *terminus medius* bei Hegel mit Claus-Artur Scheier (*1942) fortgeführt werden in eine Vielzahl neuer logischer Konstanten bis hin zum Aufblühen des Satzes. Das ist als die logische Keimform von Emergenz und Autopoiesis zu verstehen. (Scheier konnte wiederum auf Luhmann und die von ihm genannten Arbeiten zur Systemtheorie zurückgehen, indirekt auf Spencer-Brown; siehe eine erste Übersicht in Tydecks, 2018.)
- Auf der anderen Seite ist *innerhalb* des spekulativen Denkens zu betrachten, wie es sich vom gewöhnlichen Satz entfernt und zugleich bei ihm geblieben ist.

- Das *konstruktive Denken* zeigt sich in der Gesamtheit der Bewegung, in der sich das spekulative Denken vom gewöhnlichen Denken trennt und zu ihm zurückfindet.

3. Von der Satzanalyse zu Konstuktion und Re-entry

In diesem Kapitel soll gezeigt werden, wie sich in der Gegenrichtung die Entwicklung von Frege zu Spencer-Brown den gleichen Fragen angenähert hat.

3.1 Frege

Am Anfang steht Gottlob Frege (1848–1925). Er hatte die Sätze der Alltagssprache in die Form einer mathematischen Funktion gebracht. Das erschließt völlig neue Möglichkeiten: Die formale Darstellung des Urteilens und Schließens bleibt nicht mehr wie in der Geschichte der Logik von Aristoteles bis Hegel auf einfache, lineare Ausdrücke beschränkt wie der *Modus Barbara* bei Aristoteles oder graphische Kürzel wie ‚E – B – A' bei Hegel (WdL, Schluß des Daseins; TWA 6.355, wobei E für Einzelheit, B für Besonderheit und A für Allgemeinheit steht), sondern es wird im Weiteren möglich, die hoch entwickelten arithmetischen und geometrischen Methoden der Mathematik für die Analyse der Kalküle und ihrer Regeln nutzbar zu machen, bis es Gödel gelang, sogar eine Abbildung logischer Konstanten und Variablen aufeinander zu finden. Turing entwarf die allgemeine Idee von Algorithmen für die Darstellung des Folgerns und Schließens, und mit der Künstlichen Intelligenz und dem Maschinellen Lernen Neuronaler Netze sind für das Sprachverständnis Anwendungen gefunden, die vor Frege völlig undenkbar waren.

(i) Frege verallgemeinert einen Satz wie ‚Cäsar eroberte Gallien' in die Form einer mathematischen Gleichung $y = f(x)$. Eine Möglichkeit ist: ‚(x) eroberte Gallien' (Frege 1891, 17).

Genauso gut ließe sich die Funktion ‚Cäsar erobert (x)‘ bilden. Es genügt, exemplarisch einen der beiden Fälle zu untersuchen, da für beide die gleiche Überlegung gilt. Die dritte Möglichkeit ‚Cäsar (x) Gallien‘ hatte Frege noch nicht gesehen. Sie wird sich im Weiteren als der Wendepunkt von Wittgenstein zu Spencer-Brown erweisen und ist vorerst zurückzustellen. In der erstgenannten Gleichung kann für x der Eigenname eines jeden beliebigen Menschen eingesetzt werden.

(ii) Auf welches y wird das x abgebildet? Das können für Frege nur die beiden Wahrheitswerte ‚wahr‘ oder ‚falsch‘ sein. Wird in diesem Beispiel der Eigenname ‚x = Alexander der Große‘ eingesetzt, bekommt die Funktion den Wert ‚y = falsch‘, und nur für den Eigennamen ‚x = Cäsar‘ erhält sie den Wert ‚y = wahr‘ zugeordnet.

3.2. Cantor

Während Hegel den Übergang von der abzählbaren zur überabzählbaren – in seinen Worten: von der schlechten zur wahren – Unendlichkeit spekulativ mit einer Negation der Negation ausgeführt hat, gelang es Georg Cantor (1845–1918) 1877, mit dem Zweiten Diagonalargument *an einem Formalismus* die abzählbare und die überabzählbare Unendlichkeit zu unterscheiden. Die Diagonale ist auf abzählbare Weise konstruiert, doch erschließt sich dem Leser an der von Cantor gewählten Darstellung intuitiv die Überabzählbarkeit. Eine solche Konstruktion hatte sich zuvor kein Mathematiker und kein Philosoph vorstellen können. Die Operation geht über sich selbst hinaus.

Spekulatives Denken zweiter Ordnung

```
1. Zahl:    0 . 5 1 4 8 3 0 9 7 5 2 9 7 1 . . .
2. Zahl:    0 . 4 3 5 4 3 5 4 3 5 4 3 5 4 . . .
3. Zahl:    0 . 1 4 1 5 9 2 6 5 4 0 3 0 8 . . .
4. Zahl:    0 . 9 8 1 9 0 2 5 7 3 6 6 2 6 . . .
5. Zahl:    0 . 6 3 9 2 3 4 7 5 4 3 7 4 2 . . .
usw.        . . . . . . . . . . . . . . . . .


neue Zahl:  0 . 6 4 2 0 4 . . . . . . . . . .
```

Figur 2: Cantors Zweites Diagonalargument

Quelle: Mathe-Online, Seite: https://www.mathe-online.at/mathint/zahlen/i_Rueberabz.html (abgerufen am 20.12.2021)

Was geschieht hier? Eine beliebige vorgegebene Menge von Zahlen wird zeilenweise untereinander angeordnet und von oben nach unten schrittweise durchlaufen. In der jeweils i-ten Zeile wird an der i-ten Stelle die dort mit dunklem Hintergrund hervorgehobene Ziffer genommen, um eins erhöht (bzw. die 9 auf 0 zurückgesetzt) und anschließend an der entsprechenden Stelle der neu konstruierten Zahl eingetragen.

An diesem Verfahren lassen sich die neuen Konstruktionsideen ablesen, die Russell, Gödel und viele andere von Cantor übernommen haben: Dies Verfahren ist ein Algorithmus, er ist konstruktiv und doch zugleich negativ selbstbezüglich und basiert auf einem Auswahlverfahren, aus einer gegebenen Menge von Zahlen und ihren Ziffern, die neue Zahl aufzubereiten.

Cantor war sich der Tragweite bewusst. Er sieht, dass sich diese Methode auf höheren Ebenen nochmals unendlich oft auf sich selbst anwenden lässt. Das führt zu fortlaufend neuen

Mächtigkeiten und zeigt für Cantor eine Art Jakobsleiter von den gewöhnlichen Zahlen bis in die Sphäre des Göttlichen. Erst mit diesem Gedanken wird die Gegenläufigkeit spekulativen und konstruktiven Denkens offen sichtbar.

3.3 Russell

Bertrand Russell (1872–1970) war in seinen jungen Jahren überzeugter Hegelianer. Sein Entwurf einer negativen Selbstbezüglichkeit (Russellsche Antinomie) steht unverkennbar in der Tradition Hegels. Sie hat – für ihn sicher überraschend – zu einer Wende im Verständnis der dialektischen Methode geführt. Das zeigt erstmals die 1931 veröffentlichte Studie *Logik des Widerspruchs* von Robert Heiß (1903–1974), der sich ausdrücklich auf Hegel und die Mathematik des 20. Jahrhunderts bezieht, und darauf aufbauend zahlreiche Arbeiten zur dialektischen Methode, auch wenn sie Robert Heiß nur selten erwähnen (Kulenkampff, Kesselring, Wandschneider, Knoll & Ritsert, Stefan Müller, Collmer).

Gibt es in der Mathematik und der Logik negative Selbstbezüglichkeit? Kann in diesem Sinn von einer Dialektik der Mathematik gesprochen werden? Bertrand Russell hatte 1903 gezeigt, wie der sich selbst widersprechende Satz ‚dieser Satz ist falsch' formal in die Mengenlehre übertragen werden kann, indem eine Klasse aller Klassen entworfen wird, die sich nicht selbst als Element enthalten. Mit dieser Erkenntnis hatte er das große Ziel von Frege widerlegt: Zum einen ist es ihm gelungen, wie Frege einen Satz der Alltagssprache in eine mathematische Form zu bringen, aber er hat mit diesem Beispiel gezeigt, dass es nicht gelingt, mit der Übersetzung von Sätzen in eine mathematische Form die aus der üblichen Sprache bekannten Täuschungen und Widersprüche auszuschließen. Das aber war Freges eigentliches Anliegen gewesen, als er in der *Begriffsschrift* als „eine Aufgabe der Philosophie" sah,

„die Herrschaft des Wortes über den menschlichen Geist zu brechen, indem sie die Täuschungen aufdeckt, die durch den Sprachgebrauch über die Beziehungen der Begriffe unvermeidlich entstehen" (Frege 1879, VI).

Um dennoch Antinomien dieser Art zu vermeiden, sah Russell nur den Weg, die Mathematik streng in hierarchische Ebenen (Typen) zu ordnen. Innerhalb einer Ebene dürfen die jeweils gegebenen Elemente nur äußerlich miteinander verknüpft werden – so wie man es von den einfachen arithmetischen Operationen ‚a + b' oder ‚a · b' gewohnt ist –, aber nichts *übereinander* sagen. Reflexive Urteile eines Elements über ein anderes Element oder gar über die auf dieser Ebene geltenden Regeln und deren mögliche Ungereimtheiten und Widersprüche sind nur von übergeordneten Meta-Ebenen aus zugelassen (Vicious circle principle), oder im Sinne von Kant nur mit einer negativ operierenden Philosophie. 1931/32 konnte jedoch Kurt Gödel (1906–1978) in zwei Schritten zeigen, wie Verbote dieser Art in einem hinreichend komplexen formalen System (in dem Addition und Multiplikation möglich sind) unterlaufen und das Lügner-Paradoxon ohne Unterscheidung in Objekt- und Metasprachen oder unterschiedliche Typen innerhalb der jeweils gegebenen Ebene nachgebildet werden können. Damit war nicht nur das Ziel von Frege, sondern auch des ihn weiterführenden Russell widerlegt und überhaupt jede vergleichbare Hoffnung auf eine in sich widerspruchsfreie Mathematik.

3.4 Wittgenstein

Ludwig Wittgenstein (1889–1951) hat im *Tractatus logico-philosophicus* die Satzanalyse von Frege aufgenommen. Über Frege hinaus untersucht er nicht mehr nur die Form einzelner Sätze und ihre Verkettung in Urteilsfolgen, sondern sieht sie als Elemente übergreifender Kalküle und ihrer Regeln. Mit diesem

Ansatz findet er eine neue Lösung für die Typentheorie von Russell und Whitehead. Allerdings bleibt er im *Tractatus* noch bei einem weitgehend statischen Verständnis. Das ändert sich in seinen späteren Arbeiten, bis er ausdrücklich von der grammatischen Bewegung des Satzes spricht. Lütterfelds zeigt, wie nahe er damit Hegels Analyse der dialektischen Bewegung des Satzes kommt.

Auch wenn ihm der Übergang in die Linguistik gelingt, trennt er systematisch Variablen, die für Satzsubjekt und Satzprädikat stehen, und die logischen Konstanten wie die klassische Copula ‚ist‘, die er für unveränderlich hält. Weiter unterscheidet er am Satz die Funktion, wofür ein Satz gebraucht wird (Pragmatik), und die Operation, wie innerhalb eines Kalküls Sätze gebildet und ineinander transformiert werden (Syntax). An diesen Punkten wird die Kritik durch Spencer-Brown ansetzen.

Etwas mehr im Detail: Ohne sich auf die mathematischen Feinheiten einzulassen, sah Wittgenstein in der Russellschen Antinomie eine viel weiter reichende Frage, die nicht nur die Mathematik und die Logik, sondern alle Sprachen (Kalküle und codierten Systeme) betrifft. In dem 1914–18 entstandenen *Tractatus* hat er die Frage nach der Selbstbezüglichkeit von der Mathematik auf die Linguistik übertragen und dort in einem völlig neuen Kontext nach einer Lösung gesucht. Er unterscheidet nicht wie Russell Objekt- und Meta-Ebenen, die klar voneinander getrennt werden müssen, sondern ausgehend von der Sprachwissenschaft innerhalb jeder Sprache Syntax, Semantik und Pragmatik. Die Unterscheidung in Objekt- und Meta-Sprache ist ihm weniger wichtig, da auch jede Meta-Sprache eine Sprache mit Syntax, Semantik und Pragmatik ist.

3.4.1 Syntax

Mit der Syntax wird vereinbart, in welcher Weise Sätze gebildet werden können, mathematisch gesprochen: nach welchen Regeln mit Zahlen gerechnet, und heutzutage: mit welcher Syntax programmiert werden kann. Die Syntax beschreibt die *Form* des Satzes. Auch ein Satz wie ‚dieser Satz ist falsch‘ ist syntaktisch korrekt gebildet und kann daher als ein wohlgeformter Satz angesehen werden. Die Syntax sagt nichts über die Bedeutung, den Sinn oder die Wahrheit der mit ihr gebildeten Sätze aus. Syntax und Semantik sind streng voneinander getrennt. Wenn sich diese Unterscheidung durchhalten lässt, ist auf eine für einen Mathematiker wie Russell völlig unerwartete Weise sein Anliegen erfüllt, die zerstörerische Wirkung der negativen Selbstbezüglichkeit zu vermeiden.

3.4.2 Semantik

Unabhängig von der Syntax ist nach der Bedeutung eines Satzes zu fragen: Was soll mit einem Satz ausgesagt werden, was ist sein Sinn? Das nennt Wittgenstein missverständlich ‚Satzzeichen‘. Unter Satzzeichen versteht er nicht wie allgemein üblich die Sonder- und Interpunktionszeichen wie z.B. Punkt, Komma, Gedankenstrich, Frage- oder Ausrufezeichen, sondern in Anlehnung an Frege den Sinn eines Satzes: Welcher Gedanke, welche Aussage wird mit einem Satz formuliert? Was ist der *Inhalt* des Satzes? Offenbar will er den mit einem Satz formulierten Gedanken zugleich *als Zeichen* verstehen, das *für den Satz* steht und auf ihn verweist: im wörtlichen Sinn das Satzzeichen. Dieses Zeichen kann verworren sein und in einer ungewohnten Umgebung auftreten, aber es hat in jedem Fall *als Zeichen* einen eigenen Wert. Ein Satz kann nie als solcher ignoriert oder für sinnlos erklärt werden. Er enthält immer eine Botschaft. Es kann nur geschehen, dass ein gegebener Satz nicht direkt verständlich ist und durch weitere Sätze erläutert werden muss, ja diese Sätze möglicherweise sogar erst anregt. (Selbst auf den ersten Blick leere Sätze wie ‚die Rose ist kein Elefant‘, die von Hegel dem Inhalt nach als widersinnig und der Form nach als negativ-unendlich bezeichnet werden [WdL, Schluß des Daseins; TWA 6.324], werden von der Psychoanalyse als Ausdruck unbewusster Inhalte gedeutet und therapiert. Das klassische Beispiel ist die Traumdeutung. Sie untersucht mit einer Gesprächstherapie, welche Bedeutung ein solcher Satz für den Analysanden haben kann, was ihm dazu einfällt und auf welche verborgenen Wünsche und Vorstellungen er führt.) Wittgenstein vertraut darauf, dass das in der uns gegebenen Sprache möglich ist, bis in der Deutung eines Satzes Sätze gefunden sind, die aus sich selbst heraus verständlich sind. „Dies sehen wir daraus, daß wir den Sinn des Satzzeichens verstehen, ohne daß er uns erklärt wurde." (WTLP 4.02)

Wenn für Wittgenstein mit dem Satzzeichen der mit einem Satz gegebene Gedanke gemeint ist, ist klar, dass er sich nicht auf sich selbst beziehen kann, da er sich *als Zeichen* bereits unmittelbar ausspricht. Daher löst sich in diesem Kontext die Antinomie von Russell von allein: „Kein Satz kann etwas über sich selbst aussagen, weil das Satzzeichen nicht in sich selbst enthalten sein kann (das ist die ganze ‚Theory of Types‘)." (WTLP 3.332) Für Wittgenstein liegt der Irrtum von Russell darin, rein auf der syntaktischen Ebene Widerspruchsfreiheit erzwingen zu wollen, während für ihn mit der Sprache und ihrer unendlichen Vielfalt, über alle Antinomien und Widersprüche sprechen zu können, der Weg gefunden ist, Widersprüche nicht unbedingt zu vermeiden, aber ihre Bedeutung in Worte fassen zu können. – Daran hält er auch in seinen späteren Schriften fest. Im Grunde gibt es für ihn keine Widersprüche, sondern nur offene Fragen, an denen weiter zu arbeiten ist, bis es gelingt, den Zusammenhang zu überschauen,

Spekulatives Denken zweiter Ordnung

in dem sie auftreten, und aus ihm heraus für sie die treffenden Worte und Satzzeichen (Gedanken) zu finden.

Wird das von Wittgenstein gemeinte Satzzeichen als der *Name* eines Satzes verstanden, dann kann seine Auflösung der Russellschen Antinomie mit Spencer-Brown in die einfache Formel gebracht werden: „Wenn ein Name genannt wird und dann noch einmal genannt wird, ist der Wert, der durch beide Nennungen zusammen bezeichnet, derjenige, der durch eine der beiden bezeichnet wird." (LoF dt, 2) Es ist nicht möglich, einem Namen nochmals einen Namen zu geben. Spencer-Brown trifft mit seinem Axiom 1 *Das Gesetz des Nennens* genau, was Wittgenstein sagen wollte: Namen können nichts über sich selbst aussagen, sondern sind bereits die Aussage.

3.4.3 Pragmatik

Allerdings ist zu berücksichtigen, dass die Bedeutung von Sätzen von ihrem Kontext abhängig sein kann. So kann zum Beispiel der Satz ‚grün ist grün' sowohl ‚Herr Grün ist grün' als auch ‚Alles was grün ist, ist grün' bedeuten (Huber, 17). Der Kontext zeigt, wofür ein Satz gebraucht wird, oder in Wittgensteins späteren Worten: In welchem Sprachspiel er vorgetragen wird (Pragmatik). – Hegel spricht die Pragmatik an, wenn er am Beispiel widersinniger Sätze negativ erläutert, welchen Gebrauch Urteile haben. Er vergleicht den Autor solcher Sätze mit dem Verbrecher: So wie ein Verbrecher das Rechtssystem im Ganzen in Frage stellt, so wird mit widersinnigen Sätzen der Logos der Sprache im Ganzen skeptisch gesehen und der Lächerlichkeit preisgegeben. Widersinnige Sätze können nur vermieden werden, wenn sich alle an den gemeinsam vereinbarten Gebrauch von Urteilen als Mittel für die Erkenntnisgewinnung und der Kommunikation halten und dieses Sprachspiel akzeptieren.

So wie Wittgenstein zwischen Syntax, Semantik und Pragmatik unterscheidet, unterscheidet Hegel Form und Inhalt, und am Inhalt dessen Richtigkeit und Wahrheit. Ein Satz kann formal richtig sein, aber die Form des Satzes kann unabhängig vom jeweiligen Inhalt (Semantik) ihrerseits daran gemessen werden, ob die jeweils erreichte Form eines Urteils aus sich heraus zu höheren Formen und schließlich zu Schlüssen und zur Objektivität führen. In letzter Konsequenz werden Sätze daran gemessen, ob sich mit ihnen eine Idee ausdrücken lässt. Das ist das Sprachspiel, das Hegel unausgesprochen in seiner *Wissenschaft der Logik* voraussetzt. „Die Erkenntnis der Fortbestimmung des Urteils gibt demjenigen, was als *Arten* des Urteils aufgeführt zu werden pflegt, erst sowohl einen *Zusammenhang* als einen *Sinn*." (Enz § 171, TWA 8.321) Der hier angesprochene Sinn ist nicht mehr wie bei Frege auf der Objektebene der Gedanke, der Inhalt oder die Aussage eines Satzes, sondern die Dynamik liegt auf der Metaebene des *Logos* als eines zusammenhängenden Systems von Denkformen in der Bewegung und dem inneren Zusammenhang der von Kant noch äußerlich aufgezählten Urteilsformen. Die Urteile finden ihren Sinn darin, wie sie sich auseinander entwickeln und letztlich zur Idee führen. Daran wird auch der einzelne Satz gemessen. Er wird daran gemessen, ob er zu dieser Entwicklung beiträgt oder sich ihr widersetzt.

Wird auf diese Weise zwischen Syntax, Semantik und Pragmatik unterschieden, hat das für Wittgenstein zwei wichtige Konsequenzen, die Spencer-Brown in Frage stellen und über sie hinausgehen will:

(i) Die Syntax unterscheidet Satzvariablen und logische Konstanten. Die konsequente Trennung von Syntax und Semantik ist nur möglich, wenn ebenso strikt Satzvariablen und logische Konstanten voneinander isoliert werden: Eine Satzvariable kann keine logische Konstante sein, und eine logische Konstante kann nicht als Satzvariable auftreten. In einem Satz wie ‚(S) eroberte Gallien' ist *S* eine Satzvariable,

Spekulatives Denken zweiter Ordnung

für die zum Beispiel der Eigenname ‚Cäsar‘ eingesetzt werden kann. Das im Verb ‚eroberte‘ enthaltene Wort ‚ist‘ (in diesem Beispiel ausgeschrieben ‚ist der Eroberer von‘) steht für eine logische Konstante, mit der eine Identität zweier Satzvariablen bezeichnet wird, in klassischer Ausdrucksweise die Identität von Subjekt und Prädikat eines elementaren Urteils. „Die Möglichkeit des Satzes beruht auf dem Prinzip der Vertretung von Gegenständen durch Zeichen. Mein Grundgedanke ist, daß die ‚logischen Konstanten‘ nicht vertreten. Daß sich die Logik der Tatsachen nicht vertreten läßt.“ (WTLP 4.0312) Im Sinne von Hegel trennt Wittgenstein zwischen Inhalt und Form des Satzes: Die Satzvariablen enthalten den Inhalt, die logischen Konstanten bestimmen die Form. In der Sprachweise der Linguistik: Die Satzvariablen stehen für Ausdrücke, die semantisch geprüft werden können. Wird in diesem Beispiel der Eigenname ‚Cäsar‘ eingesetzt, so ist semantisch zu fragen, was mit ‚Cäsar‘ gemeint ist und ob für ihn die Aussage zutrifft, dass er Gallien erobert hat. Die logischen Konstanten wie ‚ist‘ lassen sich dagegen nicht in dieser Weise semantisch untersuchen. Das wäre erst möglich, wenn die Form ihrerseits zum Inhalt wird. Das will Wittgenstein ausschließen. Sie müssen für Wittgenstein mit den Regeln der Syntax hingenommen werden und sind nicht Gegenstand der Semantik. Jeder Versuch, in Worten auszusagen, was die logischen Konstanten sind, wann sie eingeführt und wie sie gebraucht werden, muss sich seinerseits an die gegebene Syntax und ihre logischen Konstanten halten und kann sie nicht verlassen.

(ii) Und ebenso strikt muss zwischen Operationen und Funktionen unterschieden werden. Was üblicherweise als mathematische Funktion $y = f(x)$ verstanden wird, ist für Wittgenstein eine Operation, mit der innerhalb eines Kalküls Zeichen x in andere Zeichen y umgewandelt werden: $x \rightarrow y$. Damit erweitert er den Gedanken von Frege: Für Frege war die Funktion identisch mit der Wahrheitsfunktion, die einem Satz einen Wahrheitswert zuordnet. Weiter reichte sein Gebrauch des Ausdrucks ‚Funktion' nicht. Wittgenstein unterscheidet dagegen: Für ihn gibt es zum einen die Operationen, mit denen in einem Kalkül Sätze in andere Sätze transformiert werden können (Veränderungen erster Ordnung), und zum anderen den Gebrauch (die Funktion im umgangssprachlichen Sinn), für welchen Nutzen gesprochen und Sätze gebildet und kommuniziert werden. Wenn sich der Gebrauch der Sätze ändert, ist das eine Änderung zweiter Ordnung. Ein klassisches Beispiel ist bereits genannt: Die Psychoanalyse gebraucht und deutet mit der Einführung des Unbewussten Sätze völlig neu gegenüber der traditionellen Logik. Sie kennt daher neuartige logische Operationen wie Verschiebung und Verdichtung, die in der traditionellen Logik unbekannt sind, und kommt dafür ohne die klassischen logischen Operationen wie Verneinung, ‚und' und ‚oder' aus.

Vereinfacht gesagt: Operationen sind an die Syntax gebunden, während Funktionen ausschließlich semantisch bestimmt werden können. Sie sind daher entsprechend der Unterscheidung in Syntax und Semantik ihrerseits voneinander getrennt: Operationen können keine Funktionen sein und Funktionen keine Operationen. Genauer: Da Operationen an die gegebene Syntax gebunden sind, können sie sich *als Operationen* nicht auf sich selbst beziehen. Es kann zwar über die Syntax gesprochen werden, aber auch dieses Sprechen über die Syntax bleibt seinerseits an die Syntax gebunden. Am Beispiel der Mathematik: In arithmetischen Operationen treten Konstanten wie Plus (+) und Gleich (=) auf, aber es ist nicht möglich, ihnen eigene Zahlen-Werte zu verleihen und beispielsweise selbstbezüglich die Summe aus den Zeichen Vier und Plus zu bilden. Das wäre eine Summe, die über das Summenzeichen Plus selbstbezüglich die Summe einer Summe wäre. Es ist nur möglich, dass sich Operationen rekursiv auf ihre eigenen Resultate beziehen. Das einfachste Beispiel ist das Zählen, das rekursiv von jeder neu gefundenen Zahl aus einen Schritt weiterzählt: $n \rightarrow (n + 1)$. Das ist jedoch kei-

Spekulatives Denken zweiter Ordnung

ne Selbstbezüglichkeit, sondern lediglich eine Wiederholung der fortlaufend gleichen Operation ‚Erhöhe den jeweils gegebenen Wert um 1'.

Und ebenso wenig kann es einen Selbstaufruf von Funktionen geben. Sicher ist es wiederum möglich, darüber zu sprechen und Sätze zu bilden, was Funktionen sind und wofür sie in der Sprache gebraucht werden. Aber das meint Wittgenstein nicht: Wenn über Funktionen gesprochen wird, besteht für ihn dieses Sprechen über Funktionen wiederum aus Operationen. Funktionen werden nicht daran erkannt, dass über sie gesprochen wird, sondern sie können nur *am Gebrauch der Operationen* erkannt werden. Wird nachträglich darüber gesprochen, was am Gebrauch der Operationen erkannt wurde, ist dies wiederum nur eine Operation.

Wittgensteins Gedanke ist so ungewohnt, dass es schwer fällt, sich in ihn hineinzufinden. Vielleicht macht das eine Analogie klarer: Funktionen und Operationen können mit dem Gebrauchs- und Tauschwert einer Ware verglichen werden. Der Gebrauch einer Ware (zum Beispiel das Essen eines Brotes, die Nutzung eines Autos) kann in Worten beschrieben werden, aber der Gebrauch (das Essen, das Autofahren) kann nicht seinerseits gebraucht (gegessen oder gefahren) werden.

Gilbert Ryle (1900–1976) näherte sich der Frage von einer anderen Seite, wenn er in *Knowing how* und *Knowing that* unterscheidet. Beispiele: Gehen lernen, Radfahren lernen, ein Instrument zu spielen lernen, Humor, Bergsteigen – in all diesen Fällen werden zwar Regeln gelernt, aber darüber hinaus entsteht in der Praxis ein eigenes Wissen, das in Deutsch als „Geschick“ bezeichnet werden könnte. Auch wenn das in die von Wittgenstein gemeinte Richtung geht, meint er es ein wenig anders: Zum Beispiel kann das Gehen als eine Operation beschrieben werden, eine Bewegung von einem Ort zu einem anderen mit einem genau bestimmten Operationsablauf. Die Funktion des Gehens kann zum Beispiel sein, einkaufen zu gehen, jemanden zu besuchen oder die körperliche

193

Ertüchtigung. Die Funktion kann nicht an der Operation abgelesen werden, sondern nur an ihrem Gebrauch, und es gibt keine Funktion der Funktion, zum Beispiel kein Besuchen des Besuchens, kein Einkaufen des Einkaufens usf. – Aber es ist offenbar nicht möglich, unmittelbar auszusagen, warum Funktionen sich nicht selbst aufrufen können. Es können nur Beispiele gewählt werden in der Hoffnung, dass der andere an diesen Beispielen versteht, wie das gemeint ist.

Wer Hegel liest, macht eine ähnliche Erfahrung. Was Hegel unter einem spekulativen Satz versteht, ist seinerseits kaum in Worte zu fassen. Der Leser muss beim Lesen größerer, zusammenhängender Texte von Hegel *an diesen Texten* und *an der Erfahrung des eigenen Mitvollzugs ihrer Gedankenentwicklung* lernen, was Hegel unter einem spekulativen Satz versteht. Hegel war sich dessen bewusst: Die Negation der Negation führt nicht von einem Satz ‚A ist B‘ über die Negation ‚A ist nicht B‘ zu einem neuen Satz ‚A ist nicht nicht B‘, sondern wendet sich selbstbezüglich von den einzelnen Stationen einer Position, ihrer Negation und der Negation der Negation auf den Prozess (Wittgenstein würde sagen: Gebrauch) des Negierens.

Das ergibt für Wittgenstein zusammenfassend:

„Eine Funktion kann nicht ihr eigenes Argument sein, wohl aber kann das Resultat einer Operation ihre eigene Basis werden." (WTLP 5.251, zitiert LoF dt, 84)

3.5 Spencer-Brown

An dieser kritischen Stelle setzt Spencer-Brown mit den 1969 veröffentlichten *Laws of Form* an. Er wollte diese beiden Folgerungen nicht einfach widerlegen, sondern ihrerseits in einen neuen Kontext stellen, den er in seiner Berufstätigkeit als Ingenieur für die britische Bahn kennengelernt hatte: Das sind die Programmierung, für die mit der Turing-Maschine ein völlig neues Feld gefunden wurde, und die neuartigen

Spekulatives Denken zweiter Ordnung

Automaten mit ihren elektrischen Bauelementen, komplexen Schaltplänen und Leiterbahnen. Mit den *Laws of Form* hat er ein Sprachspiel gefunden, um über die Erkenntnisse von Wittgenstein sprechen zu können. Er beschränkt die in der üblichen Umgangssprache geschriebene begleitende Prosa auf ein Minimum an aphoristischen Sätzen und vertraut darauf, dass die von ihm eingeführten Zeichen und ihre Formen für sich selbst sprechen.

(i) Er gibt die Trennung von Satzvariablen und logischen Konstanten radikal auf und führt stattdessen ein einziges Zeichen ein, das *cross* ⌐ . Es ist sowohl ein inhaltliches (semantisches) Zeichen in der vielfältigen, unmittelbar anschaulichen Bedeutung ‚Grenze‘, ‚Unterscheidung‘, ‚Hervorhebung‘, ‚Markierung’ (in seinen Worten: *cross, mark, indication*) als auch die grundlegende logische Konstante für die Syntax in seinem Kalkül, mit der sowohl zwei Zeichen voneinander unterschieden werden als auch die Überschreitung (*crossing*) von dem einen zum anderen erfolgt. Alle weiteren in seinem Kalkül eingeführten logischen Konstanten (*Re-crossing*⌐⌐, *Re-entry*⌐⌐, →, ⊢, ⇌) ergeben sich unmittelbar daraus. Wer unbefangen an die übliche Arithmetik denkt: Bereits dort gibt es mit der Zahl ‚4‘ und dem Plus-Zeichen ‚+‘ einen Operanden und einen Operator, die *als Zeichen* graphisch einander ähnlich sehen (das Zeichen ‚4‘ enthält graphisch das Zeichen ‚+‘) und möglicherweise auf eine gemeinsame Wurzel zurückgehen: Quaternität und Additivität als zwei Seiten eines arithmetischen Grundzeichens. Für Spencer-Brown ist das *cross* sowohl der einzige *Buchstabe* des in seinem Kalkül verfügbaren Alphabets als auch das einzige ursprüngliche Operationszeichen. Arithmetische Gleichungen ersten Grades beschränken sich darauf, dieses Zeichen entweder mehrfach hintereinander zu schreiben (so wie auf einem Bierdeckel mit Strichen gezählt wird) oder ineinander zu verschachteln. Spencer-Brown zeigt in einer Art Elementarlehre – die er Proto-Arithmetik nennt –, wie sich mit diesem einzigen Zeichen eine Logik ausarbeiten lässt, die inhaltlich mit der Booleschen Algebra verglichen werden kann.

Die entscheidende Anregung kam sicher von Gödel. Gödel hatte gezeigt, wie sich in jedem ausreichend komplexen System alle Zeichen der Syntax eindeutig mit Hilfe des im System verfügbaren Alphabets darstellen lassen, womit die Unterscheidung in semantische und syntaktische Zeichen unterlaufen wird. Das gilt auch für alle Zeichen der Meta-Ebene: Sie lassen sich grundsätzlich auf der Objektebene darstellen. Was auf den ersten Blick wie ein Kollaps der traditionellen Logik aussieht, hat ihr jedoch im Gegenteil eine völlig unerwartete Anwendungsmöglichkeit gegeben: Die moderne Informatik wäre ohne diese Idee nicht möglich: Ihre Maschinensprachen arbeiten mit einem Code, mit dem einheitlich sowohl die semantischen als auch die syntaktischen Zeichen, Worte und Sätze formuliert werden (üblicherweise der 1963 vereinbarte ASCII-Code).

(ii) So wie beim Zählen der einfache Zählschritt ‚n → n + 1' beliebig oft iteriert wird, so führt Spencer-Brown in seinem Kalkül unendliche Iterationen ein. Und so wie in diesem Zählschritt ‚n → n + 1' auf beiden Seiten des Pfeils die Variable n auftritt, so zeigt Spencer-Brown ausgehend von einfachen Beispielen, wie in seinem Kalkül Gleichungen aufgeschrieben werden können, in denen ebenfalls auf beiden Seiten die gleiche Variable steht. Dies sind Gleichungen zweiten Grades, mit denen eine Variable transformiert und auf sich selbst abgebildet wird. (Jeder Programmierer kennt das, wenn die Zählfunktion mit der einfachen Zuweisung ‚i = i + 1' aufgeschrieben wird. Damit ist gemeint: Der aktuelle Wert der Variable i wird um 1 erhöht und das Ergebnis der Variable i zugewiesen.) Gegenüber der gewöhnlichen Mathematik zieht Spencer-Brown daraus den elementaren Schluss, dass mit Gleichungen zweiten Grades *im Unendlichen* gerechnet werden kann, da sie auf einer Betrachtungsebene angesiedelt sind, die sich unendlich oft wiederholen lässt. Das ist sicher

Spekulatives Denken zweiter Ordnung

jedem Mathematiker von der Idee her vertraut, aber erst Spencer-Brown hat diese grundlegende Einsicht in seinem radikal vereinfachten Kalkül in aller Klarheit herausarbeiten und bis in die Grundlagen eines neuartigen Kalküls einbeziehen können.

Mit Gleichungen zweiten Grades kann Wittgensteins Unterscheidung in Funktionen und Operationen aufgehoben werden: Diese Gleichungen sind zum einen Operationen, mit denen innerhalb des Kalküls Zeichen auf andere Zeichen abgebildet und ineinander transformiert werden, und zugleich erfüllen sie bestimmte Funktionen. Das ist elementar die Funktion des Zählens. Aber erst im Kalkül von Spencer-Brown wird erkennbar, wie sich daraus Automaten entwickeln lassen, die bestimmte Aufgaben erfüllen. Mit Gleichungen zweiten Grades wird die Pragmatik des Kalküls erfüllt.

Damit ist alles zusammen, was Hegel vom spekulativen Denken erwartet hat: An einem einzigen Zeichen lassen sich der statische Widerspruch von Innen und Außen und die dynamische Bewegung von Innen nach Außen und zurück darstellen (Hegel sprach von der Grenze eines Etwas vom Anderen). Lässt sich ein besserer Weg denken, die dialektische Bewegung des Satzes auszuarbeiten? Und nicht nur das: Mit diesem Zeichen lässt sich eine Entwicklung herbeiführen, die Hegel als den Übergang von der schlechten zur wahren Unendlichkeit verstanden hat.

Die oben eingeführte Figur 1 kann mit Spencer-Brown neu formuliert werden:

Gleichungen zweiten Grades:	unendliche Iterationen	$\rightarrow$	Zeichen für die Iteration; $\daleth$
Heraufführung/ Re-entry:	$\uparrow$		$\downarrow$
Gleichungen ersten Grades:	Zeichen des Kalküls	$\rightarrow$	endliche arithmetische Ausdrücke

Figur 3: Gleichungen ersten und zweiten Grades

Untere Zeile: Gleichungen ersten Grades können nur zu endlichen Ausdrücken führen. Das ist von der üblichen Arithmetik bekannt, wenn dort Ausdrücke wie z.B. ‚(3 + 8) + 12 / 7' gebildet und schrittweise ausgerechnet werden. Im Kalkül von Spencer-Brown kommt hinzu, dass für jeden Ausdruck gilt, dass er entweder auf ein einfaches *cross* ⌐ oder auf den Grundzustand ohne Zeichen zurückgeführt werden kann. Die Forderung von Frege, dass jeder Satz auf eine Menge abzubilden ist, die nur aus den zwei Werten ‚wahr' oder ‚falsch' besteht, ergibt sich hier von allein, wobei der Kalkül von Spencer-Brown genau so wenig wie jede Art von Geometrie eine ausdrückliche Verneinung (Negation) kennt, sondern nur das Rückgängig-Machen einer Operation (*cancellation*).

Heraufführung: Mit unendlich oft wiederholbaren Iterationen gelingt die Heraufführung in Gleichungen zweiten Grades. Vorbilder sind das Zählen und die sequentiellen Annäherungsverfahren an irrationale Zahlen und Grenzwerte. Spencer-Brown verallgemeinert das und spricht in seinem Kalkül von Wiedereinfügung (Re-insertion) (LoF, 65; LoF dt, 56): Mit jedem Iterationsschritt wird ein fester, gleichbleibender Baustein des aktuell gegebenen Zeichens in das nachfolgende Zeichen eingefügt. Vorbild ist wiederum die einfache Kette von Zeichen |, ||, |||, …; zum Beispiel beim Zählen durch Einkerbungen oder mit Strichen und dieses verallgemeinernd mit den römischen Zahlen. Spencer-Brown erweitert das, wenn nach einer festen Regel bei jedem Einzelschritt ein bestimmter Baustein des aktuellen Zeichens an einer bestimmten Stelle oder sogar mehrfach an verschiedenen Stellen des nachfolgenden Zeichens eingefügt werden kann und zeigt am Beispiel von Modulatoren, wie sich mit dieser Methode vollständige Automaten beschreiben lassen.

Obere Zeile: Wird an die Beispiele aus der gewöhnlichen Mathematik gedacht, können sich Iterationen an Grenzwerte

Spekulatives Denken zweiter Ordnung

und Eigenwerte annähern. Bereits die gewöhnliche Mathematik muss für den Grenzwert neue Zeichen einführen wie z.B. das Wurzelzeichen √, das Summenzeichen ∑ und das Integralzeichen ∫. Spencer-Brown verallgemeinert das. Er führt in seinem radikal vereinfachten Kalkül das Zeichen ⊓ ein, mit dem die Iteration im Ganzen benannt wird.

Und er geht über rein mathematische Kalküle hinaus und erfasst zugleich die von Russell und Wittgenstein untersuchten linguistischen Paradoxien. Es kann sein, dass sich die Iteration keinem festen Grenz- oder Eigenwert annähert, sondern mit jedem Iterationsschritt abwechselnd der Zustand 1 (markiert) oder 0 (unmarkiert) erreicht wird. Er vergleicht das mit dem Lügner-Paradox ,dieser Satz ist falsch': Wenn dieser Satz wahr ist, ist er falsch, wenn er falsch ist, ist er wahr, usf. Auch in diesem Fall kann dennoch die Gestalt (Verlaufsform) der Iteration bestimmt werden. Das ist im einfachsten Fall eine einfache Rechteckschwingung, die abwechselnd den Wert 0 oder 1 annimmt. Dieser Verlauf erfolgt im zweidimensionalen Raum. Spencer-Brown spricht von der Unbestimmtheit, welcher der beiden Werte angenommen wird, und deutet sie als imaginären Wert:

> „Der Wert, der im (oder durch den) Punkt (oder die Variable) p repräsentiert wird, kann, indem er im Raum unbestimmt ist, imaginär im Bezug auf die Form genannt werden. Wie wir oben erkennen, ist er nichtsdestoweniger real im Bezug auf die Zeit und kann in Bezug auf sich selbst im Raum bestimmt und somit real in der Form werden." (LoF dt, 53)

Mit dieser Erkenntnis verlässt Spencer-Brown die übliche Logik, und es bereitet daher einige Mühe, seinen neuartigen Gedanken zu verstehen. Wird das Beispiel der Rechteckschwingung betrachtet, dann ist jeder Wert in der Reihenfolge ,1, 0, 1, 0, ...' für sich ein realer Wert: entweder 1 oder 0. Aber die oszillierende Bewegung des Auf und Ab muss in einer unabhängigen Achse beschrieben werden, die senkrecht zur Achse der realen Zahlen steht: Das ist die imaginäre Achse. Mathematisch wird auf diese Weise die Zahlenebene der komplexen Zahlen eingeführt.

Für diesen Sprung in die imaginäre Achse gibt es bei Hegel ein Gegenstück, wenn Hegel den Übergang des Gegensatzes, der auf der realen Zahlenachse mit Zahlenpaaren a und $-a$ beschrieben werden kann, in eine neue Dimension beschreibt, in der er zu Grunde geht. Hegel findet hierfür ein Bild, das an die Rechteckschwingung erinnert: „Dies rastlose Verschwinden der Entgegengesetzten in ihnen selbst ist die *nächste Einheit*, welche durch den Widerspruch zustande kommt; sie ist die *Null*." (WdL, der Widerspruch; TWA 6.67). In der Null wird eine neue Achse eröffnet mit einer eigenen Einheit, der imaginären Einheit i. Das ist die *nächste Einheit*, auch wenn Hegel noch nicht von imaginären Zahlen spricht. Hegel nennt diesen Prozess „Pulsation der Selbstbewegung und Lebendigkeit" (WdL, der Widerspruch; TWA 6.78) und hat damit die Statik des Gegensatzes verlassen. Spencer-Brown hat für diesen Prozess eine geeignete Form gefunden, den Hegel nur in Worten beschreiben konnte.

Re-entry: In meiner Deutung ist der Wiedereintritt (Re-entry) von der Wiedereinfügung (Re-insertion) zu unterscheiden. Das wird in der bisher vorliegenden Literatur zu Spencer-Brown nicht so gesehen. In meiner Deutung beschreibt die Re-insertion den einzelnen Iterationsschritt, während der Re-entry beschreibt, wie Spencer-Brown im Ganzen den Prozess der Gleichungen zweiten Grades *benennt* und mit einem eigenen Zeichen einführt: ⌐. Dieses Zeichen ist ein neues Element, mit dem das Alphabet dieses Kalküls erweitert wird. Der Re-entry hat eine vielfache Bedeutung: (i) Er ist der Name und das Ikon für Gleichungen zweiten Grades; (ii) er ist ihr Grenzwert (Eigenwert), der nicht mehr real, sondern nur noch imaginär dargestellt werden kann; und (iii) ist er die Rückkehr, mit der das in Figur 3 beschriebene Diagramm

Spekulatives Denken zweiter Ordnung

zum kommutativen Abschluss gebracht wird. Daher hat Varela einen eigenen Kalkül entwickelt, in dem der Re-entry als eigenständiges Zeichen auftritt.

Mit dem Re-entry hat Spencer-Brown formal beschrieben, was sich für Hegel als ein „geschlungener *Kreis* dar[stellt], in dessen Anfang, den einfachen Grund, die Vermittlung das Ende zurückschlingt" (WdL, die absolute Idee; TWA 6.570).

Abschließende Bemerkungen:

Imaginäre Zahlen: Mit den imaginären Zahlen ist nicht nur eine neue Dimension eröffnet, sondern die mathematischen Bewegungsgesetze imaginärer Zahlen zeigen, wie sich imaginäre Verläufe entsprechend ihrer Eigendynamik drehen und aus dem imaginären Raum zur realen Achse zurückführen. Sie müssen kein Gedächtnis mit sich führen, um sich daran zu erinnern, woher sie kommen und wohin sie zurückkehren wollen, sondern diese Richtung ist *an ihnen selbst* in ihrer eigenen Dynamik angelegt. An jeder Stelle einer Bewegung können drei Momente voneinander unterschieden werden, die im Ganzen die Einheit des jeweiligen Bewegungszustandes bilden: (i) Der aktuelle Wert. Dieser ist eine messbare Größe und wird physikalisch als der Betrag der Kraft bezeichnet. (ii) Die Richtung, in der die Bewegung an der jeweiligen Stelle zeigt. Diese wird mit einem Vektor (Pfeil) dargestellt. (iii) Der Drall, der an dieser Stelle dazu führt, dass sich im weiteren Verlauf die Richtung ändert. Dieser Wert kann als die Energie (oder die Information) bezeichnet werden. Werden mit Spencer-Brown Kalküle betrachtet, die eigene Formen hervorzubringen vermögen, dann enthält jede Form eine Energie, mit der sie neue Formen erzeugt. Bei Hegel ist wiederum ein analoger Gedanke zu erkennen: Er unterscheidet bei den Urteilen die Richtigkeit des Inhalts eines Urteils und die Wahrheit der Urteilsform: Während mit Richtigkeit gemeint ist, dass das Urteil sachlich zutrifft, ist in meiner Deutung die Wahrheit der Urteilsform die Energie, mit der die jeweilige Urteilsform andere Urteilsformen erzeugen bzw. in sie überzugehen vermag.

Pragmatik: Ohne Zweifel konnten schon immer arithmetische Rechnungen mit Operationen wie dem Zählen oder dem Messen und geometrische Konstruktionen mit Operationen wie dem Polieren einer Fläche in eine ebene Gestalt und dem Bauen einfacher und komplexer Gebilde verglichen und als Abstraktion aus ihnen begründet werden (Operationalismus). Und es gab schon seit vielen Jahrhunderten Uhren, mit denen die Stunden und Tage gezählt werden. Aber erst seit der Einführung der Automaten in der ersten Hälfte des 20. Jahrhunderts wurde es möglich, Maschinen dieser Art weiter auszuarbeiten. Spencer-Brown ist stolz darauf, in seiner Zeit als Ingenieur erstmals ein solches Gerät entworfen zu haben, das erfolgreich eingesetzt wurde (LoF dt, 86). Wittgenstein hat dagegen bei Logik und Mathematik an wissenschaftliche Disziplinen gedacht.

Beobachter: Als Autor des *Tractatus* sah sich Wittgenstein als einen absoluten Beobachter, der von außen alle Regeln übersehen und formulieren kann, mit denen Sprache und Wissenschaft möglich sind. Er hatte daher angenommen, dass mit dem *Tractatus* das letzte Wort über die Philosophie gesagt ist und die Philosophie ihren Abschluss gefunden hat. Wenn dagegen mit Spencer-Brown ein Kalkül gefunden ist, der sich selbst erweitern kann, ist zwischen zwei Beobachterstandorten zu unterscheiden: Der eine Beobachter bewegt sich innerhalb des Kalküls und führt alle Operationen aus, die dort möglich sind. Wird der Kalkül verlassen, eine neue logische Konstante erzeugt und in den Kalkül aufgenommen, gibt es einen zweiten Beobachter, der aus dieser Bewegung heraus den ursprünglichen Kalkül sieht und ihn verstehen lernt. Das kann für mich in Analogie zu Einstein gesehen werden, wenn er den ruhenden und den bewegten Beobachter unterschieden hat: Der ruhende Beobachter sieht, wie sich der bewegte Beobachter aus dem ruhenden System entfernt und zurückkehrt.

Spekulatives Denken zweiter Ordnung

Der bewegte Beobachter sieht die Kontinuität des ruhenden Systems und kann sie nach seiner Umkehr und Rückkehr erschüttern (Zwillingsparadox bis in die letzte Konsequenz von Zeitreisen in die Vergangenheit).

Kreativität: Wenn Spencer-Brown im Ergebnis das konstruktive Denken gelungen ist, sieht er sich dennoch missverstanden, dies auf die übliche Mathematik zu reduzieren.

„Ein Theorem wird genauso wenig durch Logik und Berechnung (computation) bewiesen, wie ein Sonett durch Grammatik und Rhetorik geschrieben wird, oder eine Sonate durch Harmonie und Kontrapunkt komponiert wird, oder wie ein Bild durch Ausgewogenheit (balance) und Perspektive gemalt wird. Logik und Berechnung (computation), Grammatik und Rhetorik, Harmonie und Kontrapunkt, Gleichgewicht und Perspektive können im Werk hervortreten und erkannt werden, *nachdem* es geschaffen wurde, aber diese Formen sind letztlich parasitär gegenüber der Kreativität des Werkes selbst, sie haben keine eigene Existenz außerhalb davon. So wird das Verhältnis der Logik zur Mathematik als das einer angewandten Wissenschaft zu ihrem reinen Ursprung gesehen, und alle angewandte Wissenschaft bezieht ihre Kraft (Nahrung, sustenance) von einem Schöpfungsvorgang, mit dem sie sich strukturgebend verbinden kann, den sie sich aber nicht aneignen kann." (LoF dt, 88)

Was er mit „Kreativität" anspricht, sehe ich im Sinne von Hegel als spekulatives Denken. Sicher ist es möglich, die von Spencer-Brown entworfene konstruktive Lösung technisch zu verstehen und sogar besser und „eleganter" auszugestalten, aber Spencer-Brown denkt an die eigene Erfahrung, in einer spekulativen Phase diese Lösung gefunden zu haben. Das sieht er nicht nur in der gewöhnlichen Mathematik, sondern allgemein im westlichen Denken unterbewertet und spricht daher später von einer eigenen buddhistischen Erleuchtung und im Sinne des Buddhismus von der „Konditionierte[n] Co-Produktion" (Spencer-Brown, 8f.).

Siglen

TWA: Georg Wilhelm Friedrich Hegel: Theorie-Werkausgabe. Auf der Grundlage der Werke von 1832–1845 neu edierte Ausgabe. Redaktion Eva Moldenhauer und Karl Markus Michel. Frankfurt/M. 1969–1971, zitiert mit Band- und Seitenzahl, im Einzelnen:
PhG = Phänomenologie des Geistes (TWA 3)
Enz = Enzyklopädie der philosophischen Wissenschaften (1830) (TWA 8–10)
WdL = Wissenschaft der Logik (TWA 5–6)
VPhG = Vorlesungen über die Philosophie der Geschichte (TWA 12)
PhRel I–II = Vorlesungen über die Philosophie der Religion (TWA 16–17)
KrV = Immanuel Kant: Kritik der reinen Vernunft (1781, 1787)
LoF = George Spencer-Brown: Laws of Form, New York 1972 (Julian Press) [1969]
LoF dt = George Spencer-Brown: Gesetze der Form, Lübeck 1997
WPU = Ludwig Wittgenstein: Philosophische Untersuchungen, in: Ders.: Werke Band 1, Frankfurt am Main 1984, zitiert werden die Paragraphen und nicht die Seitenzahl
WTLP = Ludwig Wittgenstein: Tractatus logico-philosophicus, in: Ders.: Werke Band 1, Frankfurt am Main 1984, zitiert werden die Aufzählungspunkte und nicht die Seitenzahl

Literatur

Gottlob Frege (Frege 1879): Begriffsschrift und andere Aufsätze, Hildesheim u.a. 1993 [1879]
Gottlob Frege (Frege 1891): Function und Begriff, Jena 1891
Ute Guzzoni: Werden zu sich, Freiburg, München 1982 [1963]

Spekulatives Denken zweiter Ordnung

Robert Heiß: Logik des Widerspruchs, Berlin, Leipzig 1932

Dieter Henrich (Henrich 1978): Hegels Logik der Reflexion. Neue Fassung, in: Ders.: (Hg.): Die Wissenschaft der Logik und die Logik der Reflexion, Hamburg 2016 [1978], 203–324

Susanne Huber: Satzbegriff und Sprachgebrauch in Wittgensteins Tractatus, Zürich 2019 [2015]

Thomas Kesselring: Die Produktivität der Antinomie, Frankfurt am Main 1984

Arend Kulenkampff: Antinomie und Dialektik, Stuttgart 1970

Wilhelm Lütterfelds: Hegels ‚spekulativer Satz' als ‚grammatische Bewegung' (Wittgenstein), in: Jesús Padilla Gálvez (Ed.): Phenomenology as Grammar, Frankfurt am Main 2008, 33–61

Lorenz Bruno Puntel: Darstellung, Methode und Struktur, Bonn 1973

Dirk Quadflieg: Differenz und Raum, Bielefeld 2007

Urs Richli: Form und Inhalt in G. W. F. Hegels „Wissenschaft der Logik", Wien, München 1982

Gilbert Ryle: Der Begriff des Geistes (The Concept of Mind), Stuttgart 1969 [1949]

Claus-Artur Scheier: Luhmanns Schatten – Zur Funktion der Philosophie in der medialen Moderne, Hamburg 2016

George Spencer-Brown: Dieses Spiel geht nur zu zweit, Soltendieck 1994 (Bohmeier) [1971]

Walter Tydecks (Tydecks 2014): Die Sphäre des Begriffs und die Logik der Sphäre, Bensheim 2014
unter: http://www.tydecks.info/online/logik_kraft_sphaere.html

Walter Tydecks (Tydecks 2018): Auf dem Weg zu einer Logik der medialen Moderne – Kurzeinführung und weiterführende Ideen zu Claus-Artur Scheier *Luhmanns Schatten*, Bensheim 2018
unter: http://www.tydecks.info/online/scheier_luhmanns_schatten_rezension.html

Walter Tydecks (Tydecks 2021): Wie aus den Zahlen Pfeile wurden, Bensheim 2021
unter: http://www.tydecks.info/online/themen_vektor.html

Francisco J. Varela: A Calculus for Self-Reference, in: International Journal of General Systems 2 (1975, S. 5–24)

Günter Wohlfart: Der spekulative Satz, Berlin, New York 1981

Weiterführende Literatur

Heinz v. Foerster: Computing in the Semantic Domain, in: Annals of the New York Academy of Sciences, 184 (1971), 239–241 [1970]

Myriam Gerhard: Hegel und die logische Frage, Berlin, Boston 2015

Dieter Henrich (Henrich 1976): Hegels Grundoperation. Eine Einleitung in die ‚Wissenschaft der Logik‘, in: Ute Guzzoni u.a. (Hg.): Der Idealismus und seine Gegenwart, Hamburg 1976, 208–230

Louis H. Kauffman und Francisco J. Varela: Form dynamics, in: Journal of Social and Biological Structures 1980, 3, 171–206

Anton Friedrich Koch: Die Selbstbeziehung der Negation in Hegels Logik, in: Anton Friedrich Koch: Die Evolution des logisches Raumes, Tübingen 2014, 107–131 [1999]

Chong-Fuk Lau: Hegels Urteilskritik, München 2004

Josh Robinson: Dialektik und Spekulation. Über die Grenzen der spekulativen Vernunft, in: Stefan Müller (Hg.): Probleme der Dialektik heute, Wiesbaden 2009, 229–246

Frank Ruda: Generisch-spekulativ, in: Kirsten Maar, Frank Ruda, Jan Völker (Hg.): Generische Formen, Dynamische Konstellationen zwischen den Künsten, 2017, 195–210

Ioannis Trisokkas: Pyrrhonian Scepticism and Hegel's Theory of Judgement, Leiden, Boston 2012

Walter Tydecks (Tydecks 2017a): Spencer-Brown *Gesetze der Form*, Bensheim 2017–20
unter: http://www.tydecks.info/online/themen_spencer_brown_logik.html

Walter Tydecks (Tydecks 2017b): Imaginäre Zahlen, Bensheim 2017–19
unter: http://www.tydecks.info/online/themen_zahlen_imaginaer.html

Christina Weiss: Form und In-formation, Würzburg 2006

Günter Wohlfart: Das unendliche Urteil. Zur Interpretation eines Kapitels aus Hegels ‚Wissenschaft der Logik‘, in: Zeitschrift für philosophische Forschung, Bd. 39/1 (1985), 85–100

Zum Verbleib einiger Bücher aus Hegels Bibliothek im Nachlass Michelets

Martin Walter

Der Versteigerungskatalog von Hegels Büchern listet nicht alle Werke, die der Philosoph zitiert hat; er enthält demzufolge Lücken. Auf diesen Umstand wurde von mir anlässlich einer Rezension des von Manuela Köppe herausgegebenen und im Jahre 2017 erschienen Katalogs der *Bibliothek Georg Wilhelm Friedrich Hegels* (*Gesammelte Werke* 31,1/2) bereits hingewiesen. Vermutet wurde, dass Bücher aus Hegels Bibliothek in die Nachlässe seiner Berliner Schüler und späteren Herausgeber der sog. ‚*Freundesvereinsausgabe*‘ verschoben wurden. Dies geschah u.a. mit Verweis auf den Antiquariatskatalog von Carl Ludwig Michelets Bibliothek.[1] Der genaue Nachweis, dass die in den *Kant-Studien* von mir vorgeschlagene Hypothese der Verschiebung von Büchern den Tatsachen entspricht, sei bei dieser Gelegenheit in gebotener Kürze nachgereicht. Anhand von Michelets Herausgebertätigkeit bezüglich Hegels *Vorlesungen über die Geschichte der Philosophie* und im Abgleich mit dem besagten Katalog lässt sich der Vorgang plausibel rekonstruieren.[2]

Carl Ludwig Michelet (1801–1893) promovierte sich im Jahre 1824 bei Hegel.[3] Als Hegel im Winterhalbjahr 1831/32 über Geschichte der Philosophie gelesen hatte, jedoch plötz-

---

1 Vgl. meine Rezension zusammen mit Jörg Hüttner in: *Kant-Studien* 111 (2020), 157.

2 Michelets Ausgabe wird nach der Erstauflage (Berlin 1833ff.) zitiert, wie sie Hermann Glockner in der *Jubiläumsausgabe*, Stuttgart 1928, Bände 17–19, nachdrucken ließ.

3 Vgl. G. W. F. Hegel: *Berliner Schriften*. Hrsg. v. J. Hoffmeister. Hamburg 1956, 635ff.

lich nach einigen Stunden verstarb, führte Michelet die Vorlesung an seiner statt fort: „Ich trat sogleich für ihn ein [...]".[4] Der erste Band von Michelets Edition der Vorlesungen erschien dann auch in Jahresfrist (1833). Beide Umstände, die Fortsetzung von Hegels Vorlesung und die Herausgabe derselben, mögen Anlass genug gegeben haben, dass Michelet neben Manuskripten Hegels zusätzlich Handexemplare aus seiner Arbeitsbibliothek erhalten haben wird.

Eine Durchmusterung des Verkaufskatalogs von Michelets nachgelassener Bibliothek zeigt, dass viele Werke, die Hegel anlässlich seiner philosophiehistorischen Vorlesungen eindeutig zitierte oder anführte, die aber nicht im Versteigerungskatalog zu finden sind, tatsächlich in den Besitz von Michelet übergegangen sein müssen. Die genauen bibliographischen Angaben des Katalogs folgen:

Philosophie enthaltend u. A. die Bibliothek des † Professor Dr. Karl Ludwig Michelet. [Mittig einer Fotografie Michelets mit nebenstehenden Geburts- und Todesdatum. – M. W.]. Buchhandlung Gustav Foek. Antiquariat aller Wissenschaften. Zentralstelle für Dissertationen und Programme. Leipzig 1896.

Erinnert sei, dass Hegel selbst in seinen Vorlesungen über die von ihm herangezogenen Kompendien der Philosophiegeschichte überblickende Auskunft gab. Dies waren die umfangreicheren, teilweise mehrbändigen Monographien von Thomas Stanley (*Historia philosophiae*), Wilhelm Gottlieb Tennemann (*Geschichte der Philosophie*), Dietrich Tiedemann (*Geist der spekulativen Philosophie*), Johann Gottlieb Buhle (*Lehrbuch der Geschichte der Philosophie*) und Jakob Brucker (*Historia critica philosophiae*) sowie die Kompendien von Friedrich Ast (*Grundriß einer Geschichte der Philosophie*), Amadeus

---

4 Carl Ludwig Michelet: *Wahrheiten aus meinem Leben. Nebst zwei Lichtbildern und vier Stammtafeln.* Berlin 1884, 142.

Zum Verbleib einiger Bücher aus Hegels Bibliothek im Nachlass Michelets

Wendt (Auszug aus Tennemann) und Thaddä Anselm Rixner (*Handbuch der Geschichte der Philosophie*).[5] Die nunmehr edierten Vorlesungsnachschriften der ersten Berliner Jahre bestätigen zudem Michelets frühere Angaben (vgl. Hegel, *Vorlesungen über Gesch. d. Phil.* In: *Gesammelte Werke* 30,1: 250f. und 30,2: 515–517).

Im Rauch'schen Versteigerungskatalog der Bibliothek Hegels finden sich zunächst die Nachweise für folgende der eben genannten Werke:

> Georg Anton Friedrich **Ast**: *Grundriss der Geschichte der Philosophie*. Jena/Landshut 1807 (KHB 5/*Gesammelte Werke* 31,1: 11).
>
> Johann Jakob **Brucker**: *Historia critica philosophiae*. 2. Aufl. Leipzig 1776. (KHB 36/*Gesammelte Werke* 31,1: 37f.).
>
> Thomas **Stanley**: *Historia philosophiae* [...]. Leipzig 1711 (KHB 360/*Gesammelte Werke* 31,1: 381f.).
>
> Dietrich **Tiedemann**: *Geist der spekulativen Philosophie* [...]. Davon die Bände 1 bis 3. Marburg 1791–1793 (KHB 375/376/377/*Gesammelte Werke* 31,1: 396–398).

Es fehlen demnach in Hegels Bibliothek Tennemanns elfbändige Philosophiegeschichte (in zwölf Büchern), Rixners *Handbuch* in der Erstauflage (1822/23), Buhles *Lehrbuch* und einige Bände von Tiedemanns Sammlung. Im ‚Michelet-Katalog' der Buchhandlung Gustav Foek finden sich ergänzend folgende Titel,[6] die nachstehend mit Katalognummer, Seitenzahl des Katalogs und in der Schreibweise, wie sie bei Foek erfasst wur-

---

5 Vgl die Aufzählung in der *Jubiläumsausgabe*, Bd. 17, 146–149 und korrespondierend in der *Theorie-Werk-Ausgabe*, Bd. 18, 133–136; dort die jeweiligen bibliographischen Angaben.

6 Alle hier aufgelisteten Titel sind zugleich in der Ausgabe der Philosophiegeschichte von Walter Jaeschke und Pierre Garniron als als Quellen Hegels nachgewiesen, aber als nicht im Versteigerungskatalog ausgewiesen. Diese sind mit einem Dreieck markiert. Vgl. *Vorlesungen über die Geschichte der Philosophie*. Teil 4. In: *Georg Wilhelm Friedrich Hegel. Vorlesungen. Nachschriften und ausgewählte Manuskripte*. Bd. 9. Hamburg 1986, 417 ff.

den, wiedergeben seien. Darunter sind die jeweiligen Erwähnungen aus der zuverlässigen Nachschrift Heinrich Gustav Hothos (Michelets Vetter)[7] im Wintersemester 1823/24 zum Nachweis der Verwendung durch Hegel angeführt:

„**618. Buhle, J. G.**, *Lehrbuch d. Geschichte der Philosophie*. 8 Tle. 1796–1804." (S. 20).

„Ein drittes Buch: ist Buhle's Lehrbuch der Geschichte der Philosophie in 9 Bänden. Göttingen 1796 (*Gesammelte Werke* 30,2: 516).

„**619.** – [**Buhle**] *Geschichte der neueren Philosophie seit der Epoche der Wiederherstellung d. Wissenschaften*. 6 Bde. 1800–1805." (S. 20).

Nachgewiesen bei Jaeschke/Garniron, S. 419 (wie Fußnote 6).

„**3707. Rixner, T. A.**, *Handbuch d. Geschichte d. Philosophie*. 3 Bde. 1822–1823." (S. 107).

„Das empfehlenswertheste ist: Handbuch der Geschichte der Philosophie von Rixner Sulzbach. 1822 und 1823" (*Gesammelte Werke* 30,2: 517).

„**4507. Tennemann, W. G.**, *Geschichte d. Philosophie*. 11 Bde. 1798–1819. In 12 Hldrbdn." (S. 130).

„Tennemann's Lehrbuch der Geschichte der Philosophie. Leipzig 1798. 12 Bände" (*Gesammelte Werke* 30,2: 516)

„**4508.** – [**Tennemann**] *Grundriss d. Gesch. d. Philosophie*. 3. A. Hrsg. v. Wendt. 1820. Hbfz." (S. 130).

„Wendt Auszug aus Tennemann in historischer Rücksicht gut; [...]" (*Gesammelte Werke* 30,2: 517).

„**4509.** – [**Tennemann**, *Grundriss*] 5. A. 1829. Gbd." (S. 130).

Lediglich die drei übrigen Bände Tiedemanns (von insgesamt sechs) fehlen in Hegels und in Michelets Buchnachlässen. Eine genaue Durchsicht dieses ‚Michelet-Katalogs' wird viel-

---

7 Vgl. Max Lenz: *Geschichte der Universität Berlin*. Bd. 2, Teil I. Halle 1910, 310f.

Zum Verbleib einiger Bücher aus Hegels Bibliothek im Nachlass Michelets

leicht weitere Bücher aus Hegels Bestand zutage fördern. Die hier vorgestellte Auswahl ist indes durch die verschiedenen Vorlesungsnachschriften und die Ausgabe Michelets eineindeutig nachgewiesen. Daher wurden jene fehlenden, nunmehr im Nachlass Michelets zu verortenden Bücher *pars pro toto* zur Beweisführung ausgewählt.[8] Jedenfalls ist hiermit der Nachweis für die von Hegel in den Vorlesungen aufgezählten philosophiegeschichtlichen Monographien und Kompendien geführt. Die genauen bibliographischen Angaben können überdies ergänzend im angeführten Band der Ausgabe der Vorlesungen über die Geschichte der Philosophie Hegels von Walter Jaeschke und Pierre Garniron verglichen und eingesehen werden.

---

8 Hinweise zum Verbleib und zur Geschichte von Michelets Nachlass finden sich bei Walter Kühne: *Erlebnisse eines Polonisten*. Hrsg. v. H. Ehret. Rendsburg 1995, 37f. Kühne hatte Michelets Sohn aus zweiter Ehe bei seinen Nachforschungen zu August v. Cieszkowski ausfindig gemacht und diesen aufgesucht.

Tagungsbericht

International Meeting. "The Presence of Hegel in Contemporary Thinkers". Messina University, 1 to 5 February, 2021

Giacomo Rinaldi

The 27th of August 2020 was the 250th anniversary of the birth, in Stuttgart, of the great German philosopher Georg Wilhelm Friedrich Hegel. In order duly to honour his memory, Prof. Giuseppe Gembillo laudably proposed to organise, before the end of that year, an international meeting on a historical-philosophical topic of unquestionably primary relevance: "The Presence of Hegel in Contemporary Thinkers"— meaning by "contemporary thinkers" the philosophers of the 20th century. The interest aroused in the Italian philosophical community by this initiative, which was joined by more than 60 speakers, predictably caused some operational problems to the technicians of Messina University, who were organising it through telecommunication, so that it could take place only at the beginning of February 2021. From the examination of its programme it clearly turns out that the name "International Meeting" is formally correct, because two of the speakers, Andrea Bellantone and Giuseppina D'Oro, came, respectively, from Toulouse and from Keele (UK). This notwithstanding, all papers were delivered in Italian, so that I deem it helpful to allow scholars who do not know the language to become acquainted through this article, at least summarily, with the most interesting features and results of this meeting.

Its structure was articulated into ten sessions over five days (on each morning and afternoon), in which a thematically heterogeneous sequence of papers was read, all of them concerning the interpretations of Hegel's thought worked out by 20th-century thinkers. The choice of the authors to be presented and commented upon was mostly entrusted to the speakers' discretion; in which this meeting's most serious shortcoming consisted, for one did not hear in it any paper dealing with the interpretations of those who were the greatest *genuinely* Hegelian thinkers of the 20th century—namely, Richard Kroner, Bernard Bosanquet, G. R. G. Mure, Errol E. Harris and Robert R. Williams. Such omissions, which were certainly attributable only to the speakers' personal choices and by no means to the meeting's promoters, are obviously regrettable. However, they unquestionably throw light on the real, unhappy state of today's Italian philosophy.

1. *Hegel*. Let us begin with the group of papers in which the presentation of the interpreter's thought left due space to the analysis of Hegel's own texts. In his speech, "Hegel and Cotroneo", Giuseppe Cacciatore outlined the latter's analysis of the three "figures" into which the section "The Realisation of Rational Self-consciousness Through Itself" in the *Phenomenology of Spirit* is articulated: "Pleasure and Necessity", "The Law of the Heart and the Madness of Self-Conceit" and "Virtue and the World's Course", where Hegel, as is well known, brilliantly criticises, respectively, Faust's hedonism, the revolutionary violence of Karl Moor, the protagonist of Schiller's *Räuber*, and the false ethical ideals of Medieval chivalry novels. The organicistic and teleological conception of nature, which was systematically developed by Hegel in Part II of his *Encyclopaedia*, and in particular the theory of the (ideal) evolution of natural species outlined by him in § 248, was the subject matter of Giuseppe Giordano's paper, "Hegel and Prigogine", in which he suitably highlighted intriguing affinities between Hegel's Philosophy of Nature and the world-view that was un-

International Meeting

folded by the 20th-century natural sciences—in particular, besides the above-mentioned Prigogine, by Bohr and Heisenberg. My own paper, "Hegel's Philosophy of Objective Spirit According to Ivan Aleksandrovich Il'in's Interpretation", was distinguished by the fact that it did not confine itself to outlining the interpretation and the critique of this fundamental section of Hegel's System carried out by the Russian philosopher, but also put forward a series of objections aimed at refuting the main arguments raised by this latter against it.

Contrary to what the worst Marxist literature made entire generations of Italian scholars believe, the Philosophy of Religion, or *"rationelle Theologie"*, let us say, to use an expression coined by Hegel himself, plays a crucial role in the ambit of his thought; and no less crucial, theoretically relevant and perennially up-to-date is the critical function performed by it in the history of Western theology. With pleasure and attention I therefore listened to the reflections on Hegel's Philosophy of Religion carried out by the French philosopher Bruaire and by the Italian thinker Alberto Caracciolo, which were set out, respectively, by Ilaria Malaguti and by Roberto Garaventa. Yet I must immediately add that both of their papers seemed to me to be somewhat uncritical, because they simply extolled their respective authors' approaches to Hegel's theological thought without realising their insuperable shortcomings. By trying to state precisely the relationship between God and man in spirit's intimacy through the metaphor of the "gift", Bruaire and his apologist do not realise that it is just, and can just be, a *metaphor*; that the resort to it in a context of crucial theological relevance, whose objective validity can be warranted only by its content's sublation under the logical form of the "pure Concept", appears wholly inappropriate; and that, what is more, it is an *ugly* metaphor, because the rational meaning of "donation" (*Schenkung*), which was clearly unfolded by Hegel in § 80 of his *Grundlinien der Philosophie des Rechts*, falls *in toto* within the abstract-juridical conceptual determination of "Contract" as a merely defective form of it, and must therefore be carefully removed from any serious philosophical or theological statement about the essence of the Divine or of spirit.

Far more interesting and articulated is the critique raised by Caracciolo against Hegel's Philosophy of Religion. It deserves, I believe, to be discussed here in some detail, if only because this original Italian thinker is almost unknown outside the borders of his native country. It is unfolded by him in the ambit of a form of religious existentialism that holds firmly to the "autonomy" of religion with respect to philosophy, and, within the former, to the radical difference between God's transcendence and the finitude of the human spirit; but, this notwithstanding, it is not devoid of outspoken acknowledgments and appreciation for the "eschatological tension" which in his opinion would characterise Hegel's conception of the Divine, for his emphatic vindication of the absolute universality of religion's content, and for his "liberal", anti-authoritarian conception of the criterion of religious truth as the inner "witness of spirit". While the objections put forward by him against the Hegelian *Aufhebung* of religion into philosophy and against the "dialectical" identification of God with the "world" (or rather, perhaps, with the history of Spirit) are clearly "transcendent" in character, and can be easily invalidated by a thoroughgoing critique of the form of religious "representation"[1] and of the theistic conception of God as an objective Entity "other" than man,[2] a more immanent argument is instead raised by Caracciolo against the inner consistency of the "rational knowledge of God" developed by Hegel's philosophy. For it would try to bring about a "synthesis" between two conceptions of the Divine that in truth are het-

---

1 Cf. G. Rinaldi, *Ragione e Verità. Filosofia della religione e metafisica dell'essere*, Aracne Editrice, Rome 2010, Part I, §§ 8.1, pp. 197–203 e 13.10, pp. 390–2.
2 Cf. *ibid.*, Part I, § 7.1, pp. 173–81.

erogeneous and mutually exclusive. The former would be the "Platonic" one, according to which God takes up the shape of an ideal totality of intelligible objects that are immanent in natural and human reality. The latter would be that according to which God coincides instead with a transcendent Person who is the creator and the origin of a providence that is not only ideal-eternal, but also "historical". "The *kósmos noêtós*", Caracciolo maintains regarding the former conception of the Divine, "becomes alive as the *noûs* (living thought), but one should say that in Hegel one witnesses the initial rather than the final moment of the process evolving from Platonism to Neo-Platonism. The God of Hegel, as far as the aspect we are now considering is concerned, seems to recall the phases that precede that in which He has already absorbed into Himself as the Logos the intelligible world" .[3] To this objection one can easily reply, first of all, that it is grounded on a gross misunderstanding of the Hegelian conception of the logical Idea, because the priority that it recognises to the "objective" thought-determinations inherent in the categorial spheres of Being and of Essence over the self-conscious subjectivity of the Concept (i.e., the Hegelian equivalent of the Aristotelian and Neo-Platonic *noûs*) is *merely formal* in character, since it is, to put it more precisely, a methodological-expositional, *not* a metaphysical-objective, priority. This is because the ultimate foundation of logical thought's entire development according to Hegel is the (absolute) *subjectivity* of the Idea rather than the abstract, "Platonic" objectivity of the categories of Being and of Essence. Furthermore, Caracciolo does not seem to have realised that Hegel's Philosophy of Religion, despite some occasional concessions to current theological terminology, actually carries out a systematic critique of the intrinsic plausibility and consistency of the representation of the tran-

---

3 Cf. A. Caracciolo, *La religione e il cristianesimo nell'interpretazione di Hegel*, in *L'opera e l'eredità di Hegel*, ed. by V. Verra, Laterza, Bari 1972, p. 64.

scendent personal God worked out by traditional Christian theology. Against this conception he unambiguously and unhesitatingly sets that idealistic or immanental conception of the Divine which I have already had the occasion to articulate and to defend elsewhere.[4] Finally, as to the alleged irreconcilability between the ideal-eternal, metaphysical conception of providence and so-called "historical" providence, Caracciolo seems once again to forget that the Hegelian doctrine of the essentially processual character of the self-conscious Idea allows one to legitimise, and even to render unavoidable, the concept of, to put it in Vico's words, an "eternal ideal history", according to which the ideal identity of the Eternal is in the last resort nothing other than the very dynamical rhythm of its necessary historical-temporal manifestation.

2. *Italian Idealism*. The two greatest representatives of Italian Idealism, Croce and Gentile, both worked out very elaborate interpretations and critiques of Hegel's philosophy, which were set out with competence and insight in the two best papers I was able to hear at this meeting, namely, those of Giuseppe Gembillo and of Rosa Faraone. Taking suitably into account the occasion and finality of this meeting, Gembillo almost exclusively emphasised what Croce regarded as still "alive" in Hegel's thought: the affirmation of the Concept's truth and autonomy; rational mediation as the essential form of philosophical thought; the dialectical unity of opposites and the abstractly "schematising" character of the *"pseudoconcetti"* (false concepts) worked out by the positive sciences. Rosa Faraone no less suitably highlighted that which is unquestionably the "key" to Gentile's reform of Hegelian dialectics, namely, his stressing the crucial epistemological role

---

4 Cf. G. Rinaldi, *Ragione e Verità*, cit., Part I, § 7.4, pp. 192–5; and also my more recent article, *The Contemporary Relevance of Hegel's Philosophy of Religion*, in *Hegel's Philosophy of Religion*, ed. by H. Schneider, T. Iremadze and U. Jeck, Europäischer Universitätsverlag (= Hegel Heute, Bd. 3), Bochum 2021, pp. 3–22. [proof pages, please]

played by Kant's *a priori* synthesis in the act of thinking, his insistence on the absolute "punctuality" of the transcendental Ego and, in polemic against Hegel's systematic conception of the Idea, on the uniqueness of the "category" and on his dissolution of the concept of "substance", which he regarded as one of those "residues" of "realism" and "transcendence" which marred the inner consistency of the philosophy of Absolute Idealism. Philosophically far poorer was Ernesto Paolozzi's paper, "Hegel and Antoni" (the latter being a second-rate pupil of Croce), whereas one cannot avoid ascribing to Furia Valori's paper, "Hegel and Carabellese", the undeniable merit of having acquainted the audience with an Italian idealist philosopher, Pantaleo Carabellese (1877–1948), whose interesting thought, by now almost forgotten, I shall now try briefly to summarise.

The philosophy of Carabellese can safely be regarded as a reaction to Gentile's Actual Idealism. Yet what he sets against his metaphysics of the "pure act" is not a subjectivist and relativistic conception of historical becoming—as will instead be the case with too much contemporary Italian philosophy—so much as an "ontology" of the "pure Object", of absolute Being. This notwithstanding, such an ontology is still based upon an idealistic conception of reality (unlike all the other trends of 20th-century "metaphysics of Being"),[5] since Carabellese shares with Gentile and Croce the fundamental epistemological assumption that "being is in consciousness".[6] Hence he explicitly disallows any attempt to "overcome" consciousness and to make the latter dependent, in the manner either of naturalistic empiricism or of traditional dualistic metaphysics, upon a reality radically alien to it. Any possible actuality is either an act or an object (a content) of conscious-

---

5 Cf. G. Rinaldi, *Ragione e Verità*, cit., Part III: "Critica della metafisica dell'Essere", pp. 537–715.
6 P. Carabellese, *Critica del concreto* (1921), A. Signorelli, Rome 1940², p. 23.

ness. The peculiar problematic of metaphysics thus comes to coincide with a "critical" analysis of the immanent formal-general structures of consciousness as the only "concrete" reality. He distinguishes in it two mutually connected "transcendental conditions": the subject and the object, and three "determinate forms" of its activity, which also imply one another: feeling, knowledge, and the will. In each of the latter it is possible to bring out a peculiar configuration of the subject-object relation. Carabellese's whole polemic against Gentile is rooted in a different, and even alternative, conception of such a relation. Setting out from Kant's famous contention that the "objectivity" of a perception coincides with its intersubjective validity, i.e., with its "universality", he identifies the very essence of the object as such with the most "universal" concept, i.e., the indeterminate "idea of Being". Yet this latter, as Antonio Rosmini had already pointed out against Kant, is not to be regarded as the product of an act of the knowing subject. Rather, it is passively "given" to it. But what about singular objects such as this pen here or that tree there? Carabellese appeals in this regard to Berkeley's immaterialism, and emphatically denies that consciousness can actually refer to any extended, material, bodily object. The only objective actuality it can become aware of is a "spiritual reality", and this coincides with the universal idea of Being. The subject of the act of consciousness must, on the contrary, necessarily be merely "singular": "one among many", a "monad" bearing a relation of "mutual otherness" to infinite other possible singular subjects. As a consequence, contrary to what Kant, Hegel, and Gentile held, the unity of conscious experience cannot be the result of a spontaneous "synthesis" carried out by the subject (for this is "in itself" merely passive and manifold). It will therefore be rendered possible by the object alone, which, as universal, is also of necessity unique. Unlike Gentile and Hegel, then, Carabellese refuses to deduce from the idealistic principle of the identity of being and consciousness the fur-

International Meeting

ther consequence that the truth of immediate consciousness is the pure act of self-consciousness. For in such an act the Ego should be the object of itself; but to Carabellese, as we know, the object is essentially distinct from the subject (although being immanent in, and inseparable from, it). I therefore can be conscious of an object different from me (i.e., the idea of Being), but cannot possibly become aware of my own conscious act. The resolution of the objectifying act of consciousness into pure self-consciousness thus appears to Carabellese to be nothing less than "the fundamental falsehood" of "post-Kantian idealism".[7]

Despite the genuine idealistic inspiration of his metaphysics, one cannot avoid regarding as wholly inconsistent Carabellese's identification of the subject's essence with "plural singularity", and of that of the object with the unique universality of the idea of Being. As Kant himself, to whose authority Carabellese so often resorts, has already shown, I can become aware of a multiplicity (be it objective or subjective, and, in the latter case, be it the manifold of the states of consciousness within the single subject or an "inter-subjective" plurality of individual subjects) only if I remain self-identical during the whole process of knowing in which I become aware of such a multiplicity. It is, then, the absolute identity of the self-conscious Ego, and not that of the object, that renders possible, in the final analysis, the "synthetic unity" of concrete experience. Moreover, on what grounds can I assert that the object is "in itself" unique? In effect, apart from the fact that sense-perception manifests an indefinite plurality of singular objects (this pen here, etc.), all objective concepts, too, as determined, are essentially manifold. Only the indeterminate idea of Being is likely to be actually "unique". Yet, just as indeterminate, it is, in truth, but a mere "abstraction",

---

7 Cf. *ibid.*, pp. 126–39.

an empty nothing. How, then, can it render possible the objective unity of the "concrete" as consciousness? Finally, Carabellese does not realise that his denial of the possibility of self-consciousness undermines nothing less than the most original conditions for the possibility of his own idea of philosophy as a "critique of the concrete". For we already know that to Carabellese the "concrete" coincides with consciousness, and that his "critique of the concrete" consequently turns into a reflective explication of consciousness's formal-general structures. Such an explication is obviously an act of consciousness. But its object, unlike that of "immediate" consciousness, is *not* the indeterminate idea of Being, but the very concrete actuality of knowledge, so that it clearly takes the shape of a determinate form of *pure self-consciousness*, whose real possibility, then, it as such proves, as it were, *ad oculos*.

3. *Marxism*. As I have already had the occasion to point out elsewhere,[8] Marxism, or, if you like, Historical and Dialectical Materialism, was the dominant trend in Italian philosophy from 1945 up to 1991, when the breakdown of the Soviet Union condemned it also in my country to a merely subaltern presence. However, this does not mean that it disappeared in the view of Italian philosophy, as was proved in the most unquestionable way by numerous papers delivered at this meeting. I wish to dwell here upon Maria Teresa Murgia's paper, "Hegel and Gramsci", not only because it appeared to be more insightful and exhaustive than many others, but also because Gramsci undoubtedly was the major exponent, both on the political and on the philosophical level, of Italian Marxism, and the theses stated by him regarding the relationship between Hegel and Marx became pivotal in it, and therefore deserve to undergo now a careful, although inevitably summary, analysis and critique.

---

8 Cf. G. Rinaldi, *Twentieth-Century Italian Philosophy: A. Brief Outline and Evaluation*, transl. into Georgian by G. Chanidze and R. Zoide, Favourite, Tbilisi 2020.

I do regard as a merit of Gramsci's reading of Hegel the stress laid by him on the crucial epistemological role played by the concept of subjectivity in Hegel's thought, and on the consequent necessary processual and dialectical resolution of immediate and external objectivity (in polemic against the empirical realism typical of traditional philosophy, and particularly of Catholic theology) into the self-conscious subject's creative activity. Yet Gramsci did not realise that no less essential, and explicitly emphasised by Hegel, is also a further and complementary movement—namely, that through which the existence and immediate appearance of subjectivity are denied and resolved into the absolute negativity of True Infinity (*Wahre Unendlichkeit*), into which the finite (within which the individual subject, civil society, sensible praxis and the very totality of historical facts fall) is *aufgehoben*, i.e., preserved only to the extent in which it is negated or "transfigured" (*verklärt*). Gramsci instead holds firmly, in the most naïve and uncritical manner, to the positive reality of the finite (although this is no longer conceived by him as abstract object, but as subjective activity), thus radically distorting both the letter and the spirit of Hegelianism and depriving it of a dialectical and speculative element that is instead absolutely essential. No less unjustified is his polemic against the "systematic" statement of Hegel's thought. For if such a statement is done away with, philosophical thought ineluctably comes to be degraded to a mere aggregate of particular or intellectual historical determinations, thus destroying that very universality which Gramsci himself deems to be essential, or to a sequence of vacuous and generic slogans, which can be filled in the most arbitrary way with the most heterogeneous, randomly selected contents, thus depriving philosophical thought of that which is instead the guarantee of its genuine rationality—namely, its inner (*a priori*) necessity. This seems to me to be the main shortcoming of Gramsci's "philosophical" writings, and, unfortunately, to a large extent, of the very theoretical perspectives worked out by the Masters of Italian Idealism, Croce and Gentile. As, then, to the relevance, which Murgia rightly emphasises, that he ascribes to the 11th "Thesis on Feuerbach", one can point out that it stems from a period of Marx's reflection which he himself, in *Die deutsche Ideologie* (1846), took the trouble to reject in the most outspoken way.[9] Historical Materialism, for Marx, is no longer either a "philosophy", or a mere instrument for the political transformation of the world, but rather a positive science of history, and, in particular, of economy. Secondly, Gramsci seems to forget that the absolute primacy of praxis over theory, according to which the world must be transformed and not simply interpreted, far from being an original discovery of his own, constitutes nothing less than the moving soul of that Kantian and Fichtean "moral world-view" which Hegel in all of his writings peremptorily criticised and rejected by means of numerous and cogent arguments, but also with an acrimony and hardness that seem to me to be sometimes excessive. Thirdly, Gramsci's identification of such a praxis with "politics" as revolutionary activity had already found an anticipated, precise and persuasive critique in the above-mentioned Chapter of the *Phenomenology of Spirit* entitled "The Law of the Heart and the Madness of Self-Conceit". It would suffice to read well this Hegelian text, in which the contradictions inherent in rational self-consciousness's practical self-production are pitilessly emphasised, to find in it what seems to me to be the right definition of Gramsci's *"panpoliticismo"*, i.e., giving absolute priority to political goals (which finds a paradoxical counterpart in that of Gentile): a "madness of self-conceit"! To which, unfortunately, he added the deplorable demagogical insistence on the would-be fact that "we are all philosophers", which directly or indirectly deprives phi-

---

9 For a detailed historical-critical justification of this thesis, one can still today helpfully consult my essay *Dalla dialettica della materia alla dialettica dell'idea. Critica del materialismo storico*, SEN, Naples 1981, Part I, Cap. 1, § 1, spec. pp. 89–91.

International Meeting

losophy of its scientific seriousness, insofar as it reduces it, at least at its leanings, to mere charlatanism. To Gramsci one can reply that it is as true that "we are all philosophers" as it is true that we are all Shakespeare, Goethe or Beethoven! There is, in truth, an essential difference between creative genius, not only artistic but also philosophical, and common humanity that only the most deceptive rhetoric can obliterate. As, then, to the mutual determination of structure and superstructure according to Historical Materialism, Gramsci gives a forced interpretation to a problem that already Engels had coped with and discussed in detail, affirming, in a well-known letter to W. Borgius (25 January 1894),[10] that Historical Materialism does admit a retroaction of superstructure over structure, but that the "in-the-last-resort decisive" influence is always and only that of structure over superstructure—which suffices to refute Gramsci's whole interpretation of this crucial Marxist thesis. Finally, I do not hesitate to regard as extravagant Gramsci's contention that the shortcomings of Hegel's doctrine of the State derive from the fact that it was still a "bourgeois State". Actually, in the "inner constitution" of the Hegelian State[11] the bourgeoisie, which is articulated into the *Stände* of craftsmen, industrialists and traders, plays a merely advisory role in the ambit of the legislative power, whereas the real political power lies in the hands of the hereditary Monarch, of his officials and of his army, whose officers and generals, at the time in which he wrote and taught, were almost unexceptionally of aristocratic stock.

The philosophical itinerary followed by another well-known exponent of Italian Marxism, Lucio Colletti, was reconstructed by Francesco Aqueci, who distinguished in it

---

10 Cf. *ibid.*, p. 187 and p. 201, n. 108.
11 Cf. G. W. F. Hegel, *Grundlinien der Philosophie des Rechts*, in Id., *Gesammelte Werke*. In Verbindung mit der Deutschen Forschungsgemeinschaft herausgegeben von der Rheinisch-Westfälischen Akademie der Wissenschaften, Meiner, Hamburg 1968, §§ 260–329.

three main evolutionary stages. In the first, holding firmly to the materialistic principle of the exclusive reality of the material world, he rightly criticised those interpretations of Hegel's Idealism which, as is the above-mentioned case with Gramsci, somehow try to reconcile it with Marxism, and in particular to adopt, as the latter's peculiar method, the dialectic, which, by denying the reality of the finite, by implication dissolves that of matter itself. In the second, he tried to save the relevance of the Hegelian heritage for Historical Materialism by identifying in Hegel's theory of civil society, in particular in the dialectical nexus between the individual and the social production relations, a relatively materialistic application of the dialectical method. This is plainly a mistake, because in the Hegelian System the entire civil society constitutes only the moment of its negative appearance, if not of the very "loss of spirit", which rather actualises itself in the political State and, beyond it, in the higher sphere of Absolute Spirit. In the third, Colletti himself finally acknowledged his mistake, and, still holding firmly to the ontological principle of the positive reality of matter, searched for a plausible epistemological foundation of it no longer in Hegel's thought but in Kant's, and subsequently in today's Logical Empiricism.

The limit of Colletti's insightful and persuasive critique of the so-called *"Hegelomarxismo"* consists in his persistent, dogmatic allegiance to the ontological principle of the reality of matter, which a by-now more than bi-millenary philosophical criticism, beginning with Plato, had instead cogently proved to be only a negative and illusory show. The apologia of the rudest and narrowest materialism characterises also Gilles Deleuze's philosophical perspective, which was outlined in Andrea Le Moli's paper, "Hegel and Deleuze", which is distinguishable from that of the followers of Historical Materialism only because it is inspired by Nietzsche's thought instead of that of Marx. No less uncritical and philosophically flawed appeared to me Leonardo Distaso's paper, "Hegel and Marcuse", because this speaker did not realise that the fundamental theoretical principle of this exponent of the Critical Theory of Society, i.e., the so-called "negative dialectic", far from plausibly highlighting the irreconcilably nature of late-capitalistic society, actually destroys the most elementary conditions for the possibility of any theory whatever, including the materialistic one worked out by Marcuse himself. For a purely negative dialectic, by rejecting the principle of the necessary synthesis or reconciliation of opposites, renders in principle impossible that (concrete) identity of the act of thinking without which no theory at all is possible and thinkable, and rather dissolves itself into a "rhapsodic", to put it in Kant's word, manifold of showy and ephemeral representations or merely subjective opinions.

4. *Empiricism, Pragmatism and Human Sciences.* I was very disappointed by Roberta Lanfredini's paper, "Hegel and Popper", because she mostly confined herself to reporting the superficial and unfounded objections, and even the grossest abuses, that this deplorable exponent of the worst contemporary *Unphilosophie* was accustomed to address to Hegel's dialectic. A complete misunderstanding was Pietro Perconti's paper, "Hegel and Brandom", except for his plausible remark that, far from providing us with any reliable interpretation or critique of Absolute Idealism, this second-rate exponent of American Pragmatism simply tries to "exploit" Hegel's theory of self-consciousness in order to amuse himself and his uncultivated audience with the most childish rhetorical plays. Far more valuable and interesting was Giacomo Cerretani's paper, "Hegel and Habermas", in which, although sharing the German sociologist's critique of Hegel's conception of the ethical State, he suitably highlighted the epistemological inconsistency of his "theory of communicative acting", consisting in the fact that, on the one hand, it claims to be a theory, but, on the other, by denying the truth of speculative Logic, which is the

necessary condition for the possibility of any theory whatever, in the last resort cannot but refute also itself.

5. *Scepticism and Deconstructionism*. The lowest intellectual quality of the papers "Hegel and Rensi", "Hegel and Derrida" and "Hegel and Feyerabend", which were delivered, respectively, by Emidio Spinelli, Leonardo Samonà and Francesco Coniglione, would not justify even their mere mention at the conclusion of the present article if the quack inconsistency of the "interpretations" of Hegel's thought tentatively worked out by these three exponents of the most radical contemporary scepticism and nihilism did not prove *ad oculos*, so to say, what is the ineluctable fate of any pseudo-philosophy that insolently sets itself the objective of destroying nothing less than the eternal Ideas of Reason and of Truth—namely, the extinction of the *lumen intellectuale* of the self-conscious I in a sea of chats, or rather, to put it in Shakespeare's words, in "a tale told by an idiot, full of sound and fury signifying nothing".

Rezension

Giacomo Rinaldi: *The Philosophy of Art*, Vol. 1, The Pertinent Press, Oxford 2021, pp. x–551.

Giorgi Kapanadze

Art has always been an object of philosophical interest. Inner harmony and beauty of the material universe prompt the mind to philosophical contemplations. At the same time philosophy becomes intensively occupied with the theoretical understanding of art as a human creation. The relationship between natural and man-made beauty, as well as the purpose and nature of art itself, constitutes an important subpart of philosophy. As in the case with any specific philosophical science, art can be understood only in relation to the general philosophical system, that is to say, the philosophical understanding of art is a part of a broader understanding of the nature of the universe and of truth.

The history of philosophy knows many different philosophical movements and systems of thought, as well as contradictory theories of beauty and concepts of art. Giacomo Rinaldi's two-volume work, *The Philosophy of Art*, presents a theoretical-systematic aesthetics, which is driven from idealistic presuppositions. The first volume, which has recently appeared and which is here reviewed, aims at the examination of the pure concept of art, while the second volume will deal with the exposition of that concept's self-actualization in the history of art and in the special shapes and mediums by which it is realized. Rinaldi is a distinguished contemporary proponent of idealistic philosophy, and his profitable philosophical career is dedicated to the development of the tradition of absolute idealism, a philosophical system that differs not only from contrary positions of thought such as empiricism, materialism, positivism, and naturalism, but also from the subjective, transcendental, and historicist trends of idealism. Absolute idealism is a philosophical system that is based on the principle of the identity of thought and being, and which considers reality as a dynamic and gradual unfolding of reason, immanently present and active in the material and in the human world. Rinaldi's writings include Italian, English, German, and more recently Georgian publications, which are concerned with epistemological, metaphysical, ethical, and religious issues. Rinaldi began his career with a criticism of Edmund Husserl's phenomenology and of Karl Marx's dialectical materialism; his philosophy is based upon a critical reception and systematic interpretation of the idealistic tradition of western philosophy, and especially of its culminating moment, the philosophy of Georg Wilhelm Friedrich Hegel. Such development was presented in 1992 in his work, *A history and Interpretation of the Logic of Hegel*, which favors the metaphysical and idealistic interpretations of Hegel's philosophy, arguing against alternative developments of it such as historical materialism, relativistic historicism, and abstract subjectivism. The same line of thought was further developed in his later works, notably in *Absoluter Idealismus und zeitgenössische Philosophie: Bedeutung und Aktualität von Hegels Denken* (2012), which demonstrates the relevance of Hegel's thought for contemporary philosophy, and presents him not only as a philosopher of the past, but also as the indispensable source of all future philosophy. Other major works and numerous articles, written in various languages, deal with the development of idealistic epistemological, metaphysical, ethical, and religious theories, as well as with a systematic elaboration and further development of absolute idealism. *The*

Philosophy of Art should be seen as an integral part of Rinaldi's philosophical work and as an important contribution to the development of contemporary aesthetics.

As a systematic work, *The Philosophy of Art* draws first of all the reader's attention to the peculiar definition of philosophy. According to Rinaldi, philosophy is a speculative science that, unlike the positive sciences, does not study a finite object of human experience, but infinite, true Reality: the Idea, according to Plato's definition, or the Absolute, in Spinoza's terminology. Hence, the ideal is the "peculiar object of philosophy, which can therefore be rightfully defined as the rational (that is, non-empirical) science of the Absolute Idea" (p. 32). Furthermore, the Idea is conceived as "the unique, eternal and infinite act of self-conscious thought" and as "an intrinsic, self-differentiating unity of the manifold—be it logical, natural or human—which is the very definition of the concept of 'Totality'" (p. 35). Philosophy as the speculative science of the whole, or totality, encompasses also the conditions for the possibility of finite knowledge. However, this does not mean that philosophy is simply a methodological foundation of the natural sciences. Philosophy as the science of totality is a speculative rather than methodological enterprise, which examines the inner development and the manifestation of true reality. At the same time, Rinaldi's absolute idealism differs from various other forms of idealism. Unlike transcendental idealism, e.g., which sets the ideal against empirical reality, and therefore regards the ideal as radically different from the sensible world's temporary, chaotic, and finite being, absolute idealism claims that the ideal contains within itself also the negativity of the sensible world. Thought-determinations are immanently manifested both in nature and in human history, and sensible reality incorporates the Absolute into itself. Unlike Kantian idealism, absolute idealism argues that the Idea is not only an epistemological principle, a subjective function of the human mind, but "at once the object and the subject of the intellectual activity of the mind, and, as such, it sets itself against both the content and the form of sensibility" (p. 8).

The Philosophy of Art is a theoretical-systematic treatise, which invites the audience to understand art from the viewpoint of absolute idealism. The primary aim of the work is to develop the *concept of art*. This takes place in the three main parts into which Vol. 1 is articulated: the "Metaphysics of Art", which studies the pure conceptual determinations of the Idea of the Beautiful; the "Phenomenology of Art"; which examines its sensible manifestations, and, finally, "Art in the System of Spirit's Absolute Forms", which sets out the relationship between Art, Religion and Philosophy. Unlike some modern theories, or philosophies of art, which analyses it as an isolated part of human culture, Rinaldi defines instead the Philosophy of Art as an "integral discipline in the system of the philosophical sciences" (p. 56), and unlike aesthetic formalism, which conceives art as a content-less expression of merely subjective feelings, Rinaldi defines it as the "manifestation of an Idea in the form of sensible intuition" (p. 147), which is therefore endowed with a determined metaphysical content. This means that art expresses the Idea, or true reality, by means of a sensible, singular object, thus distinguishing itself both from religion, in which the Idea is manifested through imaginative representations, and from philosophy, which expresses the Idea in the form of pure thinking. At the same time, art's specific content is identified with the Idea of the Beautiful, which manifests itself in the artist's creative fantasy, this being an active spiritual form that differs from natural beauty because this latter is given to the human mind in a more passive way. To put it in the author's words, "art is the manifestation, brought about by genius's creative fantasy, of the Absolute Idea, as the Ideal or Idea of the Beautiful, in the form of sensible appearance. It essentially differs from another manifestation of that Idea, namely, natural beauty because the latter is a product of unconscious nature, whereas the former is the outcome of creative activity, such as that of genius, which is a specific function of the self-conscious I, that is, of spirit" (p. 405).

However, this does not mean that *The Philosophy of Art* is a "merely" theoretical-systematic development of idealistic aesthetics, because this work at the same time examines the history of the Philosophy of Art, its various conceptions and representations. For that reason, the criticism of materialistic, abstractly subjective, and formalistic trends in modern and contemporary aesthetics is an equally important part of it. More concretely, Rinaldi argues against the formalistic understanding of art and criticizes the theories of Immanuel Kant, Benedetto Croce, Giovanni Gentile, and Robin George Collingwood. According to formalism, art has no inherent intellectual content in itself, hence it might be reduced to sensible imagination and uninterested pleasure. Rinaldi also criticizes various other theories such as Theodor W. Adorno's materialism, Martin Heidegger's existentialism, and Nicolai Hartmann's realistic ontology. Unlike aesthetic formalism, historical materialism considers reality as the totality of material and social processes, and art as a primary tool for depicting material reality and social life; the existentialists instead reduce art to the finite subject's inner expression, while realistic ontology does not rely on a consistent metaphysical system, because it regards reality as ultimately irrational and aesthetic values as unreal. Like the idealistic trend of western philosophy, and especially its culminating moment in Hegel's thought, Rinaldi rejects the above-mentioned theories setting against them the principle of the identity of thought and being, which implies that reality is identical with the Idea as pure self-conscious thought. As a consequence, also in the realm of art "the Idea, in the specific form of the Idea of the Beautiful or the Ideal, is present and immanent in the very appearance that constitutes the art work: in a higher, because self-conscious, degree in genius's creative fantasy, in a lower, because unconscious, one in the ideality itself which inheres in the sensible materials into which the ideal image produced by it is incorporated" (p. 341).

Rinaldi's theory is in "fundamental agreement with Hegel's Aesthetics" (p. 530), as he himself declares, and offers us a further elaboration and development of it. As a systematic elaboration of the idealistic philosophy of art, and as a consistent critique of its multifarious opponents, *The Philosophy of Art* is an important theoretical contribution to the development of contemporary aesthetics.

After outlining in the above the fundamentals of Rinaldi's work, I now proceed to setting out a brief sketch of its theoretical content. The first part of it is devoted to the development of the Metaphysics of Art. According to Rinaldi, Metaphysics is the science that studies the essence, or rather the essential self-development, of the "a priori determinations of the Absolute" (p. 218), and analyzes the more original content and structure of the whole into its compositional parts. From the viewpoint of absolute idealism, Metaphysics coincides with speculative Logic, which unfolds the all-sided actualization of its formal-general principle, the pure Concept, that is, the pure activity of thinking. Yet no less essential than the splitting up of its self-identity into its manifold determinations is the negation of their immediate differences, and the sublation of them into the whole as non-independent elements, or rather "moments", of its organic self-production. By such a process the pure Concept's self-movement is articulated into three logical stages, the first of which is that which posits the moment of its universality, which later turns into particularity and finally into individuality. According to Rinaldi, the Metaphysics of Art is the "rational science of the Beautiful, or the Ideal", and thus it gives us the ultimate ground and "explanatory principle of the entire sphere of aesthetic phenomena" (p. 218), and, in particular, of the pure conceptual determinations inherent in the aesthetic Ideal, or Idea of the

Beautiful. The various forms of art's material manifestation should be understood as the result of the Idea's self-alienation, because it cannot become self-conscious in the element of pure thought without previously positing itself in the immediate form of sensible intuition, that is, as a finite object. However, the undeniable singularity of artistic creation does not mean that it can be exhaustively explained as the product of a material principle or of a spiritual form other than the Idea, as the above-mentioned aesthetic theories criticized by Rinaldi maintain, because the Idea is immanent also in all of them, which together form the "contradictory world of sensible appearances" (p. 7), as their ultimate creative principle.

The Idea of the Beautiful manifests itself both in nature and in artistic creation, where it constitutes its substantial content. Unlike formalism and materialism, Rinaldi argues that form and content of art are two aspects of one actuality rather than merely heterogeneous elements. The latter refers to essence, while the former presents its external manifestation. As a dialectical unity of opposed elements, art cannot be understood apart from the analysis both of its content and of its form. Form "posits its content only because its immediate self-identity contradicts, negates itself, turns into its opposite, that is, content; and content, conversely, is self-identical only insofar as it negates itself and goes over into its opposite, that is, form" (p. 58). Art's content is a "movement of thought" which actualizes itself through its objectification into the concrete, and at the same time manifests itself as an organized whole. The relationship between content and form is not only internal but also dialectical. In this dialectical process, art's content immediately presents itself as a material that is subsequently sublated into a formed matter, thus showing elements both of finitude and of wholeness. On the other hand, the Idea is not a fixed, transcendent reality, it is rather the eternal movement of its dynamical self-actualization, a driving principle that encompasses the whole process of becoming.

As a consequence, the Idea of the Beautiful is the Idea's self-manifestation in the external form of sensible immediacy, and the "art work is fully adequate to it only when its content presents the characters of organic wholeness, internal necessity and dynamical unity of subject and object" (p. 112). The relationship between beauty and ugliness is another important topic of the Metaphysics of Art. Its internal necessity and aesthetic relevance comes from the principle of the dialectical unity of opposites. According to this principle, it is impossible to comprehend a concept's self-identity without considering its difference from, and relation to, its opposite. Hence, Rinaldi argues that "[a] full-fledged aesthetic theory, therefore, requires, first of all, the development of the Ideal, which constitutes the absolute content of the art work, and of its internal relations to its specific form, to its immanent opposite, that is, the Ugly, and to the differentiation of its manifestation into the aesthetic spheres of natural and artistic beauty" (p. 400). While in artistic creation ugliness plays a necessary role as a peculiar feature of finite individuality, especially in the comic, in a different, non-dialectical sense it is simply a "contingent outcome of the artist's technical inability, of the weakness of his creative fantasy or of the insufficiency of his aesthetic education" (p. 149), and, consequently, the works of art produces by him are devoid of any aesthetic meaning and value.

The next section of Rinaldi's work, the Phenomenology of Art, is devoted to the "explication of the sensible form in which art's ideal content is necessarily expressed" (p. 223); it includes intuition, imagination and feeling. His choice of this denomination is justified by the fact that, according to traditional philosophical terminology, Phenomenology is the philosophical science of the experiences of consciousness, the science of its apparent knowing, which is just rooted in the immediacy of sensible intuition. Unlike the formalistic conceptions of art, Rinaldi argues that the expression of feeling, or the sentiment of the beautiful, cannot alone constitute the essence and value of the work of art. Following Hegel, he offers instead a systematic content-aesthetics. The sentiment of the beautiful has no aesthetic reality and relevance if separated from an absolute ideal content, "an intelligible object, a self-determination of pure thought, and therefore shares its intrinsic 'perfection', that is, reality and truth [...]. Content nevertheless manifests itself in a form, that of sensible intuition, which is ineluctably 'obscure' and 'confused', so that the sentiment of the Beautiful, although being a specific form of the knowledge of reality, is so only in an imperfect way, and in a degree that is lower than that of the purely logical comprehension of reality taking place in philosophical thought" (p. 308). The Ideal that manifests itself in the art work is the a priori synthesis, that is, the necessary connection, of a logical-metaphysical determination and of a sensible element; as a consequence, the Phenomenology of Art presupposes the Metaphysics of Art, so that reality and appearance are two essential, integral moments of it. In this section of the work, art is defined as "the manifestation of the Absolute Idea in the form of sensible show or appearance" (p. 340). Without intellectual content, art would be merely sensible intuition, feeling, or a technical handwork ability devoid of any spiritual actuality and theoretical or ethical interest. The essence of art, then, constitutes itself as the identity of the 'metaphysical' moment of ideal objectivity and of the 'phenomenological' one of self-conscious subjectivity.

The next theoretical task of the Phenomenology of Art is to understand the reason why in art spirit's activity, as a conscious and creative process, differentiates itself into various kinds of art such as architecture, sculpture, painting, music and poetry. The relationship between natural beauty and spirit's creativity plays an important role in this part of the work because the sensible form of art involves not only an intuiting subject, but also an object intuited by it, which—except for poetry, in which it is a product of the artist's fantasy—is a natural thing such as stone, wood, marble, canvas, or sound. They can become an integral moment of the art work, despite their material externality, for the Idea of the Beautiful is immanent, although in a lower degree, in nature itself. Hence, Rinaldi does distinguish the theory of natural beauty from that of art, but, since in the sphere of nature the metaphysical Idea is present only in an abstract, virtual way devoid of true actuality, and natural beauty is a moment of it, he comes to the conclusion that art, as the product of spirit's free, self-conscious activity, exhausts the whole topic of aesthetics, and that, consequently, the theory of natural beauty is nothing but a partial and subordinate element of it. The concept of the beautiful and that of art, then, do not coincide, since art is not an abstract rational principle or thought-determination, but its full self-actualization in spirit's self-conscious activity: it "is not only the manifestation of the Idea in the form of sensible appearance, but, more precisely, the manifestation of spirit's creative activity in it" (p. 185). Rinaldi's Philosophy of Art follows the spiritual process which, starting from "the most immediate experience of natural beauty, gradually actualizes itself in the innumerable beautiful works produced by art's spirit in the universal history of art" (p. 400). Here art is presented as the product of genius's inward inspiration, this being the immanent unity of content and form, intuition and reflection.

The final section of the work examines the place of "Art in the System of Spirit's Absolute Forms" and offers an account of the historical development of aesthetic theory. Rinaldi argues that art, as an activity of spirit, shows a specific form and degree of reality. Alongside religion and philosophy, it is understood as a theoretical activity, and therefore it has also a specific epistemological value. Following Hegel, Rinaldi claims that its epistemological value consists in expressing the Absolute Idea in the immediate form of sensible intuition, and that for this reason art precedes religion, which presents the Idea as a divine object of worship, and philosophy, which unfolds its inner development in the form of the pure Concept. The author therefore affirms "that Art, as a product of genius's spiritual activity, is a necessary form of reality's process; that, insofar as it manifests the Idea in the form of sensible intuition, it falls within the theoretical sphere of Absolute Spirit, and not within the practical one of objective spirit" (p. 442). As a consequence, art occupies a specific place in the activity of the human spirit, where it constitutes an autonomous, self-contained theoretical sphere.

After defining art's place in the system of spirit's absolute forms, the work examines the different contributions to the development of the Philosophy of Art from the ancient to the contemporary Age. In Antiquity, Plato and Aristotle started the metaphysical orientation of aesthetic theory, which reached its highest results in Pseudo-Longinus' treatise "On the Sublime". However, what the ancient mind failed to achieve, was the overcoming of the metaphysical dualism between subject and object, the infinite and the finite. The next peculiar contribution to the history of the Philosophy of Art belongs to German Idealism, which began with Kant to develop it in the "logical form of the pure Concept" and reached its culminating moment in Hegel's philosophy, which overcame both the dualistic metaphysics of the ancient world and the prevailingly formalistic orientation of the aesthetics of the Modern Age. Hegel demonstrated that "the origin of art can successfully be sought, not in any abstract or isolated faculty of the human mind, but in a stage of the organic process in and through which Absolute Spirit achieves its self-consciousness in man's finite spirit" (p. 530). In the aftermath of Hegel, Rinaldi favors further elaborations and development of his idealistic theory of art in the nineteenth and in the twentieth century, and argues against various contemporary trends of philosophy which do not pay due attention to the crucial role played in aesthetics by metaphysical thinking. Unlike most

Giorgi Kapanadze

contemporary conceptions of art, the theory developed by Rinaldi is unambiguously metaphysical in character, and *The Philosophy of Art* is an invaluable source for understanding both the nature of art and the historical development of idealistic aesthetics.

Nachrufe

Nachruf auf Prof. Dr. Christoph Jamme (Lüneburg)

Helmut Schneider

Christoph Jamme, geb. 1953, war nach dem Studium zunächst Mitarbeiter an der Hegel-Edition der Akademie der Wissenschaften am Hegel-Archiv in Bochum. Promoviert und habilitiert in Philosophie an der Ruhr-Universität Bochum war er 1994–1997 Professor an der Friedrich-Schiller-Universität Jena und ab 1997 an der Leuphana Universität Lüneburg. Er starb am 2. Mai 2021.

Die Hegelforschung verdankt Christoph Jamme entscheidende und wichtige Arbeiten besonders über den jungen Hegel bis 1800. Zusammen mit Otto Pöggeler, Dieter Henrich und Helmut Schneider konnte er die Edition und Interpretation der Schriften des jungen Hegel voranbringen. Die gedankliche Entwicklung des jungen Hegel stellte er im Sinne der Konstellationsforschung in den Zusammenhang mit Freunden und Zeitgenossen.

Weitere ausgeprägte Interessen galten der Literatur und der Mythologie in allen ihren Formen. Die letzte Publikation zeigte nochmals seine weitgespannten Interessen:

Martin Heidegger, Otto Pöggeler: Briefwechsel 1957–1976. Herausgegeben und kommentiert von Kathrin Busch und Christoph Jamme. (= Martin Heidegger: Briefausgabe. Band II/3) Verlag Karl Alber: Freiburg / München 2021, 248 S.

Wir haben einen liebenswerten Kollegen und Freund verloren.

Folgende Nachrufe sind erschienen:

Stefan Matuschek. – In: Information Philosophie, 3 (2021), S. 127.

Manfred Frank: Mit Vorbehalt gegen den Frankfurter Überschwang. Ein poetischer Entdecker. Zum Tod des Lüneburger Philosophen Christoph Jamme. – In: Frankfurter Allgemeine Zeitung. Nr. 107, 10. Mai 2021, S. 11.

Friedrich Vollhardt / Violetta L. Waibel: Nachruf auf Christoph Jamme. In: Hölderlin-Jahrbuch. 42 (2020–2021), S. 373–379.

Nachruf auf Prof. Dr. Karol Bal (Wrocław)

Wolfdietrich Schmied-Kowarzik

Am 31. Mai 2022 verstarb im 88. Lebensjahr Prof. Dr. Karol Bal in Wrocław, einer der großen Vertreter und Vermittler der klassischen deutschen Philosophie in Polen. Dabei war ihm diese Aufgabe und Berufung nicht in die Wiege gelegt worden. Am 4. September 1934 in Zamość, südöstlich von Lublin, geboren, konnte er nur knapp dem Zugriff der Nazi-Schergen durch zweimalige Flucht in den Osten – 1939 und 1941 – entkommen. Nach dem II. Weltkrieg wiederum in den Westen Polens umgesiedelt, begann Karol Bal mit seinem Studium der Philosophie und Gesellschaftswissenschaften bei Bronislaw Baczko. 1969 wurde er zum Doktor der Philosophie promoviert, seine zur Monographie ausgearbeitete Arbeit *Rozum i historia. Historiozofia Hegla wobec Oświecenia* (1973 – *Vernunft und Geschichte. Hegels Historiosophie und die Aufklärung*) wird ihm zum Zentralthema seines Philosophierens, das sich dann auch in seinem in Deutsch verfassten Buch *Zwischen Ethik und Geschichtsphilosophie. Aufsätze über Kant, Schelling und Hegel* (Wrocław 1989) niederschlägt.

Bald schon wurde Karol Bal an die Universität Warcław geholt, um am Wiederaufbau der ehemals deutschen Universität Breslau als polnischer Universität Wrocław mitzuwirken. Durch seine erfolgreiche Lehre und durch zahlreiche Publikationen – zusammengefasst in dem Band *Rezeptionen und Interpretationen des Marxismus in seinen theoretischen Ursprüngen* (pl. 1982) – bestens ausgewiesen, wird er bereits 1980 Leiter des Lehrstuhls für Geschichte der Philosophie an der Universität Wrocław. 1983 habilitiert sich Karol Bal mit der Arbeit *Wprowadzenie do etyki Kanta* (1984 – *Einführung in Kants Ethik*). 1990 wird er Direktor des Instituts für Geschichte der Philosophie an der Universität Wrocław, seit 1993 als staatlich ernannter Professor, eine Stellung, die er bis zu seiner Emeritierung 2004 innehat. Zugleich wird er zum Leiter der Forschungsstelle „Geschichte der Philosophie in Schlesien 1750–1933" berufen. In dieser Funktion gründet und betreut er auch die Zeitschrift *Zbliżenia Polska–Niemcy – Annäherungen Polen–Deutschland* (1991–2006).

Als Alexander-von-Humboldt- und Friedrich-Ebert-Stipendiat forscht er über die 70er und 80er Jahre verteilt an mehreren deutschen Universitäten. Nach der Organisation des großen XVIII. Internationalen Hegel-Kongresses in Wrocław 1990 wird Karol Bal in den Vorstand der Internationalen Hegel-Gesellschaft gewählt (1992–2004), weiterhin ist er im Vorstand bzw. Wissenschaftlichen Beirat der Internationalen Schelling-Gesellschaft, Internationalen Fichte-Gesellschaft und Internationalen Kant-Gesellschaft tätig. Große Verdienste hat sich Karol Bal dadurch erworben, dass er die Ehrendoktorwürde der Universität Wrocław für Hans-Georg Gadamer durchsetzen konnte, der in den 20er Jahren bei Richard Hönigswald in Breslau sein Philosophie-Studium aufgenommen hatte – siehe dazu auch Karol Bals Editionen *Gadamer i Wrocław. Gadamer und Breslau* (1997) sowie *Hans-Georg Gadamer w ‚Zbliżenia Polska–Niemcy – Annäherungen Polen–Deutschland'* (2006).

2004 wurde Karol Bal zum 70. Geburtstag selbst durch ein großes internationales Symposion in Wrocław geehrt, dessen Vorträge *Historia et Philosophia. Ante et post Hegelium. Festschrift für Prof. Dr. Karol Bal zum 70. Geburtstag* erst 2009 – und dann gleich in zwei Ausgaben – erschienen. Darin werden als die drei wichtigsten Forschungsthemen von Karol Bal: (1) die Philosophie der Geschichte mit Schwerpunkt auf Kant, Fichte und Hegel, (2) die Erforschung der Philosophie Hegels, aber auch Schellings und (3) die Geschichte der Philosophie in Schlesien bzw. Breslau hervorgehoben – beginnend mit Jakob Böhme, Christian Wolff, über Friedrich D. E. Schleiermacher, Ernst Cassirer, Richard Hönigswald, Siegfried Marck, bis hin

Nachruf auf Prof. Dr. Karol Bal (Wrocław)

zu Hans-Georg Gadamer und der neueren polnischen Philosophie in Wrocław. Diesen zentralen Forschungsthemen von Karol Bal, zusammenfassend, möchte ich noch eine Akzentuierung seines Philosophierens hinzufügen:

Seinen gründlichen und genauen philosophiegeschichtlichen Forschungen geht es niemals nur darum, Vergangenes zu erinnern, sondern um die *Aktualität der Vergangenheit* (1997), wie der Titel eines seiner Bücher lautet. Es geht ihm darum – ganz im Sinne der Seinshermeneutik Gadamers – philosophische Gedanken und Einsichten großer Denker als uns betreffende Daseinsfragen lebendig werden zu lassen. Ja mehr noch – und das ist das Kantische Erbe, das all seine Schriften seit seiner *Einführung in Kants Ethik* (1984) durchzieht –, für ihn steht, wie es der junge Karl Marx nannte, die Philosophie ganz im Primat einer Praxis menschlicher Emanzipation. So hielt er selbst in den Jahren, da in Polen der dogmatische Marxismus mit Recht obsolet geworden war, daran fest, dass Marx eingebettet in die philosophische Tradition, aus der sein sozialistisches Engagement stammt, menschheitsethisch zu lesen sei. Von daher hat sich Karol Bal auch vielfach in philosophischen Beiträgen zu den aktuellen Problemen eines zusammenwachsenden Europas geäußert und die menschheitsgeschichtliche Bedeutung friedensbildender Maßnahmen und Anstrengungen eingefordert: „Kurz gesagt, Kant begründet als erster in der Geschichte des friedenbildenden Denkens die Unabwendbarkeit der Herrschaft eines allgemeinen und dauerhaften Friedens. Nicht die Willkür eines Machthabers, sondern die historische Notwendigkeit führt zur Vernichtung des Phänomens des Krieges als einer Form der Reglung der zwischenmenschlichen Beziehungen. [...] Trotz der großen Bedrohung des Hineinwerfens der Menschheit in den Abgrund der Kriegskatastrophe [...] ist es uns in keinem Augenblick erlaubt, dem Defätismus zu verfallen, auf die Möglichkeit der Bewahrung der Welt vor der Katastrophe zu verzichten." (Karol Bal, *Zwischen Ethik und Geschichtsphilosophie*, Wrocław 1989: 41ff.)

Die Stimme von Karol Bal ist verstummt, aber seine mahnenden Worte werden bleiben. Sie treffen im erweiterten Sinne sogar mehr denn je auf die erneut aufgebrochenen gegenwärtigen Kriegsgefahren zu, aber auch auf den immer bedrohlicher werdenden schonungslosen Umgang mit den Kreisläufen der Natur – wir haben seine Worte wachzuhalten und weiterzugeben, denn die Philosophie darf sich ihrem Auftrag, sich für die menschliche Emanzipation zu engagieren, nicht entziehen!

Aus der japanischen Hegelforschung

Seiichi Yamaguchi (Hrsg.)
Erstmalige japanischsprachige Übersetzung von Hegels Heidelberger *Enzyklopädie*:
G. W. F. Hegel: *Enzyklopädie der philosophischen Wissenschaften im Grundrisse* (1817)
Verlag Chisen Shokan: Tokyo 2019, 669 S.
ISBN: 978-4-86285-296-0
Übersetzer: Tatsuo Ikematsu, Isao Itoh, Kazuya Kawase, Yuhko Kojima, Masato Ohnishi, Ryuh Okazaki, Taiju Ohkouchi, Misa Sanada, Seiichi Yamaguchi
Übersetzung 522 S.; Erläuterung: 102 S.; Sach-, Namens- und Titelregister: 27 S.; Nachwort des Herausgebers: 2 S.

Inhalt:
S. I–IV: Titel, Bibliographie, Inhaltsverzeichnis
S. 1–522: Übersetzung
S. 523–625: Erläuterungen
S. 627–639: Sach- und Namensregister
S. 640–648: Titelregister
S. 643–650: Ortregister
S. 651–667: Sachregister
S. 668–669: Nachwort des Herausgebers

Bei dieser Übersetzung handelt es sich um den 11. Band der japanischen Ausgabe der Werke Hegels. Bislang sind sieben Bände dieser Ausgabe publiziert worden.

Prof. Yamaguchi ist Präsident der japanischen Hegelgesell-
schaft und Herausgeber der Gesammelten Werke Hegels in
japanischer Sprache.

Yoshihiro Niji (Hrsg.):
Georg Wilhelm Friedrich Hegel: Philosophie der Geschichte.
Gebundene, zweibändige Ausgabe mit Goldstempel auf dem
Umschlag. Westdeutscher Verlag: Bochum 2021. (Reihe: Philosophie, Band 6)
Gesamtwerk: ISBN 978-3-89966-805-6 (zwei Bände)
Band 1: ISBN 978-3-89966-831-5 (Faksimile, 548 S., 99,00 €)
Band 2: ISBN 978-3-89966-832-5 (Transkription, 361 S.,
99,00 €)
© Universitätsverlag: Bochum 2021

In dem zweiten Band transkribiert Yoshihiro Niji die Mitschriften der letzten Vorlesungen Georg Wilhelm Friedrich
Hegels zur Philosophie der Geschichte aus dem Wintersemester 1830/31 in Berlin. Der niederländische Student Jan Ackersdijck hatte sie mitgeschrieben und anschließend professionell
ausarbeiten lassen.

Zum Systemteil Geschichtsphilosophie sind die Originaltexte von Hegel rar und die diversen Mitschriften aus den
verschiedenen Berliner Semestern daher eine unverzichtbare
Quelle, um diesen wichtigen Aspekt der Hegelschen Philosophie besser verstehen zu können.

Yoshihiro Niji 尼寺義弘, geboren 1943, ist emeritierter Professor an der Hannan Universität in Osaka. Er gehört zu den
international anerkannten Hegelforschern Japans und hat sich
als Übersetzer und Herausgeber von Hegels Vorlesungen zur
Rechtsphilosophie nicht nur in Japan große Verdienste um
die Hegelforschung erworben.

Eingesandte Bücher

Ludwig Dornes: Substantielle Sittlichkeit. Historische Veranschaulichungen und Erörterungen zu einem Begriff aus Hegels politischer Philosophie. Academia: Baden-Baden 2022

Inhaltsverzeichnis

15 Einleitung

Kapitel I
25 Das Athen im 5. Jahrhundert v. Chr.: Von den Perserkriegen (ca. 490) bis zum Tode Sokrates' (399 v. Chr.)

Kapitel II
173 Hegels Begriff der substantiellen Sittlichkeit

327 Endnoten

Ludwig Dornes
Substantielle Sittlichkeit II
Ihre Auflösung

[Da dieser Band keinen Hegel-Bezug aufweist, wird das Inhaltsverzeichnis hier nicht mitgeteilt.]

Johannes Heinrichs: Dialektik jenseits von Hegel und
Corona. Integrale Strukturlogik als Hegels Auftrag für eine
Philosophie der Zukunft.
Academia: Baden-Baden 2020, 227 S.

Inhaltsverzeichnis

13 Einleitung
Kapitel 1
21 Der Ansatz bei Sinnelementen
Kapitel 2
47 Die Stufen der intersubjektiven Beziehung (der sozialen Reflexion)
Kapitel 3
59 Reflexionslogik der Quell-Typen von Dialektik
Kapitel 4
95 Zur Dialektik der Geschichte
Kapitel 5
115 Dialektik mit der Natur
Kapitel 6
143 Über Denken und Erkennen hinaus
Kapitel 7
165 Zusammenhang und Methodisches
Kapitel 8
195 Grundsätze einer Philosophie der Zukunft
Kapitel 9
215 Über mangelndes politisches Dialektikbewusstsein an Beispielen
225 Namensverzeichnis

Tengiz Iremadze, Udo Reinhold Jeck, Helmut Schneider (Eds.): Hegel's Philosophy of Religion. Perspectives – Contexts – Intercultural References. Europäischer Universitätsverlag GmbH: Bochum 2022, 240 p.

Edited by
Tengiz Iremadze, Udo Reinhold Jeck, Helmut Schneider

© Europäischer Universitätsverlag GmbH
Bochum 2022

Contents

1   Editors' Foreword

3   The Contemporary Relevance of Hegel's Philosophy of Religion
Giacomo Rinaldi

23   Hegels Vorlesung über Religionsphilosophie im Sommersemester 1821 in Berlin
Helmut Schneider

55   Hegels Religionsphilosophie als christliche Theologie der Religionen?
Tom Kleffmann

75   Hegels Religionsphilosophie. Über die Wahrheit der Religion in Hegels früher und später Konzeptualisierung der Religion
Günter Kruck

97   Hegel and pagan religions: what truth, what limits?
Gilles Marmasse

115 Religion and the State in Hegel's Philosophy of Religion
Mikheil Gogatishvili

131 Archaische indische Kosmogonie im Fokus idealistischer
Philosophie. Hegel über Rig-Veda X 129
Udo Reinhold Jeck

181 The Dispute between Bruno Bauer and David Friedrich
Strauss: Over the Interpretation of Hegel's Religious
Conception
Giorgi Khuroshvili

189 Emil Fackenheim's outstanding interpretation of Hegel:
The religious Dimension in Hegel's Thought (1967)
Norbert Waszek

209 My View of Shalva Nutsubidze's Critique of the
Hegelian Interpretation of Neo-Platonism
Tengiz Iremadze

215 Abstracts

223 Index

237 Notes of Contributors

Etica, Politica, Storia universale

Aracne editrice: Canterano (RM) 2020, 396 p.

Atti del Congresso Internazionale
(Urbino, 24–27 ottobre 2018)
a cura di
Giacomo Rinaldi
Giacomo Cerretani
Contributi di
Giacomo Cerretani, James Connelly, Giuseppe Gembillo, Philip T. Grier, Tengiz Iremadze, Tom Kleffmann, Gilles Marmasse, Maria Teresa Murgia, Giacomo Rinaldi, Gunter Scholtz, Annette Sell, Jon Stewart, Colin Tyler, Norbert Waszek, Lali Zakaradze

Indice

11 Prefazione
    Giacomo Cerretani

25 Introduzione. Alcune riflessioni sul risultato teoretico del Congresso
    Giacomo Rinaldi

Parte I
Principi e sviluppi della filosofia di Hegel

53 L'identità "storicistica" del soggetto in Hegel
    Giuseppe Gembillo

71 Die politische und körperliche Bedeutung des Eigentums. Zu einer Eigentümlichkeit in Hegels *Grundlinien der Philosophie des Rechts*
    Annette Sell

89 Hegel e la storia europea. Il problema della fine della storia
Gilles Marmasse

105 The Movement from East to West. Hegel's Interpretation of the Egyptian Goddess Neith
Jon Stewart

135 The Shifting Contours of Philosophy. In the wake of Hegel
Norbert Waszek

Parte II

L'idealismo di Hegel e i suoi critici

159 I.A. Il'in as an Interpreter of Hegel
Philip T. Grier

185 Ivan Aleksandrovich Il'in e la critica neokantiana dell'epistemologia di Hegel
Giacomo Rinaldi

207 Il concetto hegeliano di "storia universale" e il suo diniego nello storicismo crociano
Maria Teresa Murgia

223 Una critica hegeliana dell'ontologia esistenziale
Giacomo Cerretani

Parte III

Etica, politica, storia universale

247 "A State by a sort of courtesy". T. H. Green's theory of the state as a critique of Czarism
Colin Tyler

283 The possibility of progress. Civilisation and history in the philosophy of R. G. Collingwood
James Connelly

Etica, Politica, Storia universale

305 The Dialectic of Globalization
Gunter Scholtz

327 Staatsphilosophie und Rechtstheorie in der georgischen Aufklärung. Alexandre Amilakhwari und Jagor Tschilaschwili
Tengiz Iremadze

345 Hegel's Philosophy of Religion and the Ideal Foundations of the Russian State
Lali Zakaradze

355 Die gegenwärtige Krise des Christentums in Europa. Im Kontext von Hegels Religionsphilosophie
Tom Kleffmann

375 Thomas Posch (1974–2019)
Jon Stewart

377 Autori

383 Indici dei nomi

Verzeichnis der Autoren

Herausgeber

Helmut Schneider, Promotion in Philosophie an der Universität München 1967, von 1968 bis 2003 Mitarbeiter am Hegel-Archiv der Ruhr-Universität Bochum, Akademischer Direktor a. D., Habilitation 1998 in Wroclaw, Polen, seit 2005 Privatdozent an der Universität Kassel, seit 2010 Professor für Philosophie an den Universitäten in Tiblisi und Poti, Georgien. schneiderhelmut@rocketmail.com

Redaktion

Dr. phil. Holger Glinka
Universität Erfurt
Max-Weber-Kolleg
Natural Law 1625–1850
An International Research Project (Halle/Erfurt)
Postfach 90 0221
D–99105 Erfurt
holger.glinka@rub.de

Autoren

Assistant Prof. Giorgi Kapanadze
Faculty of Humanities and Social Sciences
New Georgia University
4400 Poti
Georgien
gkapanadze@ngu.edu.ge

Dr. Wilfried Korngiebel
Dozent
Kleine Weilstr. 2
D–45525 Hattingen
wilfried.korngiebel@web.de

Prof. Dr. Giacomo Rinaldi
Professor of Theoretical and Moral Philosophy at the
Università degli Studi di Urbino „Carlo Bo"
Via Saffi, 15, 61029 Urbino PU – IT.
Honorary Senior Research Fellow of the
Archive of Caucasian Philosophy and Theology of the New
Georgian University
Guria St. 1, 4400 Poti, Georgien
giacomo.rinaldi@uniurb.it

Prof. Dr. med. Dr. phil. habil. Claus-Artur Scheier
em. Prof. für Philosophie an der TU Braunschweig
Seminar für Philosophie
TU Braunschweig
Bienroder Weg 80
38106 Braunschweig
c.scheier@tu-braunschweig.de

Verzeichnis der Autoren

Prof. em. Dr. Wolfdietrich Schmied-Kowarzik
Fasangasse 101/2/7
1130 Wien
schmied-kowarzik@aon.at

Walter Tydecks
Diplommathematiker, Leiter EDV
Landgrafenstraße 9
64625 Bensheim
walter@tydecks.info
http://www.tydecks.info/

Martin Walter
Rodelbahn 27
85614 Kirchseeon
martin.m.walter@gmail.com

Kenneth R. Westphal, M.A.E.
(Academia Europaea, regular member)
Trieste, Italia
westphal.k.r@gmail.com
https://ae-eu.academia.edu/KennethWestphal